高地温隧道喷射混凝土性能

崔圣爱　刘　品　黄志堂　著

科学出版社

北　京

内 容 简 介

随着隧道建设向长、大、深埋方向发展，热害（高地温）问题越来越突出。高地温隧道中喷射混凝土性能会产生劣化，严重时甚至危及隧道工程的建设和运营安全。本书是作者十多年来在高地温隧道喷射混凝土研究方向的成果总结，介绍了国内外高地温隧道喷射混凝土的研究现状，分析了湿热和干热环境对喷射混凝土黏结强度的影响规律，并探索了湿热和干热环境下黏结性能的改善方法；重点探讨了干热环境喷射混凝土孔结构特征、干热环境喷射混凝土断裂性能及界面断裂性能、干热环境喷射混凝土约束收缩性能方面的研究成果。最后，通过湿喷混凝土技术验证了干热环境喷射混凝土黏结性能的改善效果。

本书可供土木建筑科研院所等单位的科研人员、隧道及地下工程建设领域的工程技术人员以及土木工程、土木工程材料相关专业的教师和研究生参考使用。

图书在版编目（CIP）数据

高地温隧道喷射混凝土性能 / 崔圣爱，刘品，黄志堂著. —北京：科学出版社，2024.3（2025.3 重印）

ISBN 978-7-03-078205-2

Ⅰ. ①高… Ⅱ. ①崔… ②刘… ③黄… Ⅲ. ①铁路隧道—喷射混凝土—隧道工程 Ⅳ. ①U459.1

中国国家版本馆 CIP 数据核字（2024）第 052771 号

责任编辑：朱小刚 / 责任校对：任苗苗
责任印制：罗 科 / 封面设计：陈 敬

科学出版社出版
北京东黄城根北街 16 号
邮政编码：100717
http://www.sciencep.com
四川青于蓝文化传播有限责任公司印刷
科学出版社发行 各地新华书店经销
*
2024 年 3 月第 一 版 开本：B5（720 × 1000）
2025 年 3 月第二次印刷 印张：12 1/2
字数：250 000

定价：148.00 元

（如有印装质量问题，我社负责调换）

前 言

本书依托国家自然科学基金青年科学基金项目“热害隧道喷射混凝土性能研究（51008253）”、国家自然科学基金面上项目“高地温隧道干热环境喷射混凝土粘结力损伤机理及其应用研究（51678492）”以及四川省科技计划重点研发项目“高地温隧道干热环境温度适应性喷射混凝土研究与开发（2018FZ0095）”资助，在大量试验研究、微观测试、理论分析的基础上，由研究成果整理而成。

喷射混凝土作为隧道结构体系与围岩直接接触的部分，其硬化体本身的性能、混凝土与围岩的黏结性能是关系到支护结构作用能否很好发挥的关键问题。随着隧道建设逐渐向长、大、深埋方向发展，热害（高地温）问题日见突出，隧道中高地热主要以两种形式出现：一种是干热，即在地质构造较好的地方，地质层内部热量通过岩石传到隧道表面；另一种是湿热，即在断裂破碎、断裂转折复合及岩石破碎地段，裂隙发育程度高，地下热水比较容易富集，形成温泉。在湿（干）热环境条件下，喷射混凝土的物理力学指标及其与岩石的黏结性能都会发生较大变化，可能出现强度倒缩加剧、系统体积稳定性变差以及与岩石黏结力严重损失，甚至脱黏开裂继而丧失支护作用等严重问题。基于这样的背景，本书第 2 章首先给出干热和湿热环境对喷射混凝土黏结强度的影响规律及黏结强度改善探索的研究内容。研究发现，从喷射混凝土材料性能角度来看，相对于湿热环境，干热环境下混凝土的劣化更严重。在干热环境下，喷射混凝土快速升温与失水，导致水泥基材料的微细观结构劣化，这种劣化与混凝土物化收缩及界面非均匀温度效应共同作用，使得喷射混凝土黏结强度损失更加严重，损伤机理也更加复杂。因此第 3～6 章主要从喷射混凝土水泥基材料微细观性能、喷射混凝土与岩石黏结约束收缩性能及黏结断裂性能的角度对干热环境下喷射混凝土性能的劣化机理进行研究和整理。第 7 章主要介绍基于湿喷混凝土的干热环境黏结强度改善验证。

由于喷射混凝土试验规模大，成型耗时，且成本非常高，因此本书研究过程中，混凝土试件成型综合考虑采用了两种方式：一种是专业公司湿喷混凝土成型，另一种是室内振动台振动成型。需要解释和说明的是，尽管成型方式会直接影响高地温环境喷射混凝土性能研究中的具体数值大小，但并不影响高地温环境下温度、矿物掺合料、纤维材料及专用外加剂等参数对喷射混凝土性能影响规律和影响机理的探索研究。另外，水泥混凝土领域权威期刊 *Cement and Concrete Research*

中的文献[①]也明确提到，因为大部分实验室没有合适的喷射设备，且准备喷射混凝土试件非常耗时，因此在进行基础研究或探索研究时建议采用普通混凝土成型方式。书中在“第 2 章　高地温对喷射混凝土黏结强度的影响”及“第 7 章　干热环境喷射混凝土黏结性能改善验证”这两部分内容板块中的混凝土试件均采用了专业公司湿喷混凝土成型。

全书由崔圣爱、刘品、黄志堂总结撰写，博士研究生郭晨、许雪峰、夏葳，以及硕士研究生徐德利、曹艺缤、崔恩旗、苏姣、李子豪、曾浩楠、符飞、晏先娇、张猛、陈振、曾慧姣等也参与了大量工作。此外，从基金申请、项目研究到书稿撰写，叶跃忠教授以及李固华教授都给予了作者重要启发和指导，对两位前辈表示衷心的感谢。在试验方案设计方面，得到了宋登富老师和李福海老师的帮助和支持，在此表示感谢。此外，在本书研究过程中，参考了相关文献，学习或参照了前辈的理论、试验方法及分析手段等，书中引用的文献在每章的参考文献中给予声明，在此对前辈表示衷心感谢。由于作者水平有限，书中不妥之处在所难免，恳请读者批评指正。

① Leung C K Y，Lai R，Lee A Y F. Properties of wet-mixed fiber reinforced shotcrete and fiber reinforced concrete with similar composition[J]. Cement and Concrete Research，2005，35（4）：788-795.

目　录

第1章 绪 论

1.1 高地温隧道概述

长、大、深埋隧道在克服高山峡谷等地形障碍、缩短空间距离及改善陆路交通工程运行质量等方面具有不可替代的作用。随着设计理论和施工技术的进步，铁路、公路、水电、跨流域调水及矿产资源等领域将会修建更多的长、大、深埋隧道，伴随而来的高地温问题也日益突出[1-16]。早在19世纪末，瑞士和意大利之间的辛普朗隧道在修建过程就出现了多次高温涌水事故，隧道最高温度达到55.4℃。由于高地温的作用，隧道开挖过程中洞内空气温度升高，当超过28℃时将影响施工安全和人员健康，这类隧道可称为高地温隧道[17, 18]。例如，法国、意大利之间的里昂-都灵隧道的围岩温度达到40℃；美国特科洛特公路隧道最高温度为47℃；意大利的亚平宁铁路隧道最大岩温值为63.8℃；日本安房公路隧道最高温度达到75℃；日本新黑部第三水电站水工隧洞施工过程中则遭遇了170℃的极端温度。高地温产生的隧道热害问题不仅对施工质量和人员健康产生了严重的影响，对隧道支护结构的安全也造成了很大隐患。

随着我国经济的快速发展，西部地区铁路、公路等基础设施建设将进入高峰期。由于西部地区地形地貌复杂多变，横断山脉众多，地质环境极其复杂，因此工程建设过程中时常遭遇高地温灾害，如图1.1所示。秦岭隧道最大埋深1645m处的岩温达到了40℃以上；拉日铁路最具代表性的吉沃希嘎隧道勘探测温孔内最

(a) 高黎贡山隧道　　(b) 大柱山隧道

图1.1　高地温隧道

高温度达 65.4℃；四川省甘孜州乡城县娘拥水电站引水隧洞炮孔内温度最高达75℃，隧道中涌水的最高温度为 86℃；新疆布仑口-公格尔水电站引水隧洞 3#支洞下游开挖面的岩石温度高达 105℃；齐热哈塔尔水电站引水隧洞开挖过程中喷出的气体温度高达 174℃，岩壁温度则达到了 110℃；大瑞铁路高黎贡山隧道最大埋深为 1275m，水热活动强烈，隧道中的热泉温度最高达 102℃。

隧道高地温通常表现为两种形式：一种是在富含地下水的围岩中，热水通过围岩裂隙流动，将地热传递到隧道内，这就形成了湿热环境；另一种是在几乎无水的围岩中，热传递发生在岩石内部，地热通过岩石传递到隧道的围岩表面，这就是干热环境。其中，干热环境主要源于火山辐射地热、放射性元素裂变辐射热和地球地幔对流热。高地温除了造成隧道内温度过高、施工环境恶劣，还会引起隧道衬砌结构安全性下降、锚杆锚固力不足等问题，表 1.1 中列举了一些国内外典型的高地温隧道。

表 1.1　国内外典型的高地温隧道

隧道名称	国家	最大埋深/m	隧道长度/km	最高温度/℃
勃朗峰公路隧道	法国、意大利	2480	11.6	35
里昂-都灵隧道	法国、意大利	2000	54	40
新列奇堡隧道	瑞士	2200	33	42
新圣哥达隧道	瑞士	2300	57	45
特科洛特公路隧道	美国	2287	6.4	47
辛普朗隧道	瑞士、意大利	2140	19.8	55.4
亚平宁铁路隧道	意大利	2000	18.518	63.8
安房公路隧道	日本	700	4.35	75
五指山隧道	中国	—	4.45	37
戴云山隧道	中国	400	1.562	38.8
西康铁路秦岭隧道	中国	1645	18.448	40
甫当隧道	中国	90	7.517	44
洛古水电站引水隧洞 3#支洞	中国	—	1.779	47
萨嘎隧道	中国	—	4.941	51.6
玉蒙铁路旧寨隧道	中国	150	4.46	52
云南黑白水水电站引水隧洞	中国	—	2.314	62
达嘎山隧道	中国	700	7.21	64
吉沃希嘎隧道	中国	104	3.974	65.4
云南禄劝铅厂引水隧洞	中国	380	7.215	76
帕当山隧道	中国	33	2.865	76.4

续表

隧道名称	国家	最大埋深/m	隧道长度/km	最高温度/℃
娘拥水电站引水隧洞	中国	640	0.295	75
桑珠岭隧道	中国	1347	16.449	89.9
布仑口-公格尔水电站引水隧洞	中国	300	17.8	105
齐热哈塔尔水电站引水隧洞	中国	1720	15.64	110

1.2 隧道高地温研究意义

近年来，随着“一带一路”倡议和西部大开发新格局的深入推进，强化基础设施建设，拓展区域互联互通，提高交通运输水平，加强横贯东西、纵贯南北的运输通道建设成为我国西部地区工程建设的重点。工程建设中，穿越地质构造活跃地区的长、大、深埋隧道数量较多，随之出现的高地温隧道也逐渐增多[19-26]。作为“21 世纪重点工程”，正在建设的川藏铁路对优化国家铁路网布局、改善沿线交通基础设施条件、巩固边疆稳定、促进民族团结、加快西藏经济社会发展具有重大而深远的意义。川藏铁路东起四川省成都市、西至西藏自治区拉萨市，线路全长约 1800km，全线隧道占比极高，超过线路总长的 80%。线路中横贯横断山脉的长、大、深埋隧道众多，受大地构造活动和强烈的板块挤压等影响，隧道建设面临着高海拔、高地温和高地应力等工程挑战，其中高地温问题尤为突出[27]。川藏铁路穿越川西地热异常带和藏东地热温泉带，沿线出露温泉 700 余处，高地热工程地质灾害频发，约有 15 座隧道存在高地温问题[28]。已开工建设的拉林段（拉萨-林芝）桑珠岭隧道[29]全长 16.449km，埋深 1200～1800m，最高岩温可达 89.9℃，为典型的高地温隧道，如图 1.2 所示。

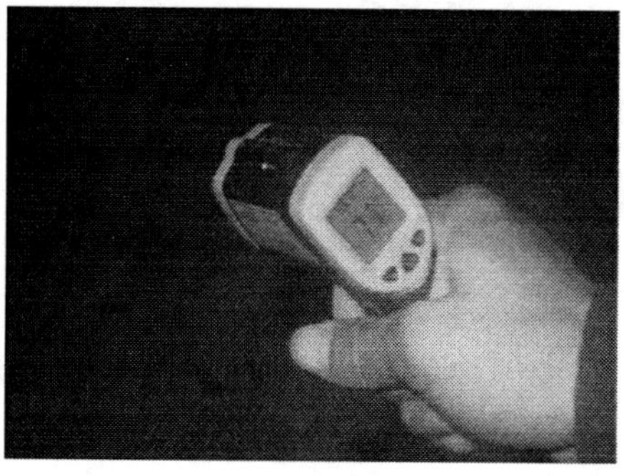

(a) 岩面温度测试

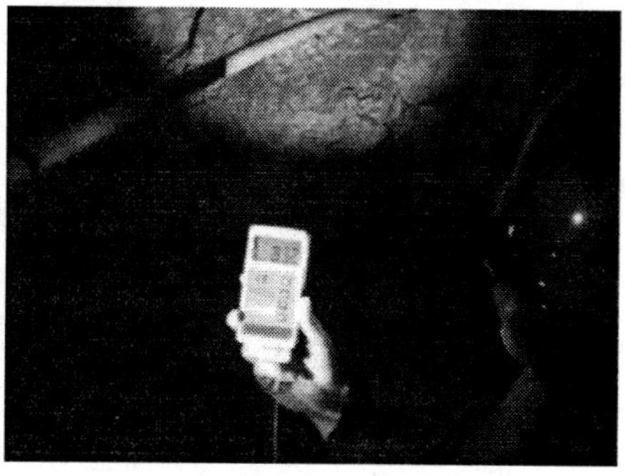

(b) 探孔温度测试

图 1.2 桑珠岭隧道岩温测试

高地温隧道建设过程中，隧洞内环境温度较高且氧气含量不足，不仅会降低施工机械的效率、影响正常的施工作业、妨碍施工进度，还会严重威胁施工人员的身体健康。另外，高地温环境也会制约施工材料的选用，影响岩石的物理力学性质，造成混凝土力学性能和工作性能的劣化以及耐久性能的衰退。同时，高地温产生的附加温度应力及混凝土干缩都会引起衬砌结构的开裂，严重危及隧道工程的建设和运营安全。

围岩与喷射混凝土之间的黏结状况是支护结构能否较好发挥作用的关键。在高地温湿热环境中，混凝土高温早期养护负效应会改变黏结力的发展过程，对后期黏结强度不利。而在干热环境下，混凝土迅速升温失水，胶凝材料水化不充分，混凝土干缩较大，内部微观结构劣化，黏结强度损失会更加严重。长期以来，针对高地温隧道喷射混凝土性能劣化的研究还比较欠缺，且对该问题的本质把握不清，目前尚未存在有效的解决方案。因此，长、大、深埋隧道的高地温问题已成为我国深入推进新时代西部大开发战略，加快川藏铁路、渝昆高铁、西成铁路等重大工程建设过程中亟待解决的热点问题。深入研究高地温环境中喷射混凝土的性能及劣化机理，对我国隧道工程的建设具有重要的理论指导意义和工程应用价值。

1.3 国内外研究现状

1.3.1 高地温隧道喷射混凝土研究现状

国内外已建成多座高地温隧道（隧洞），在施工技术、人员安全及通风降温等方面积累了一定的经验[30-37]，但对于隧道初期支护喷射混凝土性能的研究还处于起步阶段，尚未深入系统地研究喷射混凝土的性能及改善措施。

Fechtig 和 Seith[38]研究了瑞士 Gotthard Base 隧道的喷射混凝土强度，设置的岩石温度变化范围为 16～60℃。结果表明，养护温度从 16℃增加到 40℃时，喷射混凝土试件 28d 龄期的单轴抗压强度降低了 7.7%，随着温度升高到 60℃，抗压强度进一步降低了 18%。

日本中央建筑协会的报告[39]针对围岩温度高达 75℃的日本 Abo 隧道开展了研究，指出不同养护龄期混凝土试件的单轴抗压强度随温度的升高而降低。

穆震[40]在实验室模拟了高地温环境，研究了衬砌混凝土原材料选择及配合比设计，并分析了高温养护和掺合料对衬砌混凝土力学性能和耐久性能的影响。

欧灶华[41]以大瑞铁路“高地温隧道热害处理新材料与新技术研究”项目为依托，对喷射混凝土的基本性能和热性能进行了研究，结果表明，喷射混凝土在恒温热环境下的基本性能和黏结性能均有下降趋势，此趋势随着温度的升高而加剧。

Lee 等[42]为了确定高地温隧道中温泉水对混凝土支护结构力学特性的影响，研究了喷射混凝土试件的强度随时间的变化规律。试验结果表明，温度为 40℃的温泉水对喷射混凝土的强度发展没有不利影响，且有利于早期强度的发展。

汲江涛[43]在实验室分两阶段模拟了高岩温隧道衬砌混凝土养护制度，研究了高温养护温度和高温养护湿度对衬砌混凝土抗压强度的影响，研究表明，高岩温低湿度环境对混凝土抗压强度存在不利影响。

何廷树等[44]在实验室模拟了高岩温和低湿度的施工环境，研究了粉煤灰与矿粉混凝土在高岩温环境中的耐久性能，并通过微观形貌分析探讨了养护温度对混凝土抗碳化性能和抗氯离子渗透性能的影响机理。研究结果显示，高温、低湿环境下混凝土水分蒸发过快，水化产物分布不均，混凝土的密实度降低。随着养护温度的升高，混凝土抗碳化性能和抗氯离子渗透性能均呈下降趋势。

张岩等[45]以新疆昆仑山腹地的布仑口-公格尔水电站为工程背景，利用研制的保温加热装置研究了温差对喷射混凝土劈拉强度的影响，并提出了喷层混凝土温差条件下的劈拉强度表达式。

李向辉等[46]采用浇筑法和喷射法两种方式制作混凝土试件，并模拟了高地温隧洞现场的温湿度环境，研究认为，高温养护环境可以提高混凝土的早期抗压强度，也可以促进混凝土内部的水化反应。

石明宇等[47]针对高地温引水隧洞喷射混凝土进行了过水试验和数值模拟研究。结果表明，初始温度越高，混凝土温度场达到稳定状态所需的时间越长；不同温度条件下混凝土稳定后的温度不同，并从表层到底层逐渐升高。

吴军[48]以云南高黎贡山高地温隧道为研究对象，采用高温养护箱模拟了 50～120℃的高地温环境，研究了温度、水泥、水胶比、砂率、粉煤灰含量对混凝土抗压强度和抗拉强度的影响规律。结果显示，当温度低于 80℃时，养护温度的适当升高可以提高混凝土的强度，但超过 80℃后混凝土会出现严重的破坏。

Wang 等[49]通过对高地温隧道现场温湿度的测试，提出了一种可以真实反映高地温隧道中混凝土养护过程的模式。基于该养护模式，将初始养护温度设置为 40～80℃，相对湿度设置为 25%、55%和 95%，测试了不同温湿度条件下混凝土试样的力学性能。结果表明，尽管高温会导致混凝土的早期强度快速增长，但仍会导致后期强度的不足。相对湿度的提高有益于增加初始强度，并可以有效地减少高温引起的后期强度损失。此外，在文献[50]和[51]中对喷射混凝土与岩石界面的剪切特性进行了研究。结果显示，养护温度、相对湿度和法向应力对峰值抗剪强度有显著影响，并基于界面的剪切特性试验结果建立了考虑温度损伤及法向应力修正的岩石-混凝土界面剪切本构模型。

宿辉等[52-58]以齐热哈塔尔水电站为工程背景，研究了高地温引水隧洞中喷射混凝土的性能。文献[52]通过均匀设计的方法，研究了温度、水泥含量、砂率、水灰比、粉煤灰含量等因素对混凝土力学性能的影响规律，研究指出，在一定的养护温度范围内，温度越高，衬砌混凝土的抗压强度越大，但若养护温度过高，则会对混凝土的强度发展起到抑制作用，水胶比和砂率具有相同影响规律；文献[53]通过钻芯拉拔法研究了高地温环境对喷射混凝土与围岩黏结强度的影响，发现随着温度升高，黏结强度逐渐降低；文献[54]利用室内仿真试验装置模拟高地温隧洞内的湿热环境，通过试验获得了混凝土与岩石间的黏结强度与温度的关系，并分析了温度对混凝土孔隙率和破坏面位置的影响；文献[55]利用有限元软件对混凝土-岩板的温度场进行模拟，得到了相应的应力分布情况，并与试验结果进行了对比；基于声发射技术，文献[56]研究了高地温隧洞衬砌混凝土早龄期的性能；文献[57]和[58]利用温湿度控制系统模拟湿热环境，采用现场实际配合比进行了不同温度下高湿和低湿环境中引水隧洞喷射混凝土与围岩的黏结强度试验，研究结果表明，湿度对黏结强度的影响较大，相对于低湿环境，高湿环境下围岩支护结构的黏结强度较大，随着温度升高和湿度降低，喷射混凝土的黏结强度下降。

崔圣爱等[59-64]针对高地温热害隧道喷射混凝土进行了一系列探索，研究了湿热和干热对喷射混凝土抗压强度、黏结强度和变形性能的影响，并探究了矿物掺合料和纤维材料对喷射混凝土性能的改善效果。文献[59]的研究结果表明，高地温湿热和干热环境下黏结力均出现倒缩，但湿热环境具备喷射混凝土水化所需的足够水分，几乎不存在干缩，而干热环境比湿热环境更加恶劣，喷射混凝土黏结力损伤机理更加复杂，损伤更加严重，甚至出现脱黏开裂的情况，初期支护质量难以保障；文献[61]指出纤维材料的掺入对干热环境喷射混凝土的收缩起到了抑制作用，特别是钢纤维的掺入能有效抑制喷射混凝土的收缩，矿物掺合料的加入对喷射混凝土的收缩并没有明显的抑制作用，但矿物掺合料自身的微集料效应、活性效应及掺加后减弱了高温早期养护负效应，使得水化产物非常致密，湿热环境下掺加矿物掺合料能明显改善喷射混凝土的黏结强度，但在干热环境中矿物掺合料会降低黏结强度，粉煤灰对黏结强度的降低更为明显，而钢纤维的掺入则可以提高喷射混凝土的黏结强度；文献[64]发现尽管在高地热养护环境下，喷射水泥-粉煤灰复合体系的水化速度仍然较慢，早期强度较低，不适合单独掺入喷射混凝土中，而复掺适量的硅灰和粉煤灰则能够提高各龄期的强度，尤其是早期强度。

1.3.2　混凝土孔结构研究现状

混凝土是由骨料、水泥颗粒、水泥水化产物、外加剂、游离水、结合水、气孔和裂隙中气体等成分组成的一种复杂的非均匀多相体。它是一种典型的多孔材料，其孔形各异，孔结构极为复杂，孔径分布范围很广，跨越了微观、细观、宏观三个尺度。混凝土的孔结构与其强度、抗渗性、变形等诸多宏观性能有着密切的关系。混凝土的宏观性能不仅与孔隙率有关，还与孔形、孔径大小及孔径分布范围有一定关系。1980 年，Wittmann[65]提出了孔隙学的概念，把孔结构的研究范围扩展到孔径分布和孔的形态等方面。研究者开始关注混凝土性能与孔径分布及孔形等孔结构参数的关系，使得人们对混凝土孔结构有了更加全面的认识。因此，研究高地温干热环境下混凝土的孔结构特征是揭示其性能劣化机理的重要手段。

1. 孔结构分类及模型

Powers[66]和 Brownyard 以及 Brunauer[67]提出的水泥石孔结构模型如图 1.3 所示，初始阶段水泥-水体系由充水空间和未水化的水泥颗粒组成。随着水泥水化过程的进行，原有的充水空间被一部分水化产物所占据，Powers 将另外一部分还未被水化产物所填充的空间称为“毛细孔”，其尺寸一般大于 100nm。

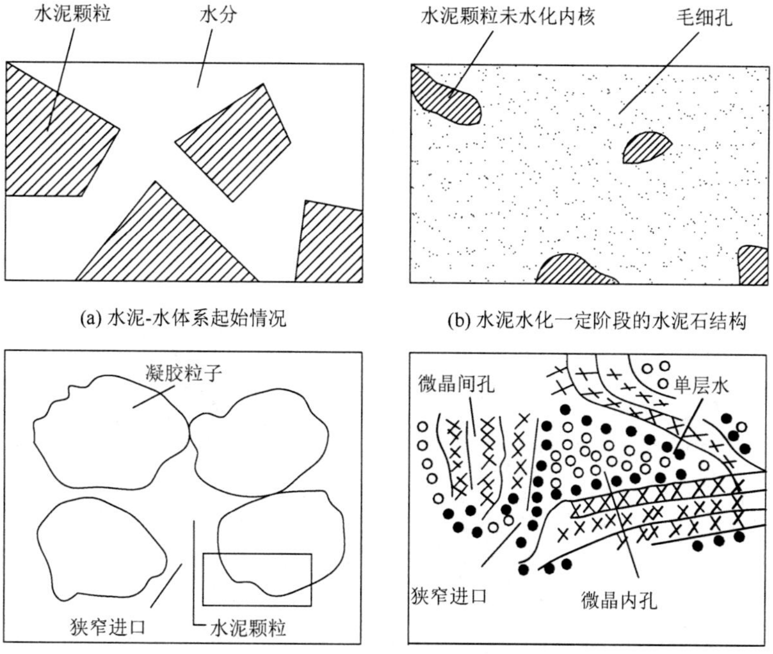

(a) 水泥-水体系起始情况　(b) 水泥水化一定阶段的水泥石结构

(c) C-S-H凝胶粒子间的孔结构　(d) C-S-H凝胶粒子内部的孔结构

图 1.3　Powers-Brunauer 模型

水泥的水化产物包括内部水化物和外部水化物两种，内部水化物较为密实，以水化硅酸钙（C-S-H）凝胶为主，它主要位于原水泥矿物界线以内。而外部水化物则包括绝大部分氢氧化钙（CH）和钙矾石（AFt）晶体以及一部分 C-S-H 凝胶，其结构比较疏松，主要位于原水泥矿物界线以外。通常将这些水化物之间的孔隙称为“过渡孔”，其孔径范围变动较大。在 C-S-H 凝胶粒子的内部同样存在着孔隙，这部分孔隙称为“凝胶孔”，其孔径为 3～4nm。

Feldman-Sereda 模型[68, 69]（图 1.4）把混凝土的微观结构视为硅酸盐不完整层状晶体结构。该模型认为水的作用更加复杂，一部分水物理吸附于凝胶结构表面，另一部分水则在其表面形成氢键。当相对湿度降低时，已破坏的层次结构中会有水分进入，而由于毛细作用，当相对湿度提高时，水分会填充到大孔内。所以，结构的组成部分应包括进入层状水化物间的一部分水，且该部分水影响着材料的刚性。不同于 Powers-Brunauer 模型，Feldman-Sereda 模型中并没有大量的凝胶孔存在。

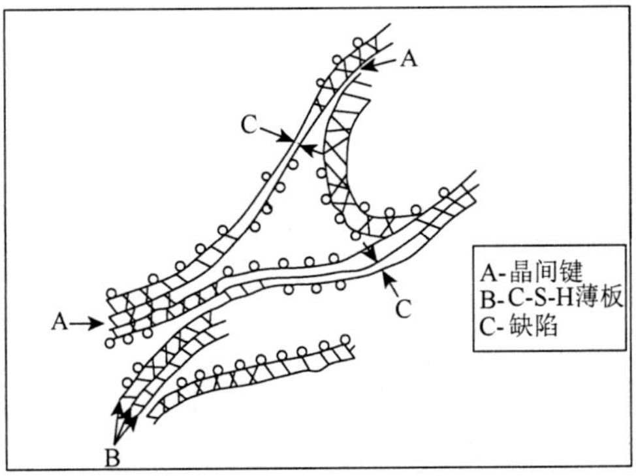

图 1.4　Feldman-Sereda 模型

Wittmann[70, 71]提出的 München 模型是以吸附测定为基础的，用以解释水化波特兰水泥凝胶的力学性质。通过该模型能够定量地预测由水和固相间的相互作用所引起的混凝土不同行为的变化。

日本学者近藤连一和大门正机[72]在第六届国际水泥化学会议上，基于 Feldman-Sereda 模型提出了近藤连一–大门正机模型。该模型将水泥石的孔结构分为凝胶微晶内孔（孔径小于 1.2nm）、凝胶微晶间孔（孔径为 1.2～3.2nm）、凝胶粒子间孔（孔径为 3.2～200nm）和毛细孔或大孔（孔径大于 200nm）。

Kumar 和 Bhattacharjee[73]认为水泥基材料的孔结构系统由四类孔组成，即微观凝胶孔（特征尺寸为 0.5～10nm）、细观毛细孔（平均半径为 5～5000nm）、故意带入空气形成的大孔和振捣不足形成的大孔。除此四类外，也有集料-砂浆界面由于收缩形成的裂纹，主要宽度是 1.5～2.0nm，但其不会危害混凝土的强度和耐久性。

布特提出的孔结构模型应用十分广泛，该模型将水泥石的孔结构按孔径大小分为表 1.2 所示的 4 个等级。

表 1.2 布特对孔结构的分类[74, 75]

孔径范围/nm	孔的分类
＜10	凝胶孔
10～100	过渡孔
100～1000	毛细孔
＞1000	大孔

吴中伟和廉慧珍[76]提出了混凝土的孔级划分和影响系数的概念，如图 1.5 所示。根据对混凝土性能的影响，将孔隙划分为无害孔级（＜20nm）、少害孔级（20～50nm）、有害孔级（50～200nm）和多害孔级（＞200nm）四类。该分类很好地联系了混凝土的孔径分布和部分宏观性能，并提出可以通过增加 50nm 以下的孔和减少 100nm 以上的孔来改善混凝土的性能。

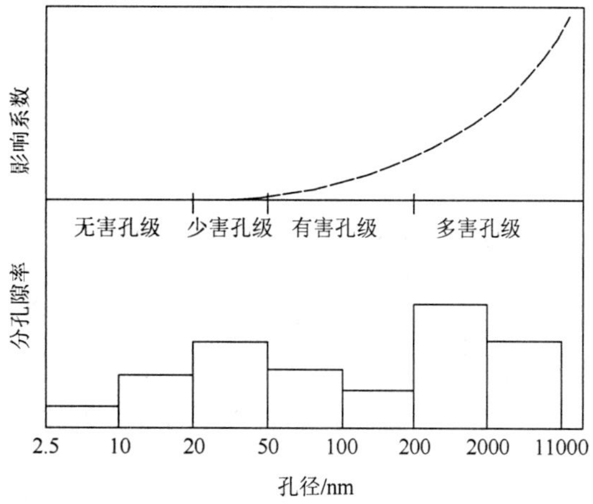

图 1.5 混凝土中分孔隙率与影响系数的关系

2. 孔结构与强度的关系

强度是混凝土材料的基本性能，已有研究表明，混凝土强度与其孔结构有着密不可分的关系，众多学者对此进行研究并建立了相应的数学模型。

早在 20 世纪初，法国学者 Feret[77]提出混凝土强度符合以下关系：

$$\sigma = K\left(\frac{c}{c+W+a}\right)^2 \tag{1.1}$$

其中，σ 为混凝土强度；c、W 和 a 分别为水泥、水和空气的绝对体积；K 为试验常数，由除水胶比之外的其他影响因素决定。

式（1.1）反映了混凝土强度与空气体积成反比，类似于混凝土强度与孔隙率之间的关系。

20 世纪 60 年代，Powers[78]为了研究混凝土强度的影响因素，根据对水泥石的一些假设和大量试验数据提出了胶空比理论，混凝土强度可表示为

$$\sigma = AX^n \tag{1.2}$$

其中，A 为凝胶体强度；X 为胶空比，X= 凝胶体积/（凝胶体积 + 毛细孔体积）；n 为回归常数，取 2.5～3。

不少学者也提出了与胶空比理论相似的强度与孔隙率之间的半经验公式，较有影响的有以下四种。

Balshin[79]于 1949 年提出的公式：

$$\sigma = \sigma_0(1-p)^A \tag{1.3}$$

Ryshkewitch[80]在 1953 年提出的公式：

$$\sigma = \sigma_0 \exp(-B_s p) \tag{1.4}$$

Schiller[81]推导的公式：

$$\sigma = A\ln\frac{p_0}{p} \tag{1.5}$$

Hasselman[82]于 1963 年给出的公式：

$$\sigma = \sigma_0(1-Ap) \tag{1.6}$$

其中，σ_0 为孔隙率为 0 时的理想强度；p 为孔隙率；σ 为孔隙率为 p 时的强度；A、p_0 和 B_s 为经验常数。

通过试验，Schiller[81]验证了在低孔隙率时 Ryshkewitch 公式与试验值吻合较好，而在孔隙率较高时 Schiller 公式与试验值吻合较好。

1968 年瑞典学者 Hansen[83]以 Powers[78]的试验数据及假设为基础，将全部毛细孔集中到一个单位体积内，假设成一个半径为 r 的球形孔，建立起水泥石、混凝土强度与毛细孔体积的组合模型：

$$\sigma = \sigma_0(1-1.22V_{\mathrm{p}}^{2/3}) \tag{1.7}$$

其中，V_{p} 为毛细孔体积，其余参数与前面相同。

Hansen 的这一结果与德国学者 Wriches[84]在 1961 年提出的公式相近，如式（1.8）所示：

$$\sigma = \sigma_0(1-V_{\mathrm{p}})^{0.7} \tag{1.8}$$

上述模型从不同角度描述了强度与孔隙率的关系，但大多数模型只考虑了孔隙率一个参数，并未考虑孔隙形貌与级配等孔结构特征的影响，所以这些模型在应用上存在较大的局限性，对于不同的试验工况，这些模型的计算值与实测值的相关性较低。基于此问题，随着研究的深入，学者开始考虑用其他参数表征孔结构，建立了不少强度与孔径分布的关系模型。

Jambor[85]在综合考虑水泥石孔结构的形成与发展过程中的孔隙形状、孔径分布及孔在空间的排列方式等因素与总孔体积关系的基础上，建立了孔隙率与混凝土强度关系的数学模型，如式（1.9）所示：

$$\sigma = K\frac{\sqrt{p_0 - p}}{p\dfrac{w}{c}} \tag{1.9}$$

其中，p_0为理论初始水化孔隙率，其大小为$p_0 = V_\mathrm{w} + V_v$，V_w为拌和水体积，V_v为振捣后的单位混合料中的含气体积；p为总孔隙率，大小为$p = p_0 - \Delta v_{hp}$，Δv_{hp}为水化产物体积与混合料中未水化水泥所占单位体积之差；K为系数，其值取决于水泥品种、活性、养护条件、水泥单位用量及试样种类（尺寸）；σ为强度；w/c为水灰比，w为水的质量，c为水泥的质量。

虽然该模型在进行实际强度预测时存在一些困难，但针对制备特定孔隙率和强度的水泥基材料试样，Jambor 认为该模型为选择有效工艺方法提供了依据。

1987年，Atzeni 等[86]为了分析不同孔径对混凝土强度的影响，把孔隙按孔径大小重新分为4级，并得到式（1.10）：

$$\sigma = \sigma_0 - ap_{>106} - bp_{53\sim106} - cp_{10.6\sim53} - dp_{<10.6} \tag{1.10}$$

其中，$p_{>106}$、$p_{53\sim106}$、$p_{10.6\sim53}$、$p_{<10.6}$分别为不同孔径范围的孔隙率；a、b、c、d为由试验数据回归得出的常数。

Atzeni 等的模型考虑了不同孔径级别的孔对强度的影响，间接反映了强度与孔径分布的关系。

在式（1.10）的基础上，继续考虑孔隙对强度的削弱作用，Atzeni 等进一步提出了强度与孔结构的关系，如式（1.11）所示：

$$\sigma = K_1\left(\frac{1-p}{\sqrt{r_\mathrm{m}}}\right) \tag{1.11}$$

其中，K_1为试验常数；r_m为平均孔径，$\ln r_\mathrm{m} = \dfrac{\sum_{i=1}^{n} V_i \ln r_i}{\sum_{i=1}^{n} \ln r_i}$，$V_i$为$r_i$级孔径对应的孔隙量；$p$为孔隙率。

Atzeni 等的公式在考虑了孔隙率的基础上，引入了平均孔径这个参数，在一定程度上考虑了孔径分布对强度的影响，更准确地表达了混凝土强度与孔结构之间的关系。

2004 年，郭剑飞[87]在此基础上提出了式（1.12）所示的强度模型，并通过计算机进行模拟，考虑了不同孔径的孔隙遭到逐级破坏的过程。

$$\sigma_c = KC\left(\frac{1-p_i / f_i}{\sqrt{r_i}}\right) \tag{1.12}$$

其中，K 为常数；C 为水泥在配合比中的质量分数；p_i 为孔径为 r_i 的孔隙率；f_i 为 p_i 占总孔隙率的百分比。

综合以上关系模型可以看出，关于混凝土强度与孔结构关系的研究大致可以分为两个阶段：第一阶段主要反映了强度与孔隙率的关系；第二阶段则综合考虑了孔径分布等因素对强度的影响，相对于仅简单考虑强度与孔隙率的关系，后期的模型在表达的全面性和精度上均有所提高。

3. 高温下混凝土的孔结构

高温环境会改变水泥的水化进程，影响混凝土的物理化学性质，使混凝土的孔结构发生变化。目前，已有不少学者研究了高温对混凝土孔结构特征的影响，但主要集中在蒸汽养护环境和火灾环境，而高地温环境下混凝土的孔结构研究很少，干热环境中混凝土的孔结构研究更是未见涉及。

He 等[88]通过研究发现蒸汽养护条件会导致混凝土孔隙率增大，性能变差。为寻求消除蒸汽养护对混凝土不利影响的有效措施，研究了蒸汽养护的后续养护条件对混凝土孔结构的影响。研究发现，将蒸汽养护后的混凝土暴露在空气中对其微观孔结构有明显的不利影响。而将蒸汽养护后的混凝土浸入约 20℃的水中进行后续养护则可以显著降低其孔隙率，孔隙率梯度减小，混凝土的微观结构变得更加均匀。

Wang 等[89]研究了 60℃蒸汽养护条件下不同预养护时间（1h、3h、6h）对混凝土力学性能和孔结构的影响，发现预养护时间对混凝土孔结构的影响有限。

Gonzalez-Corominas 等[90]研究了蒸汽养护对再生骨料粉煤灰高性能混凝土孔结构的影响，发现蒸汽养护的混凝土在 90d 之内的孔隙率降低幅度更大，具有较低的毛细孔体积。

林剑等[91]分别采用 X 射线计算机断层扫描（computed tomography，CT）技术和压汞法（mercury intrusion porosimetry，MIP）研究了养护温度对活性粉末混凝土孔结构的影响，结果显示 90℃热水养护能够提高水化程度，细化混凝土的孔结构，从而增强抗压强度，但养护温度高于 250℃时抗压强度有所下降。

Rostásy等[92]通过压汞法研究了900℃高温和−170℃极低温引起的水泥砂浆孔结构的变化。结果表明，高温会导致水泥砂浆总孔隙体积增加，而低温不会，但两种情况都会引起孔结构的粗化。

Chan等[93-95]针对火灾环境，研究了普通混凝土和高性能混凝土遭受800℃以上高温后的力学性能和孔结构特征，发现高温会对混凝土的孔结构产生粗化作用，孔隙率增大，两种混凝土的强度均急剧降低，且高性能混凝土具有更高的残余强度。

Xu等[96]的研究表明，粉煤灰混凝土在温度为250℃时总孔隙率几乎没有增加，当暴露在450℃温度时混凝土的孔结构明显粗化，而遭受650℃高温后孔结构的劣化变得十分严重。

Komonen和Penttala[97]研究了高温对普通混凝土和聚丙烯纤维增强混凝土残余性能的影响。通过压汞法测定了20～1000℃温度环境下水泥浆体的孔结构，研究指出，随着温度的升高，孔结构尺寸逐渐增大，温度从20℃增加到1000℃时，水泥浆体的总孔隙率增加了1倍以上。

针对火灾环境，Lau和Anson[98]分析了105～1200℃下钢纤维增强混凝土的抗压强度、抗弯强度和孔隙率随温度的变化规律。

宿辉等[99, 100]以齐热哈塔尔水电站高地温引水隧洞为工程背景，研究了90%湿度环境中不同养护温度（40～90℃）下混凝土的强度、氯离子渗透性以及孔结构分布特征。采用电子计算机断层扫描技术并结合图像分析软件对混凝土孔结构进行了分析处理，发现混凝土孔隙率随温度的升高而增大，且混凝土内的孔隙绝大多数是沿着骨料周边发展的。

1.3.3 岩石-混凝土约束收缩性能研究现状

高地温隧道干热环境中，由于喷射混凝土快速升温与失水，混凝土将产生较大的干缩，会严重影响喷射混凝土的施工以及支护结构的安全。开展高地温环境岩石-混凝土约束收缩性能的研究十分必要，但目前这方面的研究还未见报道。

文献[101]～[103]针对新老混凝土的黏结收缩性能进行了研究。刘健和赵国藩[101]通过新老混凝土黏结试件的试验研究与理论分析，提出了约束收缩的力学模型，可以计算出黏结面处的约束力以及黏结试件横截面上的应力分布；黄晓杰等[102]研究发现新旧混凝土间的约束作用使新混凝土自由边处受压，而界面处受拉，且与自由收缩试件相比，复合试件新混凝土结合面处的收缩值降低，新混凝土自由面处的收缩值增大；陈峰和郑建岚[103]在新老混凝土黏结收缩试验中采用自密实混凝土作为新混凝土材料，试验发现，新老混凝土黏结的约束收缩分布及发展规律基本相同，新混凝土中间顶部的收缩最大，而靠近黏结面处的收缩很小，且掺入适当的粉煤灰可以抑制新混凝土的约束收缩。另外，采用双曲线函数可以较好地拟合收缩应变随时间变化的关系。

Cui 等[61]以高地热隧道为背景，通过室内模拟湿热和干热环境，对喷射混凝土的变形进行了研究。研究分为两部分：一是两种高温环境对喷射混凝土变形的影响；二是纤维材料对混凝土在干热环境下的收缩抑制作用。研究结果表明，在湿热环境下混凝土产生膨胀，在整个养护期内其变形较为平稳；在干热环境中混凝土产生收缩，在 28d 龄期前处于明显的收缩变形增长期，且收缩量与养护龄期的自然对数呈线性关系，28d 后变形总体趋于稳定；纤维材料特别是钢纤维可以抑制混凝土在干热环境中的收缩。

1.3.4　混凝土断裂性能研究现状

传统的强度理论把混凝土看作均匀、连续的理想固体，但这些理论仅在结构没有裂缝的情况下可行，对于含有裂缝的结构不再适用。混凝土是典型的非均质多相复合材料，其内部不可避免地存在微裂纹，甚至含有夹渣、气泡、孔穴等宏观缺陷。喷射混凝土的开裂问题关系到隧道支护结构安全性和耐久性。断裂力学是研究裂缝发展规律的有效工具，结构一旦开裂，其安全性等问题就需要借助混凝土断裂力学加以解决。

1. 混凝土断裂力学的发展

混凝土断裂力学起源于 1961 年，Kaplan[104]用断裂力学方法测定了混凝土的断裂韧度参数。此后，学者便开始了混凝土断裂力学的研究，并取得了诸多成果。特别是在 20 世纪 70 年代以后，各种非线性断裂模型的提出，推动了混凝土断裂力学的发展。目前，适用于混凝土类非线性材料的断裂模型主要有虚拟裂缝模型、裂缝带模型、双参数模型、尺寸效应模型、等效裂缝模型、双 K 断裂模型和双 G 断裂模型等。

Hillerborg 等[105]于 1976 年提出了断裂力学史上具有里程碑意义的虚拟裂缝模型。Hillerborg 等将真实的微裂缝断裂过程区用一条假想的分离裂缝代替，认为裂缝由可以传递部分应力的虚拟裂缝和不传递应力的真实物理裂缝组成，如图 1.6 所示。虚拟裂缝面上的应力分布与张开位移 w 有关，而断裂过程区以外的材料则处于弹性变形区。虚拟裂缝在裂缝尖端的拉应力 σ 达到材料抗拉强度 f_t 时开始扩展，弹性变形区的变形能得以释放并流入断裂过程区，虚拟裂缝的张开及扩展由外力在断裂时所做的功决定。采用假想裂缝面上的黏聚力来表示微裂区的桥联作用，其大小由微裂缝张开位移和材料的软化本构关系确定。软化本构曲线主要由抗拉强度 f_t、断裂能 G_F 和微裂缝临界最大张开位移 w_0 决定，如图 1.7 所示。

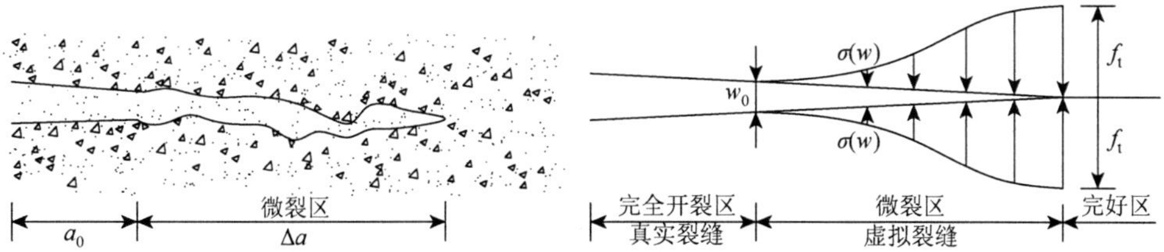

图 1.6 虚拟裂缝模型

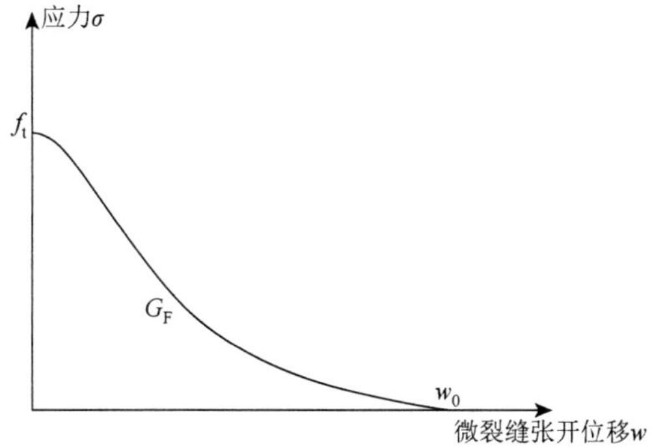

图 1.7 软化本构曲线

1983 年，Bažant 和 Oh[106]提出了与虚拟裂缝模型类似的裂缝带模型，将断裂过程区假设为具有一定宽度的裂缝带，微裂缝密集、相互平行地分布在裂缝带区域内，如图 1.8 所示。裂缝带内混凝土达到材料抗拉强度 f_t 后进入软化阶段，材料在裂缝带外仍然保持线弹性。该模型将断裂能弥散于裂缝带宽度内，认为断裂能 G_F 和裂缝带宽度 h_c 为材料属性，h_c 取决于混凝土的最大骨料粒径，通过调整断裂过程区的应力-应变关系软化曲线来适应不同的离散网格，一定程度上解决了网格敏感性问题，使得断裂能保持唯一。该模型的断裂能为裂缝带完全开裂所耗散的能量，断裂过程区的应力-应变曲线如图 1.9 所示，断裂能 G_F 与应力-应变曲线下所围面积 A 的关系为

$$G_F = Ah_c \tag{1.13}$$

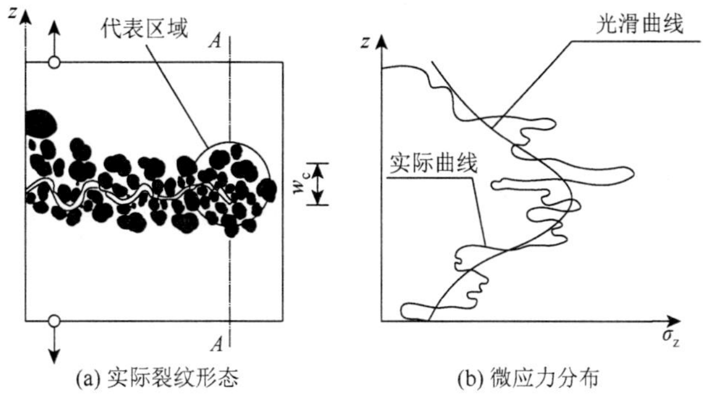

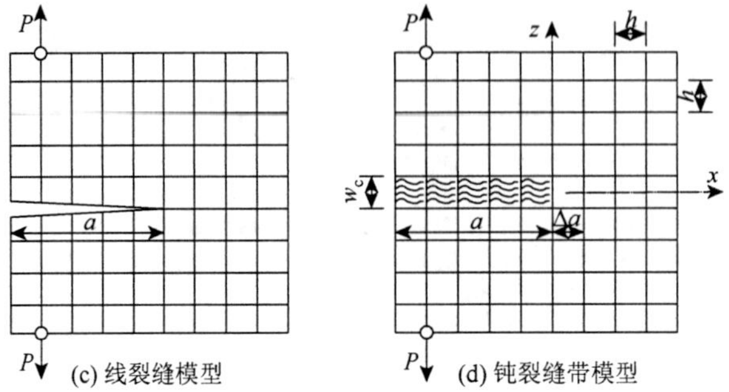

图 1.8　裂缝带模型

w_c 为断裂过程区宽度

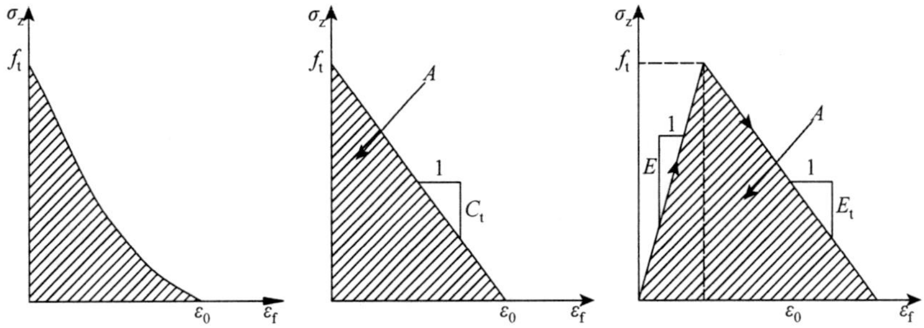

图 1.9　裂缝带模型断裂过程区应力-应变曲线

σ_z 为主应力；ε_0 为应力降至零时的应变；ε_f 为断裂应变（微裂纹张开引起的附加应变）；A 为应力-应变曲线下所围面积；C_t 为 σ_z-ε_f 曲线的斜率；E 为弹性模量；E_t 为切线应变软化模量；f_t 为抗拉强度

1985 年，Jenq 和 Shah[107]提出的双参数模型以临界状态时刻的断裂韧度 K_{Ic}^{s} 和初始裂缝尖端的张开位移 $\mathrm{CTOD_c}$ 作为两个控制参数建立临界失稳状态的判定准则，即

$$\begin{cases} K_I = K_{Ic}^{s} \\ \mathrm{CTOD} = \mathrm{CTOD_c} \end{cases} \tag{1.14}$$

双参数模型为等效弹性裂缝模型，其中临界等效裂缝长度是将荷载-裂缝口张开位移（P-CMOD）曲线峰值荷载处的卸载柔度代入线弹性断裂力学的柔度计算公式获得的。考虑到最大荷载在试验过程中通常是无法明确的，所以在极值荷载处进行准确的卸载是难以实现的，为保证试验可行，将峰值点后 95%的最大荷载作为卸载点。因此，获得临界等效裂缝长度后，断裂控制参数 K_{Ic}^{s} 和 $\mathrm{CTOD_c}$ 的值借助线弹性断裂力学公式便可以直接求得。此外，对于 K_{Ic}^{s} 和 $\mathrm{CTOD_c}$ 这两个参数的测定，在 1990 年 Shah[108]给出了标准的试验方法。但需要注意的是，只有具有

足够刚度的试验机才能保证稳定的卸载过程，所以双参数模型对试验机的要求较高，断裂韧度的测定一般需要借助闭路循环试验机才可以完成。

尺寸效应模型认为裂缝扩展引起的能量释放是造成名义强度存在尺寸效应的原因。该模型近似认为单位面积的裂缝扩展在临界时刻所释放的能量是一个常量，无关试件尺寸的大小。Bažant 等[109-112]认为若名义强度不存在尺寸效应，则裂缝扩展单位长度所释放的能量对于大尺寸结构来说会比较大。所以，如果要保持试件的能量释放率在临界时刻是一个与尺寸无关的常量，那么大构件在临界时刻的名义应力值需小于小构件。假定裂缝带周围为能量释放区，对于单边裂缝混凝土受弯梁，可以得到临界时刻释放的总能量 W 。临界名义应力 σ_{N} 的表达式可由试件厚度 B 、临界能量释放率 G_f 及临界时刻单位裂缝扩展长度所释放的能量 $\partial W / \partial a$ 间的相等关系得到。基于此，通过量纲分析和相似原理 Bažant 和 Kazemi[109]提出了通用的临界名义应力尺寸效应表达式，如式（1.15）所示：

$$\sigma_{\mathrm{N}} = \overline{B} f_{\mathrm{t}} (1+\beta)^{-1/2};\quad \beta = D / d_0 \tag{1.15}$$

其中，$\overline{B}$ 和 d_0 为常数，由试验获得；f_{t} 为混凝土抗拉强度；D 为试件尺寸。

Hu 和 Wittmann[113, 114]提出的边界效应理论认为裂缝断裂过程区与试件边界间的相互影响是材料参数产生尺寸效应的根本原因。准脆性断裂的产生并不是试件尺寸的简单影响，其根本原因在于试件边界的影响。含初始短缝无限大板的渐进准脆性断裂曲线如图 1.10 所示，基于边界效应模型建立的无限大板准脆性断裂渐进解的表达式为

$$\sigma_n(P) = \sigma_N(P) = \frac{f_{\mathrm{t}}}{\sqrt{1 + \dfrac{a_0}{a_\infty^*}}} \tag{1.16}$$

$$a_\infty^* = \frac{1}{\pi Y^2}\left(\frac{K_{Ic}}{f_{\mathrm{t}}}\right)^2 = 0.25\left(\frac{K_{Ic}}{f_{\mathrm{t}}}\right)^2 \tag{1.17}$$

其中，$\sigma_n(P)$ 和 $\sigma_N(P)$ 分别为考虑和不考虑初始裂缝影响的外荷载 P 产生的应力；f_{t} 为材料的抗拉强度；a_0 为初始裂缝长度；a_∞^* 为特征裂缝长度；Y 为几何形状参数，对于无限大板，Y 取 1.12；K_{Ic} 为材料的断裂韧度。

Nallathambi 和 Karihaloo[115-117]提出的等效裂缝模型的控制参数为临界等效裂缝长度 a_{e} 和等效裂缝尖端应力强度因子 K_{Ic}^{e} 。基于荷载-加载点位移（ P-δ ）曲线，其临界失稳判定准则为

$$\begin{cases} a = a_{\mathrm{e}} \\ K_I = K_{Ic}^{\mathrm{e}} \end{cases} \tag{1.18}$$

Xu 和 Reinhardt[118-121]结合虚拟裂缝模型和等效裂缝模型的优点，提出了混凝

土双 K 断裂模型。通过引入起裂韧度 K_{Ic}^{ini} 和失稳韧度 K_{Ic}^{un} 这两个控制参数，判断和预测混凝土中裂缝的扩展过程。如果记裂缝尖端应力强度因子为 K，则双 K 断裂准则可以表达为：$K=K_{Ic}^{ini}$ 时，裂缝起裂；$K_{Ic}^{ini}<K<K_{Ic}^{un}$ 时，裂缝稳定扩展；$K\geqslant K_{Ic}^{un}$ 时，裂缝失稳扩展。裂缝的稳定扩展为：当外荷载值不继续增加时，裂缝持续现有状态，不再继续扩展，只有当外荷载值增加时，裂缝才继续扩展。裂缝的失稳扩展为：即使外荷载值保持不变，不再继续增加，裂缝仍旧扩展。在实际应用中，$K=K_{Ic}^{ini}$ 可作为重要结构裂缝扩展的判断准则；$K_{Ic}^{ini}<K<K_{Ic}^{un}$ 可作为重要结构裂缝失稳扩展前的安全警报；$K\geqslant K_{Ic}^{un}$ 可作为一般结构裂缝扩展的判断准则。

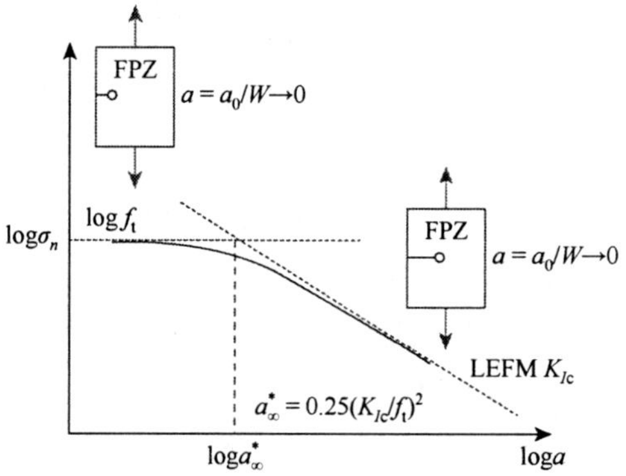

图 1.10　含初始短缝无限大板的渐进准脆性断裂曲线

LEFM 为线弹性断裂力学；FPZ 为断裂过程区（fracture process zone）；W 为试件尺寸

赵艳华等[122, 123]以起裂能量释放率 G_{Ic}^{ini} 和失稳能量释放率 G_{Ic}^{un} 为断裂参数建立了双 G 断裂模型。基于线弹性断裂理论，可推导出 G_{Ic}^{ini} 和 G_{Ic}^{un} 的解析公式，且通过关系式 $G=K^2/E$（E 为弹性模量）可与双 K 断裂模型的 K_{Ic}^{ini} 和 K_{Ic}^{un} 进行转换。

2. 高温下混凝土的断裂性能

目前，对室温下混凝土的断裂性能已经有了比较全面的研究，但对高温环境中混凝土断裂性能的研究相对较少。

Baker[124]通过对加热后的混凝土在室温下进行三点弯曲测试，发现温度对混凝土的断裂性能有显著影响，且在室温到 300℃之间断裂能逐渐增加，但超过 300℃后断裂能迅速下降。

Zhang 等[125, 126]研究了 100～600℃高温对普通强度混凝土和高强混凝土残余断裂性能的影响，试验表明，较低温度时混凝土断裂能随温度升高而升高，且加热时间越长断裂能越大，但在较高温度下，随着温度升高断裂能反而下降，且断裂能随加热时间增长而降低。

Nielsen 和 Bicanic[127]以每分钟 1℃的速度将 80 根玄武岩混凝土和普通混凝土梁加热到一定温度后保持 8h，然后冷却至室温并进行三点弯曲测试。结果显示，与室温下的混凝土梁相比，300～400℃高温造成的混凝土损伤使断裂能增加了约 50%，且 Nielsen 和 Bicanic 认为高温环境下混凝土梁更为曲折的断裂面是造成断裂能显著增加的一个合理原因，表明高温环境会使混凝土更具延展性。

Prokopski[128]研究了普通混凝土和耐火混凝土在 100～1300℃高温环境中的断裂韧性，并计算了三点弯曲试样的应力强度因子，发现两种混凝土的应力强度因子均随着测试温度的升高而降低。

Abdel-Fattah 和 Hamoush[129]先将混凝土试件放在加热炉中加热至所需温度 24h，取出冷却 24h 后进行三点弯曲梁断裂试验，结果表明，随着温度的升高，混凝土的残余断裂韧度逐渐降低。

You 等[130]将尺寸为 230mm×200mm×200mm（长×宽×高）的混凝土试件加热至 65～600℃，利用楔形劈裂法获得了加热后试样完整的荷载-裂缝口张开位移曲线，并计算得出混凝土的断裂能和断裂韧度。结果表明，随着温度的升高，断裂能呈先增大后减小的趋势，而断裂韧度则单调减小。

Yu 等[131, 132]针对火灾环境，对 65～600℃高温环境下的混凝土进行了楔入劈拉断裂试验，验证了双 K 断裂模型和双 G 断裂模型对火灾后混凝土试件的有效性，并研究了温度对断裂参数的影响。

这些研究主要关注的是火灾中的混凝土断裂性能，环境温度基本都在 100℃以上，且加热过程是在混凝土完全硬化后进行的。而干热隧道的岩温主要分布在 40～100℃，且混凝土从喷射到硬化一直处于高温环境中，所以干热环境与火灾环境对混凝土断裂性能的影响机制是完全不同的。

1.3.5 岩石-混凝土界面断裂性能研究现状

利用某种结合方式将两种相同或不同材料连接起来一起使用的构件称为结合材料，其结合部位称为界面，喷射混凝土与岩石组合结构的结合部位就是一种典型的界面。由于在界面处容易有缺陷存在，所以界面处的结合强度通常较低。另外，界面的存在往往会引起应力集中，导致界面处的材料处于一个较高的应力水平。因此，界面是结合材料的薄弱部位，界面强度是影响结构安全的关键因素。但是，不同于单种材料，界面两侧材料的性质差异导致裂缝尖端存在振荡应力奇异性，传统的强度评价方法不再适用[133]。因此，岩石与混凝土结合材料的断裂性能需借助界面力学理论进行研究。

1. 界面力学模型的发展

界面裂缝尖端振荡应力奇异性的研究最早开始于 1959 年，Williams[134]利用应力函数的分离变量形式首先求得了奇异性指数。随后，在线弹性分析的基础上，Bogy[135, 136]发现应力奇异性同样存在于界面端部，并在二维平面中给出了任意结合角度界面端部附近奇异应力场的特征方程。通过改变结合角度，基于此方程便可得到平面界面裂缝尖端的应力分布。在图 1.11 所示的极坐标下，裂缝尖端的应力场可以表示为

$$(\sigma_{yy}+\mathrm{i}\tau_{xy})_{\theta=0}=\frac{Kr^{\mathrm{i}\varepsilon}}{\sqrt{2\pi r}}=KL^{\mathrm{i}\varepsilon}\left[\cos\left(\varepsilon\ln\frac{r}{L}\right)+\mathrm{i}\sin\left(\varepsilon\ln\frac{r}{L}\right)\right]\Big/\sqrt{2\pi r} \quad (1.19)$$

其中，σ_{yy} 为正应力；τ_{xy} 为剪应力；i 为虚数单位；K 为复应力强度因子；ε 为奇异振荡指数；r 为极径；L 为裂缝长度。K 和 ε 分别可由式（1.20）和式（1.21）计算得出：

$$K=K_1+\mathrm{i}K_2=\lim_{r\to 0}\left(\sigma_{yy}^{\infty}+\mathrm{i}\tau_{xy}^{\infty}\right)\sqrt{2\pi}r^{0.5-\mathrm{i}\varepsilon} \quad (1.20)$$

$$\varepsilon=\frac{1}{2\pi}\ln\left[(\kappa_1\mu_2+\mu_1)+(\kappa_2\mu_1+\mu_2)\right] \quad (1.21)$$

其中，μ_1、μ_2 为两种材料的剪切模量；κ_1、κ_2 为两种材料的膨胀模量，对于平面应力问题，$\kappa=3-4\nu$，对于平面应变问题，$\kappa=\frac{3-\nu}{1+\nu}$，$\nu$ 为材料的泊松比。

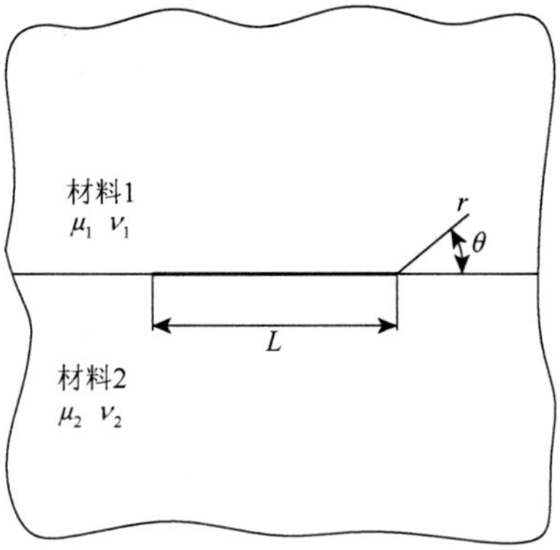

图 1.11　双材料界面裂缝

如图 1.12 所示，裂缝面出现了相互嵌入的情况，另外，当 $r\to 0$ 时，应力场不仅表现出 $1/\sqrt{r}$ 的奇异性，还发生了不断改变正负号的振荡现象。产生振荡奇异性的内在原因是只有在特殊的情况下界面上的位移连续性条件与裂缝面边界自由条件才能够得到满足。裂缝上下表面的张开位移差为

$$(\delta_y + \mathrm{i}\delta_x)_{\theta=\pi} - (\delta_y + \delta_x)_{\theta=-\pi} = (c_1 + c_2)Kr^{\mathrm{i}\varepsilon} \Big/ \left[2\sqrt{2\pi}(1+2\mathrm{i}\varepsilon)\cosh(\pi\varepsilon)\right] \quad (1.22)$$

其中，δ_x 和 δ_y 分别为裂缝面在 x 向和 y 向的位移；$c_1 = (\kappa_1 + 1)/\mu_1$；$c_2 = (\kappa_2 + 1)/\mu_2$。

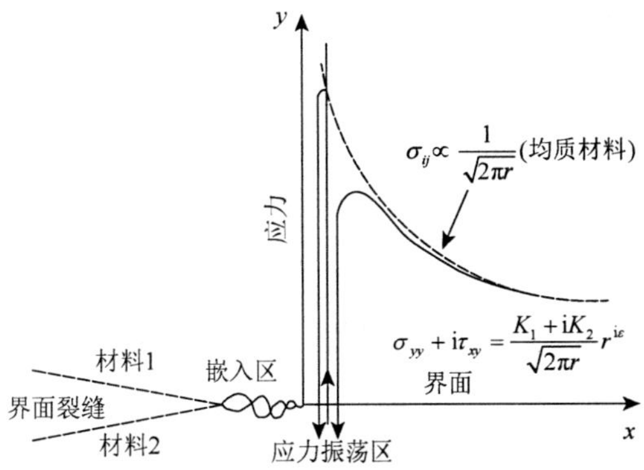

图 1.12 界面裂缝尖端应力及裂缝面开口位移

由于实际上是不可能发生裂缝面的相互嵌入的，所以基于线弹性假设所获得的理论解是有缺陷的。如图 1.13 所示，Comninou 和 Schmueser[137-139]提出了接触区模型，从而消除裂缝面相互嵌入的矛盾。该模型认为裂缝面不完全张开，而是在裂缝尖端附近存在一个裂缝面互相接触的区域。

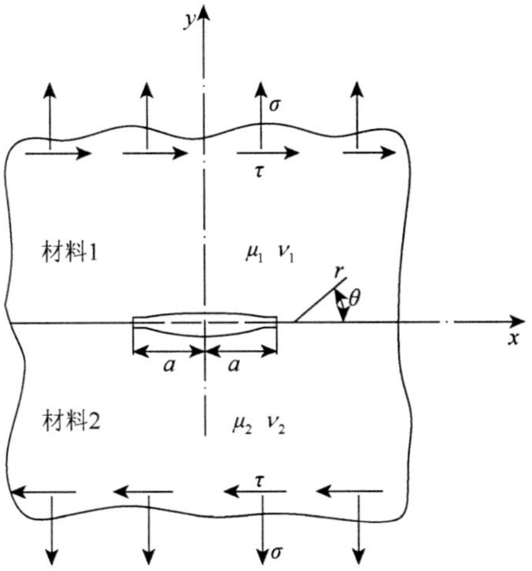

图 1.13 接触区模型

Dundurs 和 Gautesen[140]针对一端接触另一端开口界面裂缝的接触模型进行了进一步的研究。发现当嵌入区较小时，对于在振荡区以外的裂缝尖端的应力分布，无论采用基于线弹性假设的界面裂缝经典解还是界面裂缝接触模型，其计算结果基本一致。

Delale 和 Erdogan[141]提出的非均匀界面层模型将界面视为理想的几何面，界面两侧材料的弹性常数发生间断跃迁是不符合实际情况的。该模型把界面层看作厚度相同的非均匀材料层，并认为其弹性模量随厚度是连续变化的。针对无限大体，非均匀界面层模型如图 1.14 所示。假设在界面处弹性模量 E 与泊松比 ν 保持连续，则其具体形式可表示为

$$E(y) = E_0 \mathrm{e}^{\beta y} \tag{1.23}$$

$$\nu(y) = (A_0 + B_0 y)\mathrm{e}^{\beta y} \tag{1.24}$$

其中，E_0、β、A_0 和 B_0 为待定系数，是根据假设的 $E(y)$ 和 $\nu(y)$ 在 $y = h_1$ 和 $y = -h_2$ 时的连续性条件确定的，即 $E_0\mathrm{e}^{\beta h_1} = E_1$，$E_0\mathrm{e}^{-\beta h_2} = E_2$，$(A_0 + B_0 h_1)\mathrm{e}^{\beta h_1} = \nu_1$，$(A_0 + B_0 h_2)\mathrm{e}^{-\beta h_2} = \nu_2$，且 $h_0 = h_1 + h_2$ 为界面层厚度。

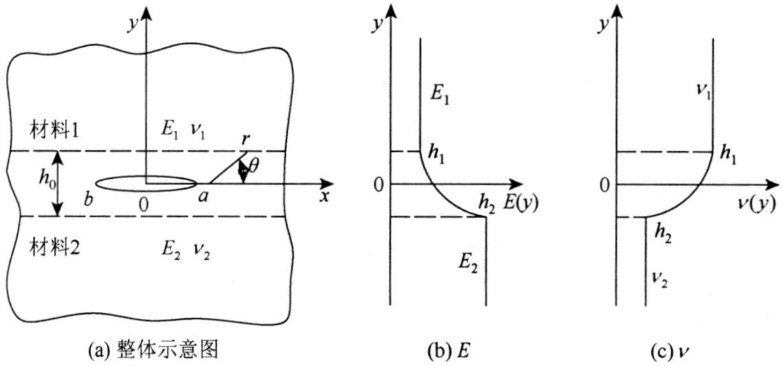

图 1.14　非均匀界面层模型

Atkinson[142]提出的黏着层模型将界面看成具有一定厚度的材料层，这种材料层的性能可由黏弹性来描述，既不同于材料 1 也不同于材料 2。如图 1.15 所示，

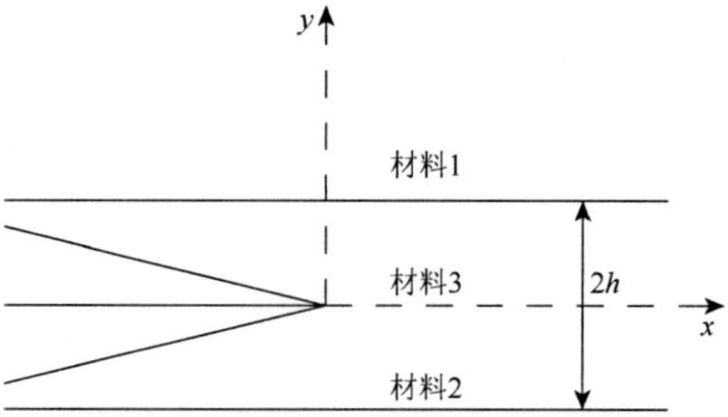

图 1.15　黏着层模型

用厚度很小（$2h$）的材料层表示界面，裂缝产生与扩展都相当于发生在均匀材料中。所以，裂缝尖端的应力有通常意义上的平方根奇异性，且裂尖附近的位移具有$r^{1/2}$奇异性。

Shih 和 Asaro[143]采用精细的弹塑性有限元分析方法，从另一个角度对应力振荡性和裂缝面的相互嵌入现象进行了研究，发现当开口界面裂缝尖端相互嵌入区较小时，裂尖附近的塑性变形能使应力振荡性和相互嵌入区消失。另外，Rice[144]指出在小规模屈服条件下，可以利用不考虑裂缝面嵌入的弹性解作为评价界面破坏的依据。

2. 界面裂缝尖端应力场的评价参数

对于均质材料，应力强度因子是断裂力学理论中反映裂缝尖端奇异应力场强弱的重要参数，并通常用于建立断裂准则。但对于界面裂缝，由于应力存在振荡性，应力强度因子的定义困难。式（1.20）给出的界面裂缝应力强度因子K_1和K_2的单位与均质材料中的K_{I}和K_{II}是不相同的，且其没有明确的物理意义。为使界面裂缝的应力强度因子具有和均质材料一样的量纲，且物理意义明确，研究人员给出了如下定义[145]：

$$\sigma_{yy}+\mathrm{i}\tau_{xy}\big|_{\theta=0}=\frac{K_1+\mathrm{i}K_2}{\sqrt{2\pi r}}\left(\frac{r}{\rho a}\right)^{\mathrm{i}\varepsilon} \tag{1.25}$$

其中，a表示裂缝长度的1/2；ρ为系数。

由式（1.25）可知，K_1和K_2与K_{I}和K_{II}的量纲相同，但是K_1和K_2所对应的应力场与K_{I}和K_{II}却不相同，K_1和K_2都与裂尖前沿的正应力和剪应力有关，并不是单独对应的，所以习惯采用下标 1 和 2 进行区别，而不是采用断裂力学中表示模态的K_{I}和K_{II}[133]。另外，为了使用方便，通常也可以将K_1和K_2近似地称为界面裂缝的张开型和剪切型模态的应力强度因子。可以通过选取特定的系数ρ更加明确地定义应力强度因子的物理意义，在实际应用中ρ=2是式（1.25）最常用的定义形式。此外，对于取任何ρ的应力强度因子，都可以通过式（1.26）进行换算：

$$[K_1(\rho_1 a)+\mathrm{i}K_2(\rho_1 a)](\rho_1 a)^{-\mathrm{i}\varepsilon}=[K_1(\rho_2 a)+\mathrm{i}K_2(\rho_2 a)](\rho_2 a)^{-\mathrm{i}\varepsilon} \tag{1.26}$$

结合数值方法求解界面应力强度因子是目前最常用的方法，主要包括直接法和间接法。常用的计算方法有以下几种：位移外推法[146, 147]、虚拟裂缝扩展法[148-150]、虚拟裂缝闭合法[151-154]、M_{I}积分法[155, 156]、相互作用积分法[157]。

除了应力强度因子，在沿界面的破坏评价中，能量释放率也可以作为一个评价参数。类似于均质材料，Sun 和 Jih[158]给出了界面裂缝的能量释放率公式，如式（1.27）所示。能量释放率仅为应力强度因子的函数，并没有振荡性。但是，由于式（1.27）利用了实际并不存在的相互嵌入的开口位移场，所以能量释放率并不代表真实的沿界面破坏时的能量变化。

$$G=\lim_{\Delta a\to 0}\frac{1}{2\Delta a}\int_0^a\left[\sigma_{yy}(a)\delta_y(a+\Delta a)+\tau_{xy}(a)\delta_x(a+\Delta a)\right]\mathrm{d}x=\frac{K_1^2+K_2^2}{16\cosh^2(\varepsilon\pi)}\left(\frac{\kappa_1+1}{\mu_1}+\frac{\kappa_2+1}{\mu_2}\right) \tag{1.27}$$

3. *岩石-混凝土界面断裂研究现状*

目前，有不少学者对岩石-混凝土界面裂缝的应力强度因子、断裂能等参数进行了研究，一些学者也研究了界面裂缝的发展过程，但这些研究都是在常温环境下进行的，关于高温环境特别是高地温环境对岩石-混凝土界面断裂性能的影响研究还未见涉及。

周鸿钧和段云岭[159]将重力坝的坝体混凝土和坝基岩石简化成两种线弹性材料，采用分区混合有限元法求解坝踵界面裂缝的应力强度因子，并进行了界面裂缝的断裂分析。

李庆斌等[160]利用双域边界元法计算了坝体与基岩界面裂缝尖端附近的应力场，并通过应力外推法计算了界面应力强度因子，分析了坝基弹模及水位的变化对界面应力强度因子的影响。

Maji 和 Wang[161]对岩石-混凝土复合试件进行了紧凑拉伸试验，指出岩石-混凝土界面表现出了和其母材相似的准脆性，并利用电子散斑干涉技术对断裂过程进行了测量，发现其界面断裂能约为母材的 1/4。

李哲等[162]通过三点弯曲梁试件测试了岩石与混凝土界面的断裂能和断裂韧度，发现岩石-混凝土界面的断裂能和断裂韧度分别为混凝土的 54.3%和 56.3%。对于相同强度的砂浆和混凝土，其与岩石界面的断裂能和断裂韧度基本相同。

Slowik 等[163]采用岩石-混凝土试件模拟了大坝与基础界面的复杂应力场，研究了高围压下界面的 II 型断裂能。

Chandra 和 Singh[164, 165]针对岩石-混凝土界面，以临界应力强度因子为准则判断了裂缝的扩展方式，研究了裂缝沿界面扩展和分叉扩展条件下应力强度因子的判据。

谢涛等[166]采用数理统计的基本理论和方法，基于已有的试验数据，运用概率断裂力学对岩石与混凝土界面断裂韧度 K_{Ic} 的分布特性进行了研究。

Sujatha 和 Chandra[167]考虑裂缝表面滑动相关的摩擦效应，计算了裂缝扩展过程中的能量耗散。结果表明，当考虑重力坝岩石-混凝土界面摩擦时，总能量释放率随裂缝长度的增加而减小。

Chandra 和 Saouma[168]采用石灰岩与混凝土的复合试件通过楔入劈拉试验研究了界面的 I 型断裂能，结果显示岩石-混凝土试件的界面破坏荷载为混凝土的 61%，但界面断裂能仅为混凝土的 21%。

谢和平等[169]研究了碾压混凝土坝和岩基两者相互作用的破坏模式和影响因素，应用断裂力学分析了坝踵裂缝扩展的稳定性，并得到了裂缝扩展的临界长度和荷载。

杨水成等[170-172]针对岩石-混凝土界面分别采用单边裂缝方形试件和环形裂缝试件开展了试验，得到了不同断裂类型的应力强度因子，通过回归分析获得了岩石与混凝土三维界面裂缝的断裂准则，并将其应用于坝体和基岩界面的断裂分析。

Wu 等[173]针对不同混凝土龄期，计算了混凝土与岩石黏结界面裂缝的动应力强度因子，发现随着混凝土龄期的增长，界面裂缝的断裂韧度逐渐增大。

Liu 等[174, 175]基于比例边界有限元法计算了考虑任意分布表面力的应力强度因子，给出了考虑表面力影响的应力强度因子的半解析求解过程，并将该方法应用于坝体与基岩界面的断裂分析。

丁涛等[176, 177]使用试验和数值方法研究了模态比对岩石-混凝土界面的断裂性能的影响。四点剪切试验显示，界面断裂时，随着模态角ψ的增加，模态 1 的临界应力强度因子K_{1c}^{un}逐渐减小，而模态 2 的临界应力强度因子K_{2c}^{un}逐渐增大，临界应变能释放率G_{c}^{un}也逐渐增大。采用比例边界有限元法对内聚力作用进行建模，模拟了界面处的黏结裂缝的扩展过程。

董伟等[178-183]针对岩基与混凝土坝体的界面断裂性能及裂缝扩展问题进行了一系列研究。采用人工刻槽和自然界面的岩石-混凝土组合试件进行了单轴拉伸和三点弯曲试验，获得了岩石-混凝土界面的抗拉强度、断裂能和起裂韧度。以界面粗糙度为参量，根据三点弯曲试验测得的荷载-位移曲线，采用改进的J积分法推导了岩石-混凝土界面的能量耗散。通过在能量耗散和作用于断裂过程区的虚拟黏聚力产生的能量之间实现平衡，建立了考虑断裂能和界面抗拉强度影响的岩石-混凝土界面的拉伸软化本构关系；基于非线性断裂力学理论，引入裂缝扩展准则，对一系列组合梁的裂缝扩展过程进行了数值模拟，验证了其推导的界面拉伸软化本构关系，研究了岩石-混凝土三点弯曲组合梁断裂过程区（FPZ）的演化规律，讨论了界面断裂中韧带长度对 FPZ 演化的影响；采用数字图像相关技术研究了不同初始裂缝长度的岩石-混凝土三点弯曲梁和四点剪切梁的断裂过程，根据试验得到的位移场求出了裂缝扩展过程中的裂缝宽度和扩展长度。结果表明，岩石-混凝土三点弯曲梁界面断裂以 I 型为主，但也有很少的滑移位移。对于缝高比较小的四点剪切梁，界面断裂的II型分量有所增加，界面裂缝发生偏折，并扩展进入混凝土。另外，三点弯曲梁在峰值荷载下的 FPZ 长度远大于四点剪切梁。

参考文献

[1] Wilhelm J, Rybach L. The geothermal potential of Swiss Alpine tunnels[J]. Geothermics, 2003, 32(4-6): 557-568.

[2] Hochstein M P，Prebble W M. Major engineering constructions on top of a high-temperature geothermal system: Problems encountered at Tokaanu，New Zealand[J]. Geothermics，2006，35（4）：428-447.
[3] Liang B，Zhao N Y. A study on temperature distribution of surrounding rock and mechanical characteristics of lining of Monglian tunnel under high geothermal[J]. Advanced Materials Research，2011，255-260：2594-2600.
[4] Chen G Q，Li T B，Zhang G F，et al. Temperature effect of rock burst for hard rock in deep-buried tunnel[J]. Natural Hazards，2014，72（2）：915-926.
[5] 谢君泰，余云燕. 高海拔隧道工程热害等级划分[J]. 铁道工程学报，2013，30（12）：69-73.
[6] 杨新亮. 拉日铁路吉沃希嘎隧道地热异常特征与防治措施分析[J]. 铁道标准设计，2014，58（7）：107-112.
[7] 赵国斌，徐学勇，刘顺萍. 喀喇-昆仑山区引水发电洞高地温现象及成因探讨[J]. 工程地质学报，2015，23（6）：1196-1201.
[8] 尹士清. 向莆铁路长大隧道群地温预测和测试分析[J]. 铁道工程学报，2015，32（4）：91-95.
[9] 姚志勇. 中尼铁路高地温分布特征及地质选线探析[J]. 铁道标准设计，2017，61（8）：21-26.
[10] Chen G，Li T，Li G，et al. Influence of temperature on the brittle failure of granite in deep tunnels determined from triaxial unloading tests[J]. European Journal of Environmental and Civil Engineering，2018，22（sup1）：269-285.
[11] Fan L D，Zhang Z J，Yu Y Q，et al. Effect of elevated curing temperature on ceramsite concrete performance[J]. Construction and Building Materials，2017，153：423-429.
[12] 严健，何川，汪波，等. 热力耦合作用下拉林铁路桑珠岭隧道岩爆预测[J]. 西南交通大学学报，2018，53（3）：434-441.
[13] 王明年，王奇灵，胡云鹏，等. 高地温环境下隧道初期支护力学性能研究[J]. 铁道学报，2019，41（11）：116-122.
[14] Duan L M，Zhang Y H，Lai J X. Influence of ground temperature on shotcrete-to-rock adhesion in tunnels[J]. Advances in Materials Science and Engineering，2019（5）：1-16.
[15] Wang M N，Hu Y P，Jiang C，et al. Mechanical characteristics of cement-based grouting material in high-geothermal tunnel[J]. Materials，2020，13（7）：1572.
[16] Wang M N，Hu Y P，Liu D G，et al. A study on the heat transfer of surrounding rock-supporting structures in high-geothermal tunnels[J]. Applied Sciences，2020，10（7）：2307.
[17] 国家铁路局. 铁路隧道工程施工安全技术规程（TB 10304—2020）[S]. 北京：中国铁道出版社，2020.
[18] 中华人民共和国交通运输部. 公路隧道施工技术规范（JTG/T 3660—2020）[S]. 北京：人民交通出版社，2020.
[19] 侯新伟，李向全，蒋良文，等. 大瑞铁路高黎贡山隧道热害评估[J]. 铁道工程学报，2011，28（5）：60-65.
[20] 侯代平，刘乃飞，余春海，等. 新疆布仑口高温引水隧洞几个设计与施工问题探讨[J]. 岩石力学与工程学报，2013，32（S2）：3396-3403.
[21] 焦国锋. 拉萨-日喀则铁路高地温分布特征研究[J]. 铁道建筑，2013（8）：101-104.
[22] 赵国斌，高玉生，屈志勇，等. 齐热哈塔尔水电站引水隧洞特殊工程地质问题[J]. 资源环境与工程，2014，28（4）：411-413.
[23] 王明年，童建军，刘大刚，等. 高岩温铁路隧道支护结构体系分级研究[J]. 土木工程学报，2015，48（11）：119-125.
[24] 李光伟，杜宇本，蒋良文，等. 大瑞铁路高黎贡山越岭段主要工程地质问题与地质选线[J]. 地质力学学报，2015，21（1）：73-86.
[25] 李国良，程磊，王飞. 高地温隧道修建关键技术研究[J]. 铁道标准设计，2016，60（6）：55-59.
[26] 杜雷功. 长大深埋水工隧洞设计关键技术研究与实践[J]. 水利水电技术，2017，48（10）：1-9.
[27] 刘珣. 川藏铁路高地温隧道建设技术[J]. 铁道建筑，2019，59（9）：53-56.

[28] 薛翊国，孔凡猛，杨为民，等. 川藏铁路沿线主要不良地质条件与工程地质问题[J]. 岩石力学与工程学报，2020，39（3）：445-468.
[29] 刘金松. 川藏铁路高地温隧道施工关键技术研究[J]. 施工技术，2018，47（1）：100-102.
[30] 谷柏森. 隧道高地温应对措施及通风设计——高黎贡山铁路特长隧道可行性研究[J]. 现代隧道技术，2007，44（2）：66-71.
[31] He M C. Application of HEMS cooling technology in deep mine heat hazard control[J]. Mining Science and Technology，2009，19（3）：269-275.
[32] 李湘权，代立新. 发电引水隧洞高地温洞段施工降温技术[J]. 水利水电技术，2011，42（2）：36-41.
[33] 赵国斌，程向民，孙旭宁. 齐热哈塔尔水电站引水隧洞高地温表现与对策[J]. 资源环境与工程，2013，27（4）：566-567，591.
[34] 宿辉，张宏，耿新表，等. 齐热哈塔尔高地温引水发电隧洞施工影响分析及降温措施研究[J]. 隧道建设，2014，34（4）：351-355.
[35] 吕玉松. 压入式通风对高地温隧道衬砌的降温效果分析[J]. 铁道建筑，2017，57（9）：96-99.
[36] 严健，何川，曾艳华，等. 川藏铁路高地温隧道降温技术及效果分析[J]. 中国铁道科学，2019，40（5）：53-62.
[37] Hu Y P，Wang M N，Wang Q L，et al. Field test of thermal environment and thermal adaptation of workers in high geothermal tunnel[J]. Building and Environment，2019，160：106174.
[38] Fechtig H E R，Seith O. Application of shotcrete on hot rock surface[C]. Proceedings of the Engineering Foundation Conference，Telfs，1995：235-244.
[39] Japan Association of Central Construction. The Completion Report of Abo Tunnel[R]. Gifu：Japanese Architectural Society，1999.
[40] 穆震. 高地温环境对隧道衬砌凝土性能影响研究[D]. 成都：西南交通大学，2011.
[41] 欧灶华. 喷射混凝土在热环境下性能及工艺研究[D]. 成都：西南交通大学，2011.
[42] Lee C H，Wang T T，Chen H J. Experimental study of shotcrete and concrete strength development in a hot spring environment[J]. Tunnelling and Underground Space Technology，2013，38：390-397.
[43] 汲江涛. 高岩温隧道衬砌混凝土力学性能的研究[D]. 西安：西安建筑科技大学，2013.
[44] 何廷树，张弟，王艳，等. 高岩温对衬砌混凝土耐久性能的影响[J]. 硅酸盐通报，2013，32（2）：325-329.
[45] 张岩，李宁，张浩博，等. 温差影响下水工隧洞喷层结构的早期劈拉强度试验研究[J]. 水力发电学报，2014，33（2）：221-229.
[46] 李向辉，汪健，段宇. 高地温隧洞对喷射混凝土性能影响的研究[J]. 河北工程大学学报（自然科学版），2014，31（4）：17-20.
[47] 石明宇，马超豪，宿辉，等. 高地温引水隧洞支护混凝土过水试验及数值模拟研究[J]. 科学技术与工程，2016，16（33）：302-306.
[48] 吴军. 地热丰富区隧道混凝土力学性能发展规律研究[D]. 重庆：重庆交通大学，2018.
[49] Wang M N，Hu Y P，Wang Q L，et al. A study on strength characteristics of concrete under variable temperature curing conditions in ultra-high geothermal tunnels[J]. Construction and Building Materials，2019，229：116989.
[50] Tong J J，Karakus M，Wang M N，et al. Shear strength characteristics of shotcrete-rock interface for a tunnel driven in high rock temperature environment[J]. Geomechanics and Geophysics for Geo-Energy and Geo-Resources，2016，2（4）：331-341.
[51] 王明年，胡云鹏，童建军，等. 高温变温环境下喷射混凝土-岩石界面剪切特性及温度损伤模型研究[J]. 岩石力学与工程学报，2019，38（1）：63-75.
[52] 宿辉，康率举，屈春来，等. 基于均匀设计的高地温隧洞衬砌混凝土抗压强度影响规律研究[J]. 水利水电技

术，2017，48（7）：49-53.

[53] 宿辉，汪健，李向辉，等. 不同温度下的喷射混凝土粘结强度实验及数值模拟研究[J]. 科学技术与工程，2014，14（36）：231-233,193.

[54] 唐阳，宿辉，李向辉，等. 高地温引水隧洞喷混凝土-围岩粘结强度试验研究[J]. 水电能源科学，2015，33（3）：108-110，123.

[55] 宿辉，李向辉，汪健. 高地温隧洞喷射混凝土粘结强度及其有限元分析[J]. 水利水电技术，2016，47（1）：54-57.

[56] 宿辉，马飞，段宇. 基于声发射技术的高地温隧洞衬砌早龄期混凝土性能试验[J]. 水电能源科学，2016，34（3）：117-119.

[57] 唐阳，宿辉，张宏，等. 高地温隧洞喷混凝土-围岩粘结强度及微观破坏机理[J]. 水电能源科学，2015，33（4）：127-129，63.

[58] Tang Y，Xu G B，Lian J J，et al. Effect of temperature and humidity on the adhesion strength and damage mechanism of shotcrete-surrounded rock[J]. Construction and Building Materials，2016，124：1109-1119.

[59] 崔圣爱，李江渭，叶跃忠，等. 高地温隧道干热环境中喷射混凝土与岩石黏结强度[J]. 建筑材料学报，2013，16（4）：663-666，682.

[60] 崔圣爱，郭晨，李福海，等. 基于不同测定方法的热害环境喷射混凝土黏结性能分析[J]. 铁道学报，2015，37（8）：104-108.

[61] Cui S A，Liu P，Wang X W，et al. Experimental study on deformation of concrete for shotcrete use in high geothermal tunnel environments[J]. Computers and Concrete，2017，19（5）：443-449.

[62] Cui S A，Zhu B，Li F H，et al. Experimental study on bond performance between shotcrete and rock in a hot and humid tunnel environment[J]. KSCE Journal of Civil Engineering，2016，20（4）：1385-1391.

[63] Cui S A，Xu D L，Liu P，et al. Exploratory study on improving bond strength of shotcrete in hot and dry environments of high geothermal tunnels[J]. KSCE Journal of Civil Engineering，2017，21（6）：2245-2251.

[64] Cui S A，Liu P，Su J，et al. Experimental study on mechanical and microstructural properties of cement-based paste for shotcrete use in high-temperature geothermal environment[J]. Construction and Building Materials，2018，174：603-612.

[65] Wittmann F H. Properties of hardened cement paste[C]. Proceeding of 7th International Congress on the Chemistry of Cement，Paris，1980，I（VI-2）：1-16.

[66] Powers T C，Brownyard T L. Studies of the physical properties of hardened Portland cement[J]. Journal of the American Concrete Institute，1947，18（7）：845-880.

[67] Brunauer S. Tobermorite gel：The heart of concrete[J]. American Scientist，1962，50（1）：210-229.

[68] Feldman R F，Sereda P J. A new model for hydrated Portland cement and its practical implications[J]. Engineering Journal of Canada，1970，53（8-9）：53-59.

[69] Sereda P J，Feldman R F，Ramachandran V S. Structure formation and development in hardened cement paste[C]. Proceeding of 7th International Congress on the Chemistry of Cement，Paris，1980，I（VI-1）：1-44.

[70] Wittmann F H. Interaction of hardened cement paste and water[J]. Journal of the American Ceramic Society，1973，56（8）：409-415.

[71] Wittmann F H. Grundlagen eines modells zur beschreibung charakteristischer eigenschaften des betons[M]. Berlin：Wilhelm Ernst & Sohn，1977.

[72] 近藤连一，大门正机. 硬化水泥浆的相组成//第六届国际水泥化学会议论文集第二卷[C]. 北京：中国建筑工业出版社，1982.

[73] Kumar R, Bhattacharjee B. Porosity, pore size distribution and in situ strength of concrete[J]. Cement and Concrete Research, 2003, 33 (1): 155-164.

[74] 申爱琴. 水泥与水泥混凝土[M]. 北京：人民交通出版社，2000.

[75] Sun X A, Hou Y B. Experimental investigation of the macroscopic behavior and microstructure property evolution of hardened cement consolidated tailings[J]. Minerals, 2019, 10 (1): 6.

[76] 吴中伟，廉慧珍. 高性能混凝土[M]. 北京：中国铁道出版社，1999.

[77] Feret R. Discussion of "The laws of proportioning concrete" [J]. Transactions of the American Society of Civil Engineers, 1907, LVII (2): 144-168.

[78] Powers T C. Physical properties of cement paste[C]. Proceeding of the Fourth International Symposium on the Chemistry of Cement, Washington, 1960: 577-613.

[79] Balshin M Y. Relation of mechanical properties of powder metals and their porosity and the ultimate properties of porous metal-ceramic materials[J]. Doklady Akademii Nauk SSSR, 1949, 67 (5): 831-834.

[80] Ryshkewitch E. Compression strength of porous sintered alumina and zirconia[J]. Journal of the American Ceramic Society, 1953, 36 (2): 65-68.

[81] Schiller K K. Porosity and strength of brittle solids-with particular reference to gypsum//Walton W H. Mechanical properties of non-metallic brittle materials[C]. London: Butterworth Science Publisher, 1958: 35-49.

[82] Hasselman D P H. Relation between effects of porosity on strength and on Young's modulus of elasticity of polycrystalline materials[J]. Journal of the American Ceramic Society, 1963, 46 (11): 564-565.

[83] Hansen T C. Cracking and fracture of concrete and cement paste[J]. Journal of the American Concrete Institute, 1968, 20: 43-66.

[84] Wriches G. Einfluss einer temperäturanderung auf die festigkeit von zementstein und zementmörtel mit zuschlag-stoffen verschiederner wärmedehnung[J]. Schriftenreihe der Zementindustrie, 1961, 14: 50-51.

[85] Jambor J. Pore structure and strength development of cement composites[J]. Cement and Concrete Research, 1990, 20 (6): 948-954.

[86] Atzeni C, Massidda L, Sanna V. Effect of pore size distribution on strength of hardened cement pastes[C]. Proceeding of the First International RILEM Congress on Pore Structure and Materials Properties, Paris, 1987: 195-202.

[87] 郭剑飞. 混凝土孔结构与强度关系理论研究[D]. 杭州：浙江大学，2004.

[88] He Z M, Long G C, Xie Y J. Influence of subsequent curing on water sorptivity and pore structure of steam-cured concrete[J]. Journal of Central South University, 2012, 19 (4): 1155-1162.

[89] Wang Q, Li M Y, Zhang B. Influence of pre-curing time on the hydration of binder and the properties of concrete under steam curing condition[J]. Journal of Thermal Analysis and Calorimetry, 2014, 118 (3): 1505-1512.

[90] Gonzalez-Corominas A, Etxeberria M, Poon C S. Influence of steam curing on the pore structures and mechanical properties of fly-ash high performance concrete prepared with recycled aggregates[J]. Cement and Concrete Composites, 2016, 71: 77-84.

[91] 林剑，吴岳峻，高帅，等. 养护温度对活性粉末混凝土孔结构的影响研究[J]. 硅酸盐通报，2019，38（8）：2600-2605.

[92] Rostásy F S, Weib R, Wiedemann G. Changes of pore structure of cement mortars due to temperature[J]. Cement and Concrete Research, 1980, 10 (2): 157-164.

[93] Chan Y N, Peng G F, Anson M. Residual strength and pore structure of high-strength concrete and normal strength concrete after exposure to high temperatures[J]. Cement and Concrete Composites, 1999, 21 (1): 23-27.

[94] Chan Y N，Luo X，Sun W. Effect of high temperature and cooling regimes on the compressive strength and pore properties of high performance concrete[J]. Construction and Building Materials，2000，14（5）：261-266.

[95] Chan Y N，Luo X，Sun W. Compressive strength and pore structure of high-performance concrete after exposure to high temperature up to 800℃[J]. Cement and Concrete Research，2000，30（2）：247-251.

[96] Xu Y，Wong Y L，Poon C S，et al. Impact of high temperature on PFA concrete[J]. Cement and Concrete Research，2001，31（7）：1065-1073.

[97] Komonen J，Penttala V. Effects of high temperature on the pore structure and strength of plain and polypropylene fiber reinforced cement pastes[J]. Fire Technology，2003，39（1）：23-34.

[98] Lau A，Anson M. Effect of high temperatures on high performance steel fibre reinforced concrete[J]. Cement and Concrete Research，2006，36（9）：1698-1707.

[99] 宿辉，黄顺，屈春来. 高温对喷射混凝土孔隙结构分布特征的影响分析[J]. 科学技术与工程，2016，16（10）：225-229.

[100] Tang Y，Su H，Huang S，et al. Effect of curing temperature on the durability of concrete under highly geothermal environment[J]. Advances in Materials Science and Engineering，2017，2017：7587853.

[101] 刘健，赵国藩. 新老混凝土粘结收缩性能研究[J]. 大连理工大学学报，2001，41（3）：339-342.

[102] 黄晓杰，方志，涂兵. 新旧混凝土组合试件收缩性能的试验研究[J]. 中外公路，2017，37（3）：187-192.

[103] 陈峰，郑建岚. 自密实混凝土与老混凝土的粘结收缩试验研究[J]. 厦门大学学报（自然科学版），2009，48（6）：844-847.

[104] Kaplan M F. Crack propagation and the fracture of concrete[J]. Journal of the American Concrete Institute，1961，58（5）：591-610.

[105] Hillerborg A，Modéer M，Petersson P E. Analysis of crack formation and crack growth in concrete by means of fracture mechanics and finite elements[J]. Cement and Concrete Research，1976，6（6）：773-781.

[106] Bažant Z P，Oh B H. Crack band theory for fracture of concrete[J]. Materials and Structures，1983，16（3）：155-177.

[107] Jenq Y S，Shah S P. A fracture toughness criterion for concrete[J]. Engineering Fracture Mechanics，1985，21（5）：1055-1069.

[108] Shah S P. Determination of fracture parameters（K_{Ic}^{s} and $CTOD_c$）of plain concrete using three-point bend tests[J]. Materials and Structures，1990，23（6）：457-460.

[109] Bažant Z P，Kazemi M T. Determination of fracture energy，process zone length and brittleness number from size effect，with application to rock and concrete[J]. International Journal of Fracture，1990，44（2）：111-131.

[110] Bažant Z P，Kazemi M T. Size dependence of concrete fracture energy determined by RILEM work-of-fracture method[J]. International Journal of Fracture，1991，51（2）：121-138.

[111] Bažant Z P，Ožbolt J，Eligehausen R. Fracture size effect：Review of evidence for concrete structures[J]. Journal of Structural Engineering，1994，120（8）：2377-2398.

[112] Bažant Z P，Yu Q A. Size-effect testing of cohesive fracture parameters and nonuniqueness of work-of-fracture method[J]. Journal of Engineering Mechanics，2011，137（8）：580-588.

[113] Hu X Z，Wittmann F H. Size effect on toughness induced by crack close to free surface[J]. Engineering Fracture Mechanics，2000，65（2-3）：209-221.

[114] Hu X Z. An asymptotic approach to size effect on fracture toughness and fracture energy of composites[J]. Engineering Fracture Mechanics，2002，69（5）：555-564.

[115] Nallathambi P，Karihaloo B L. Determination of specimen size independent fracture toughness of plain concrete[J].

Magazine of Concrete Research，1986，38（135）：67-76.
[116] Nallathambi P，Karihaloo B L，Heaton B S. Effect of specimen and crack sizes，water/cement ratio and coarse aggregate texture upon fracture toughness of concrete[J]. Magazine of Concrete Research，1984，36（129）：227-236.
[117] Karihaloo B L，Nallathambi P. Fracture toughness of plain concrete from three-point bend specimens[J]. Materials and Structures，1989，22（3）：185-193.
[118] Xu S L，Reinhardt H W. Determination of double-K criterion for crack propagation in quasi-brittle fracture，Part I：experimental investigation of crack propagation[J]. International Journal of Fracture，1999，98（2）：111-149.
[119] Xu S L，Reinhardt H W. Determination of double-K criterion for crack propagation in quasi-brittle fracture，Part II：analytical evaluating and practical measuring methods for three-point bending notched beams[J]. International Journal of Fracture，1999，98（2）：151-177.
[120] Xu S L，Reinhardt H W. Determination of double-K criterion for crack propagation in quasi-brittle fracture，Part III：compact tension specimens and wedge splitting specimens[J]. International Journal of Fracture，1999，98（2）：179-193.
[121] Xu S L，Reinhardt H W. A simplified method for determining double-K fracture parameters for three-point bending tests[J]. International Journal of Fracture，2000，104（2）：181-209.
[122] 赵艳华.混凝土断裂过程中的能量分析研究[D].大连：大连理工大学，2002.
[123] Xu S L，Zhao Y H，Wu Z M. Study on the average fracture energy for crack propagation in concrete[J]. Journal of Materials in Civil Engineering，2006，18（6）：817-824.
[124] Baker G. The effect of exposure to elevated temperatures on the fracture energy of plain concrete[J]. Materials and Structures，1996，29（6）：383-388.
[125] Zhang B，Bicanic N，Pearce C J，et al. Residual fracture properties of normal and high-strength concrete subject to elevated temperatures[J]. Magazine of Concrete Research，2000，52（2）：123-136.
[126] Zhang B，Bicanic N. Fracture energy of high-performance concrete at high temperatures up to 450℃：The effects of heating temperatures and testing conditions（hot and cold）[J]. Magazine of Concrete Research，2006，58（5）：277-288.
[127] Nielsen C V，Bicanic N. Residual fracture energy of high-performance and normal concrete subject to high temperatures[J]. Materials and Structures，2003，36（262）：515-521.
[128] Prokopski G. Fracture toughness of concretes at high temperature[J]. Journal of Materials Science，1995，30（6）：1609-1612.
[129] Abdel-Fattah H，Hamoush S A. Variation of the fracture toughness of concrete with temperature[J]. Construction and Building Materials，1997，11（2）：105-108.
[130] You N，Lin C L，Lu Z D. Fracture behaviors of post-fire concrete[J]. Advanced Materials Research，2013，746：352-356.
[131] Yu K Q，Lu Z D. Determining residual double-K fracture toughness of post-fire concrete using analytical and weight function method[J]. Materials and Structures，2014，47（5）：839-852.
[132] Yu K Q，Yu J T，Lu Z D. Determination of residual fracture parameters of post-fire normal strength concrete up to 600℃ using an energy approach[J]. Construction and Building Materials，2014，73：610-617.
[133] 许金泉. 界面力学[M]. 北京：科学出版社，2006.
[134] Williams M L. The stresses around a fault or crack in dissimilar media[J]. Bulletin of the Seismological Society of America，1959，49（2）：199-204.

[135] Bogy D B. Edge-bonded dissimilar orthogonal elastic wedges under normal and shear loading[J]. Journal of Applied Mechanics，1968，35（3）：460-466.

[136] Bogy D B. Two edge-bonded elastic wedges of different materials and wedge angles under surface tractions[J]. Journal of Applied Mechanics，1971，38（2）：377-386.

[137] Comninou M，Schmueser D. The interface crack in a combined tension-compression and shear field[J]. Journal of Applied Mechanics，1979，46（2）：345-348.

[138] Comninou M. The interface crack[J]. Journal of Applied Mechanics，1977，44（4）：631-636.

[139] Comninou M. The interface crack in a shear field[J]. Journal of Applied Mechanics，1978，45（2）：287-290.

[140] Dundurs J，Gautesen A K. An opportunistic analysis of the interface crack[J]. International Journal of Fracture，1988，36（2）：151-159.

[141] Delale F，Erdogan F. On the mechanical modeling of the interfacial region in bonded half-planes[J]. Journal of Applied Mechanics，1988，55（2）：317-324.

[142] Atkinson C. On quasistatic problems of cracks in a non-homogeneous elastic layer[J]. Acta Mechanica，1977，26（1）：103-113.

[143] Shih C F，Asaro R J. Elastic-plastic analysis of cracks on bimaterial interfaces：Part I-small scale yielding[J]. Journal of Applied Mechanics，1988，55（2）：299-316.

[144] Rice J R. Elastic fracture mechanics concepts for interfacial cracks[J]. Journal of Applied Mechanics，1988，55（1）：98-103.

[145] Xu J Q，Mutoh Y. A new definition of stress intensity factors for an interface crack with physical meaning[J]. Journal of the Society of Materials Science，1998，47（8）：804-807.

[146] Yuuki R，Cho S B. Efficient boundary element analysis of stress intensity factors for interface cracks in dissimilar materials[J]. Engineering Fracture Mechanics，1989，34（1）：179-188.

[147] Nagashima T，Omoto Y，Tani S. Stress intensity factor analysis of interface cracks using X-FEM[J]. International Journal for Numerical Methods in Engineering，2003，56（8）：1151-1173.

[148] Parks D M. A stiffness derivative finite element technique for determination of crack tip stress intensity factors[J]. International Journal of Fracture，1974，10（4）：487-502.

[149] Matos P P L，McMeeking R M，Charalambides P G，et al. A method for calculating stress intensities in bimaterial fracture[J]. International Journal of Fracture，1989，40（4）：235-254.

[150] Miyazaki N，Ikeda T，Soda T，et al. Stress intensity factor analysis of interface crack using boundary element method-application of contour-integral method[J]. Engineering Fracture Mechanics，1993，45（5）：599-610.

[151] Rybicki E F，Kanninen M F. A finite element calculation of stress intensity factors by a modified crack closure integral[J]. Engineering Fracture Mechanics，1977，9（4）：931-938.

[152] Irwin G R. Crack-extension force for a part-through crack in a plate[J]. Journal of Applied Mechanics，1962，29（4）：651-654.

[153] Xiao F，Hui C Y. A boundary element method for calculating the K field for cracks along a bimaterial interface[J]. Computational Mechanics，1994，15（1）：58-78.

[154] Bjerkén C，Persson C. A numerical method for calculating stress intensity factors for interface cracks in bimaterials[J]. Engineering Fracture Mechanics，2001，68（2）：235-246.

[155] Hong C C，Stern M. The computation of stress intensity factors in dissimilar materials[J]. Journal of Elasticity，1978，8（1）：21-34.

[156] Yau J F，Wang S S. An analysis of interface cracks between dissimilar isotropic materials using conservation

integrals in elasticity[J]. Engineering Fracture Mechanics，1984，20（3）：423-432.
[157] Moës N，Dolbow J，Belytschko T. A finite element method for crack growth without remeshing[J]. International Journal for Numerical Methods in Engineering，1999，46（1）：131-150.
[158] Sun C T，Jih C J. On strain energy release rates for interfacial cracks in bi-material media[J]. Engineering Fracture Mechanics，1987，28（1）：13-20.
[159] 周鸿钧，段云岭. 重力坝坝踵区界面裂缝的断裂分析[J]. 水利学报，1986（11）：16-24.
[160] 李庆斌，林皋，周鸿钧. 异弹模界面裂缝的边界元分析及其应用[J]. 大连理工大学学报，1991（2）：199-204.
[161] Maji A，Wang J L. Nonlinear model for fracture at the concrete-rock interface[C]. The 33th US Symposium on Rock Mechanics，Santa Fe，1992.
[162] 李哲，杨水成，张浩博，等. 岩石与混凝土界面裂缝的断裂能及断裂韧度[J]. 西北水资源与水工程，1998，9（1）：42-45.
[163] Slowik V，Chandra K J M，Saouma V E. Mixed mode fracture of cementitious bimaterial interfaces，Part I：experimental results[J]. Engineering Fracture Mechanics，1998，60（1）：83-94.
[164] Chandra K J M，Singh K D. Stress intensity factors based fracture criteria for kinking and branching of interface crack：application to dams[J]. Engineering Fracture Mechanics，2001，68（2）：201-219.
[165] Chandra K J M. Interface cracks：Fracture mechanics studies leading towards safety assessment of dams[D]. Boulder：University of Colorado，1996.
[166] 谢涛，邱延峻，蒋泽中. 岩石与混凝土界面断裂韧度的分布特性研究[J]. 岩石力学与工程学报，2004，23（13）：2225-2229.
[167] Sujatha V，Chandra K J M. Energy release rate due to friction at bimaterial interface in dams[J]. Journal of Engineering Mechanics，2003，129（7）：793-800.
[168] Chandra K J M，Saouma V E. Fracture of rock-concrete interfaces：Laboratory tests and applications[J]. ACI Structural Journal，2004，101（3）：325-331.
[169] 谢和平，陈忠辉，易成，等. 基于工程体-地质体相互作用的接触面变形破坏研究[J]. 岩石力学与工程学报，2008，27（9）：1767-1780.
[170] 杨水成，黄松梅，宋俐，等. 岩石与混凝土三维界面裂缝断裂准则的试验研究[J]. 水利学报，2002，33（10）：107-112.
[171] Yang S C，Song L，Liao H J，et al. Experimental investigation on fracture criterion of three-dimensional mixed mode interface crack for rock/concrete[J]. Key Engineering Materials，2004，274-276：141-146.
[172] Yang S C，Song L，Li Z，et al. Experimental investigation on fracture toughness of interface crack for rock/concrete[J]. International Journal of Modern Physics B，2008，22（31&32）：6141-6148.
[173] Wu L，Lu W B，Zhong D W. Bond interface crack propagation of fresh foundation concrete and rock under blasting load[J]. Journal of Coal Science and Engineering，2009，15（1）：61-65.
[174] Liu J Y，Lin G. Evaluation of stress intensity factors subjected to arbitrarily distributed tractions on crack surfaces[J]. China Ocean Engineering，2007，21（2）：293-303.
[175] 刘钧玉，林皋，胡志强，等. 裂纹内水压分布对重力坝断裂特性的影响[J]. 土木工程学报，2009，42（3）：132-141.
[176] 丁涛，钟红，林皋. 岩石与混凝土界面断裂特性的试验研究[J]. 水利与建筑工程学报，2013，11（5）：118-122，199.
[177] Zhong H，Ooi E T，Song C M，et al. Experimental and numerical study of the dependency of interface fracture in concrete-rock specimens on mode mixity[J]. Engineering Fracture Mechanics，2014，124-125：287-309.

[178] 董伟，张利花，吴智敏. 岩石-混凝土界面拉伸软化本构关系试验研究[J]. 水利学报，2014，45（6）：712-719.
[179] 陆超，何佳文，董伟. 四点剪切条件下岩石-混凝土界面裂缝扩展过程研究[J]. 水利与建筑工程学报，2015，13（5）：83-89.
[180] 荣华，王玉珏，赵馨怡，等. 不同粗糙度岩石-混凝土界面断裂特性研究[J]. 工程力学，2019，36（10）：96-103，163.
[181] Dong W，Wu Z M，Zhou X M，et al. An experimental study on crack propagation at rock-concrete interface using digital image correlation technique[J]. Engineering Fracture Mechanics，2017，171：50-63.
[182] Dong W，Yang D，Zhou X，et al. Experimental and numerical investigations on fracture process zone of rock-concrete interface[J]. Fatigue & Fracture of Engineering Materials & Structures，2017，40（5）：820-835.
[183] Dong W，Wu Z M，Zhou X M. Fracture mechanisms of rock-concrete interface：Experimental and numerical[J]. Journal of Engineering Mechanics，2016，142（7）：04016040.

第 2 章　高地温对喷射混凝土黏结强度的影响

2.1　试 验 设 计

2.1.1　岩石大板的选择

岩石大板的选择需要考虑岩石大板的材质品种和表面粗糙度。对于岩石大板材质品种的选择，主要从对黏结强度影响的角度考虑。从表 2.1 可以看出[1]，岩面的成分对黏结强度影响很大，其中碳酸岩、砂岩（石英）、富石英花岗岩具有较高的黏结力。为了方便进行高地温影响的研究，宜选取黏结强度较高的岩石。一方面，如果选择岩石的黏结强度太低，可能会由于各环节的不确定误差而引起岩石大板与喷射混凝土在试验过程中直接脱落；另一方面，若黏结强度太低，不同工况数值的差异较小，难以分析高地温的影响。从这方面考虑后，确定选用颗粒均匀、结构致密的花岗岩大板。

表 2.1　喷射混凝土与各种岩石表面的黏结强度

岩石类型	含矿物成分质量分数/%（接触处）	颗粒尺寸	黏结强度/MPa	
			光面	糙面
页岩	长石 33 石英 32 黑云母 35	极细颗粒	0.24±0.18	0.28±0.11
云母片岩	绿泥石 45	中等颗粒	0.58±0.19	0.85±0.35
片麻岩 ⊥纹（001）	石英 35 斜长石 16 微斜长石 8 黑云母 41	中等颗粒	0.19±0.05	0.51±0.11
片麻岩 //纹（001）	石英 47 斜长石 23 微斜长石 13 黑云母 17	中等颗粒	1.53±0.28	1.8
石灰岩 泥灰岩	方解石 90 黏土矿场 10	细颗粒	1.49	1.84
礁灰岩	方解石 100	细颗粒	1.58±0.12	1.64±0.3

续表

岩石类型	含矿物成分质量分数/%（接触处）	颗粒尺寸	黏结强度/MPa	
			光面	糙面
大理岩	方解石 100	中等颗粒	1.38±0.30	1.52±0.28
晶质砂岩	石英 98 长石 2	细颗粒	1.8	1.8
花岗岩	石英 27 斜长石 5	粗糙微状变晶	0.34±0.12	1.12±0.20
花岗岩	微斜长石 68 （黑云母）	粗糙微状变晶	0.34±0.12	1.12±0.20
花岗岩	石英 34 斜长石 64 （黑云母）2	中细颗粒	1.48±0.46	1.71±0.14
花岗岩	石英 50 斜长石 10 （黑云母）5	中等颗粒	1.04±0.32	1.40±0.26
辉长岩	斜长石 62 辉石 38	中细颗粒	1.56±0.25	1.7

岩石表面粗糙程度也是影响黏结强度的主要因素，为了尽可能避开其他因素的干扰，更针对性地研究高地温的影响，选择粗糙程度相近、均匀的荔枝面岩石大板。荔枝面由人工或机械打磨而成，有明显的比较规律的颗粒凸出，表面坚固。

2.1.2 高地温环境的模拟

高地温隧道喷射混凝土性能室内研究的核心问题是如何更准确地模拟高温围岩以及喷射混凝土所处的环境状态（即养护条件）。书中采用电热鼓风恒温干燥箱模拟干热环境，采用恒温水箱模拟湿热环境。除作为基础比较用的标准养护工况（20℃）外，分别选取了三种温度 35℃、50℃和 70℃对应的干热和湿热环境工况。

1. 干热环境的模拟

喷射混凝土前，把已经加工好的岩石大板放入恒温干燥箱内加热，温度设置应比预定温度有所富余（表 2.2），以弥补岩石取出至喷射混凝土前的温度损失。另外，恒温干燥箱温度达到预定温度后，至少保持 2h 才能取出进行喷射，以保证岩石大板温度的均匀性。喷射完成后 2h 内放入恒温干燥箱进行预定温度下的养护，养护龄期分别为 7d 和 28d。

表 2.2　恒温干燥箱内试件取出后经时损失监控（环境温度为 20℃）

取出后经时/min	0	1	2	3	4	5	6	7	8
温度/℃	70.0	68.8	67.2	67.0	65.7	64.8	63.8	63.4	63.1

2. 湿热环境的模拟

喷射混凝土前，把已经加工好的岩石大板放入恒温水箱内加热，温度设置仍然比预定温度有所富余（表 2.3），恒温水箱温度达到设定温度后，至少保持 2h 才能取出进行喷射，以保证大板受热的均匀性。喷射完成后 2h 内放入恒温水箱进行预定温度下的养护，养护龄期分别为 7d 和 28d。

表 2.3　恒温水箱内试件取出后经时损失监控（环境温度为 20℃）

取出后经时/min	0	1	2	3	4	5	6	7	8
温度/℃	70.0	68.2	66.8	66.0	65.2	63.9	62.6	62.0	61.8

2.1.3　湿喷混凝土原材料及配合比

喷射混凝土使用原材料情况如下：水泥为 P·O42.5R 型；砂子为机制砂，细度模数 $M_x = 2.7$，石粉含量为 2%；碎石，5～15mm 连续粒级；TK-SP 聚羧酸系减水剂；BASF 无碱液体速凝剂。C25 和 C30 喷射混凝土配合比设计见表 2.4。湿喷混凝土试验流程如图 2.1 所示。

表 2.4　喷射混凝土配合比

强度等级	水泥/kg	砂/kg	石/kg	水/kg	速凝剂/kg	减水剂/kg
C25	390	949	777	234	27.3	1.56
C30	420	946	774	210	27.3	4.20

(a) 试件安置　(b) 湿喷混凝土　(c) 标记运输

图 2.1　湿喷混凝土试验流程

2.1.4　黏结强度测定方法

采用直拉法（改进钻芯拉拔法）测定喷射混凝土与岩石的黏结强度，具体技术路径包括如下几项。

（1）试件准备：加工长、宽、高分别为 500mm、400mm、50mm 的岩石板，预先对其进行湿热和干热环境的预处理，然后喷射一层约 100mm 厚的混凝土，经过 7d 和 28d 两个龄期恒温水箱和恒温干燥箱不同温度的养护。

（2）达到养护龄期的前一天，在喷后大板（即喷射混凝土与岩石板）上定位取样，确定出各小试件的圆心，如图 2.2（a）所示。

（3）在圆心处钻取深约 5mm、直径略大于 14mm 的孔（为植筋准备），如图 2.2（b）所示。

（4）以定位圆心为原点，钻取ϕ100mm 的芯样，芯样应至少深入岩石与喷射混凝土的界面处，如图 2.2（c）所示。

（5）把钻孔内的灰尘用空压机吹净，用丙酮清洗干净，再用喷灯吹干，带圆环钢筋也需要清洗干净。

（6）用环氧树脂及固化剂配制胶黏剂，根据天气合理确定固化剂的比例（与环氧树脂质量的比例），在钻孔内植入一端带圆环的 M14 螺栓，如图 2.2（d）所示。

（7）将一端带挂钩的 M14 螺栓与锚杆拉拔仪拉杆的转换接头螺紧，挂钩钩住圆环，形成铰接，采用锚杆拉拔仪加载，如图 2.2（e）所示，把试件拉断，读取锚杆拉力值，计算黏结强度，拉断后黏结面如图 2.2（f）所示。

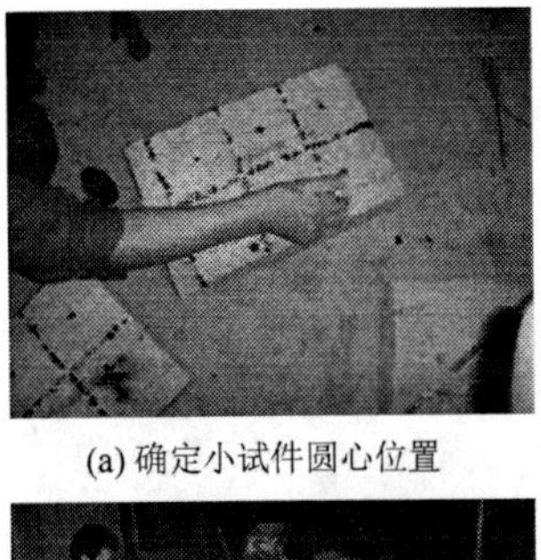
(a) 确定小试件圆心位置

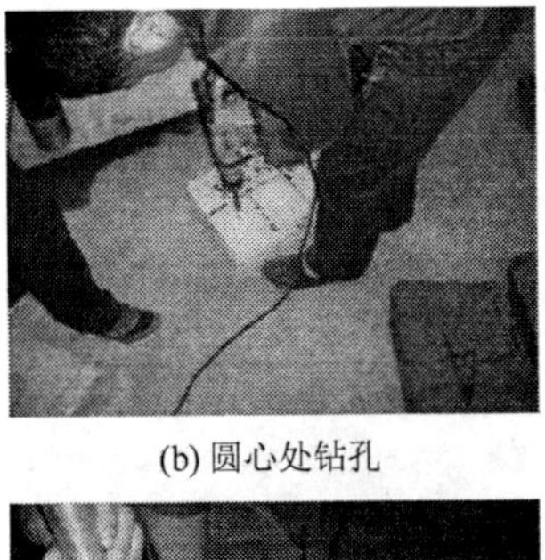
(b) 圆心处钻孔

(c) 钻取芯样

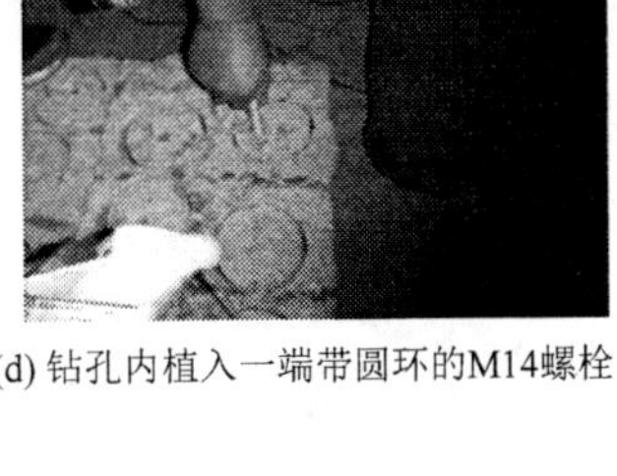
(d) 钻孔内植入一端带圆环的M14螺栓

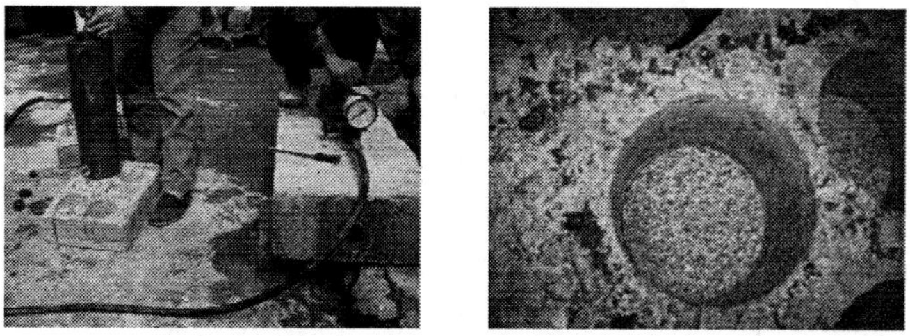

(e) 钻芯拉拔试验　(f) 拉断后黏结面

图 2.2　黏结强度测定流程

钻芯拉拔试验带圆环的 M14 螺栓与带挂钩的 M14 螺栓的连接设置如图 2.3 所示。应确保试件与拉拔设备之间形成可转动的铰接，减小在拉拔过程中由加载偏心引起的黏结面的撕裂破坏（而非直接拉断），从而更有效地保证黏结强度测定的准确性和稳定性。

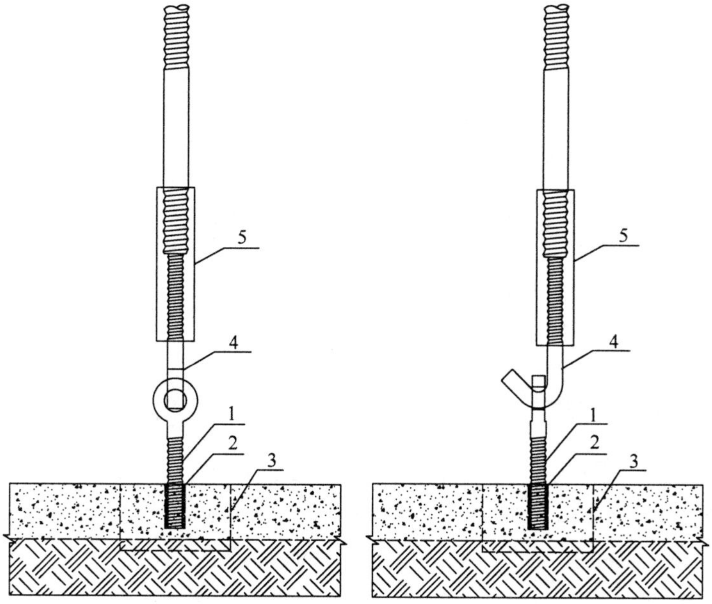

(a) 正视图　(b) 侧视图

图 2.3　试件和锚杆拉拔仪铰接连接示意图

1-一端带圆环的 M14 螺栓；2-环氧树脂胶黏剂；3-直径为 100mm 的芯样；4-一端带挂钩的 M14 螺栓；5-锚杆拉拔仪拉杆的转换接头

2.2 湿热环境黏结强度分析

2.2.1 试验数据

湿热环境四种工况分别代表的含义如下。

C25-20℃-湿-标养工况：喷射混凝土强度等级为C25，岩石大板预先处于20℃环境中洒水湿润，喷射混凝土拆模后，立即放入标准养护室（20℃±2℃，相对湿度95%以上）养护至规定龄期。C30-20℃-湿-标养工况：喷射混凝土强度等级为C30，岩石大板预先处于20℃环境中洒水湿润，喷射混凝土拆模后，立即放入标准养护室（20℃±2℃，相对湿度95%以上）养护至规定龄期。

C25-35℃-湿工况：喷射混凝土强度等级为C25，岩石大板预先放入35℃恒温水箱中预热，喷射混凝土拆模后，立即放入35℃恒温水箱中养护至规定龄期。C30-35℃-湿工况：喷射混凝土强度等级为C30，岩石大板预先放入35℃恒温水箱中预热，喷射混凝土拆模后，立即放入35℃恒温水箱中养护至规定龄期；其他工况符号意义类似示例所述。

针对C25、C30喷射混凝土大板，采用改进后的钻芯拉拔法测定其7d和28d龄期的黏结强度，试验数据分别见表2.5和表2.6。

表2.5 7d龄期黏结强度试验结果

工况	破坏荷载/kN	黏结强度/MPa
C25-20℃-湿-标养	9.15	1.17
C25-35℃-湿	11.46	1.46
C25-50℃-湿	10.47	1.33
C25-70℃-湿	8.62	1.10
C30-20℃-湿-标养	10.56	1.35
C30-35℃-湿	12.01	1.53
C30-50℃-湿	11.42	1.45
C30-70℃-湿	9.06	1.15

表2.6 28d龄期黏结强度试验结果

工况	破坏荷载/kN	黏结强度/MPa
C25-20℃-湿-标养	11.62	1.48
C25-35℃-湿	12.58	1.60
C25-50℃-湿	11.70	1.49
C25-70℃-湿	9.73	1.24

续表

工况	破坏荷载/kN	黏结强度/MPa
C30-20℃-湿-标养	12.14	1.55
C30-35℃-湿	12.23	1.56
C30-50℃-湿	11.98	1.53
C30-70℃-湿	10.33	1.32

黏结强度取三个试件所测结果的平均值。为了说明改进后的黏结强度测定方法的稳定性，限于篇幅，随机列出试验过程中某 4 种工况的三个试件的测定结果以供分析，如表 2.7 所示。表中数据表明，单个试件黏结强度测定值与平均值最大相差仅 4.75%，表明改进后的黏结强度测定方法的测定结果稳定性好。

表 2.7　部分工况 3 个试件黏结强度数据分析

工况	黏结强度/MPa			与平均值偏差/%			最大偏差/%
	1#	2#	3#	1#	2#	3#	
C25-50℃-湿（7d）	1.27	1.37	1.36	4.75	2.75	2.00	4.75
C30-70℃-湿（7d）	1.20	1.13	1.12	4.35	1.74	2.61	4.35
C25-20℃-湿-标养（28d）	1.47	1.44	1.53	0.68	2.70	3.38	3.38
C30-35℃-湿（28d）	1.55	1.63	1.51	0.85	4.26	3.41	4.26

2.2.2　湿热环境对黏结强度的影响分析

根据表 2.5 中的试验结果，绘制两个强度等级喷射混凝土 7d 龄期黏结强度随温度变化的柱状图，如图 2.4 和图 2.5 所示。根据表 2.6 中的试验结果，绘制两个强度等级喷射混凝土 28d 龄期黏结强度随温度变化的柱状图，如图 2.6 和图 2.7 所示。

根据图 2.4 和图 2.5 分析 7d 龄期湿热环境黏结强度随温度的变化情况：从图 2.4 可以看出，C25-35℃-湿工况黏结强度最高，其次是分别是 C25-50℃-湿工况和 C25-20℃-湿-标养工况，C25-70℃-湿工况黏结强度最低，相对于 C25-20℃-湿-标养工况，黏结强度降低了 6.0%。从图 2.5 可以看出，同样是 C30-35℃-湿工况黏结强度最高，其次分别是 C30-50℃-湿工况和 C30-20℃-湿-标养工况，C30-70℃-湿工况黏结强度最低，相对于 C30-20℃-湿-标养工况，黏结强度下降了 14.8%。7d 龄期 C25 和 C30 两种强度等级喷射混凝土所呈现的黏结强度受温度影响的趋势是一致的，35℃时最高，50℃的比 20℃略高，70℃的黏结强度最低，可见，70℃对黏结强度的不利影响在 7d 龄期内已经体现，而较高温度 50℃的不利影响在该龄期内还未体现出来。

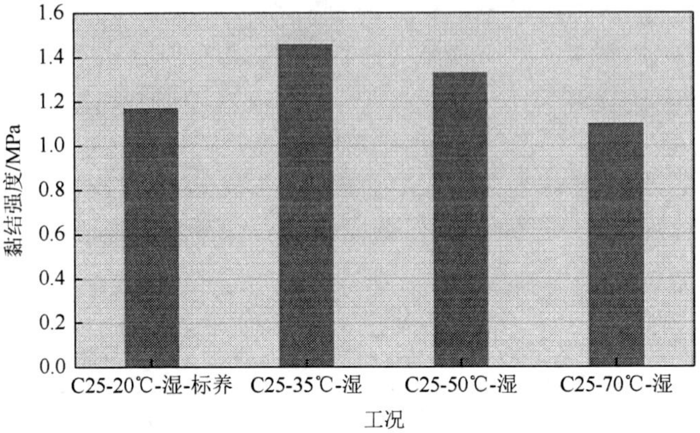

图 2.4　7d 龄期 C25 喷射混凝土黏结强度柱状图

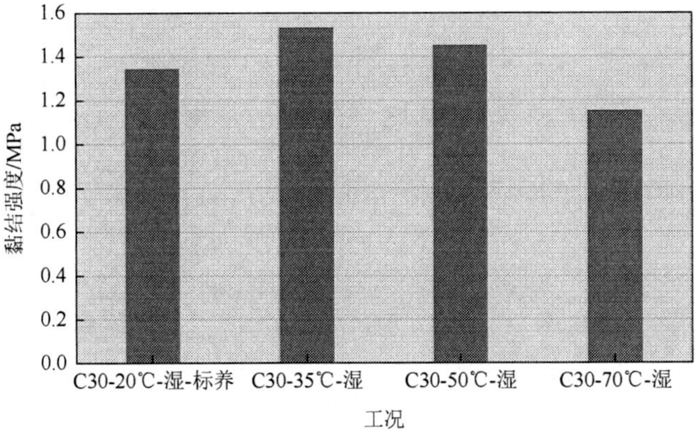

图 2.5　7d 龄期 C30 喷射混凝土黏结强度柱状图

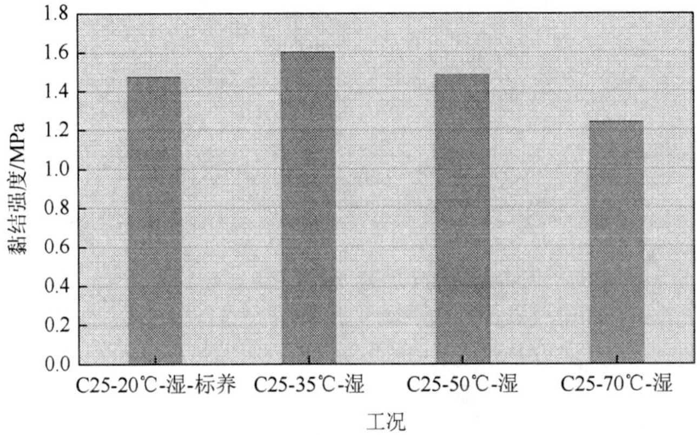

图 2.6　28d 龄期 C25 喷射混凝土黏结强度柱状图

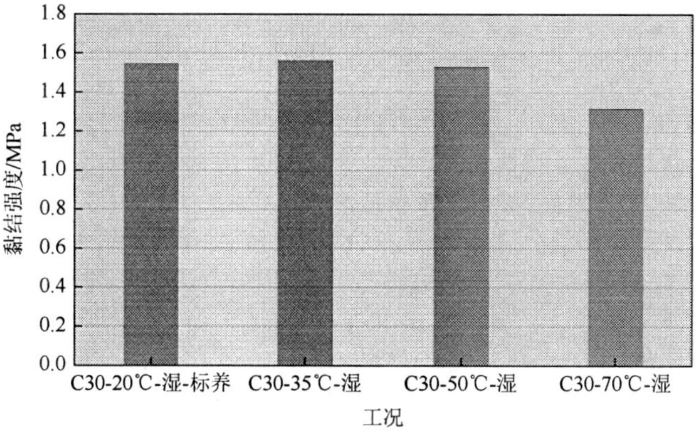

图 2.7　28d 龄期 C30 喷射混凝土黏结强度柱状图

根据图 2.6 和图 2.7 分析 28d 龄期湿热环境黏结强度随温度的变化情况：从图 2.6 可以看出，C25-35℃-湿工况黏结强度最高，C25-50℃-湿工况和 C25-20℃-湿-标养工况基本相当，C25-70℃-湿工况黏结强度最低，相对于 C25-20℃-湿-标养工况，黏结强度降低了 16.2%。从图 2.7 可以看出，C30-35℃-湿、C30-20℃-湿-标养和 C30-50℃-湿三种工况黏结强度基本相当，其中 C30-35℃-湿稍高，而 C30-70℃-湿工况黏结强度最低，相对于 C30-20℃-湿-标养工况，黏结强度降低了 14.8%。相对于 7d 龄期，28d 龄期 70℃的不利影响表现得更加明显；28d 龄期，50℃和 20℃的黏结强度已基本相当，可见，较高温度 50℃的不利影响尽管没有 70℃那么显著，但是相对于 7d 龄期已经有所体现，不难推测，随着龄期的延长，这种不利影响会加剧。

综合上述分析认为，无论 C25 还是 C30，7d 龄期和 28d 龄期 35℃工况时的黏结强度相对于其他温度工况最高，分析认为，35℃温度相对不高，对黏结强度来说还算不上热害，反而由于其较高的水化速度，促使其在研究龄期内比标准养护（20℃）的黏结强度更高些。但在更高温度情况下，特别是 70℃情况下，喷射混凝土与围岩的黏结强度出现了倒缩加剧的结果，热害对黏结强度的不利影响通过试验研究和分析已经充分体现。如果实际工程中遇到更高温度的热害问题，不难想象，其不利影响将更加严重。

2.2.3　湿热环境对黏结强度的影响机理探讨

对代表性工况 20℃（标养）和 70℃两种温度工况进行了细观研究，分析两种温度工况下混凝土本身的细观差异和混凝土与岩石黏结面的差异。图 2.8 为 C25-20℃-湿-标养工况混凝土与岩石黏结面及劈裂面混凝土侧的细观结构图，

图 2.9 为 C25-70℃-湿工况混凝土与岩石黏结面及劈裂面混凝土侧的细观结构图。从图 2.8（a）和图 2.9（a）对比可见，20℃（标养）工况相对于 70℃工况混凝土与岩石黏结面更加饱满致密，而 70℃工况黏结面则有一定的裂隙。对图 2.8（b）和图 2.9（b）进行对比分析，20℃（标养）工况相对于 70℃工况整体结构更加致密，70℃工况水化产物相对疏松多孔。

(a) 黏结面侧细观图　　(b) 劈裂面混凝土侧细观图

图 2.8　C25-20℃-湿-标养工况细观结构图

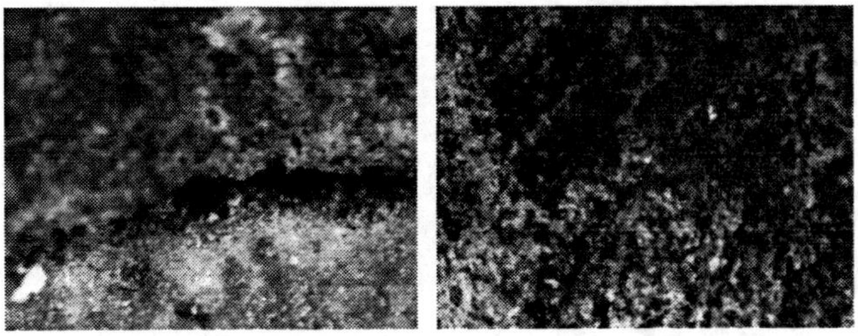

(a) 黏结面侧细观图　　(b) 劈裂面混凝土侧细观图

图 2.9　C25-70℃-湿工况细观结构图

综合宏观和细观试验结果，造成热害对黏结性能影响趋势的原因主要是：养护温度高，水化速度快，强度发展快，水化产物迅速填充混凝土与岩石黏结面处的间隙，起到胶结的作用，但是温度过高的话，热量散失受阻，混凝土内部温度可能上升到较高范围，形成高温早期养护负效应，水泥颗粒表面快速形成的水化产物外壳阻止了水分进入水泥内核，从而使后期的水化程度降低，水化产物不致密，黏结强度下降；环境热害及混凝土自身发热升温使混凝土在岩石黏结面上产生不均匀变形，导致界面开裂。

2.2.4　喷射混凝土强度等级对黏结强度的影响

为了确保试验结果的可靠性，喷射混凝土与岩石的黏结强度试验选用了两种混凝土强度等级，分别是 C25 和 C30，都是隧道初期支护经常采用的强度等级。分析表 2.5 和表 2.6 得到，无论 7d 龄期还是 28d 龄期，除 28d-35℃工况 C25 的黏结强度比 C30 的黏结强度稍大之外（不排除该板自身的因素干扰），其他工况 C30 喷射混凝土均比 C25 喷射混凝土的黏结强度高，分析认为这主要体现在 C30 比 C25 强度高，水泥用量相对高，水化速度较快，使得黏结面更加密实。通过分析喷射混凝土强度对黏结强度的影响可知，在湿热环境下，趋势是喷射混凝土的强度等级越高，其与岩石的黏结强度越高，从这点来看，针对湿热环境有必要适当提高喷射混凝土的强度等级，以达到适当提高黏结强度的目的。

2.3　干热环境黏结强度分析

2.3.1　试验数据

干热环境四种工况分别代表的含义如下。

C25-20℃-干-标养工况：喷射混凝土强度等级为 C25，岩石大板预先处于 20℃干燥环境中，喷射混凝土拆模后，立即放入标准养护室（20℃±2℃，相对湿度 95%以上）养护至规定龄期。C30-20℃-干-标养工况：喷射混凝土强度等级为 C30，岩石大板预先处于 20℃干燥环境中，喷射混凝土拆模后，立即放入标准养护室（20℃±2℃，相对湿度 95%以上）养护至规定龄期。

C25-35℃-干工况：喷射混凝土强度等级为 C25，岩石大板预先放入 35℃恒温干燥箱中预热，喷射混凝土拆模后，立即放入 35℃恒温干燥箱中养护至规定龄期；C30-35℃-干工况：喷射混凝土强度等级为 C30，岩石大板预先放入 35℃恒温干燥箱中预热，喷射混凝土拆模后，立即放入 35℃恒温干燥箱中养护至规定龄期；其他工况符号意义类似示例所述。

针对 C25、C30 喷射混凝土大板，采用改进后的钻芯拉拔法测定其 7d 龄期和 28d 龄期的黏结强度，试验数据分别见表 2.8 和表 2.9。

表 2.8　7d 龄期黏结强度试验结果

工况	破坏荷载/kN	黏结强度/MPa
C25-20℃-干-标养	9.42	1.19
C25-35℃-干	7.69	0.98
C25-50℃-干	7.46	0.95
C25-70℃-干	0.00	0.00
C30-20℃-干-标养	—	—

续表

工况	破坏荷载/kN	黏结强度/MPa
C30-35℃-干	10.68	1.37
C30-50℃-干	9.18	1.17
C30-70℃-干	7.07	0.90

表 2.9 28d 龄期黏结强度试验结果

工况	破坏荷载/kN	黏结强度/MPa
C25-20℃-干-标养	10.44	1.33
C25-35℃-干	8.71	1.11
C25-50℃-干	7.93	1.01
C25-70℃-干	0.00	0.00
C30-20℃-干-标养	8.56	1.09
C30-35℃-干	7.14	0.91
C30-50℃-干	5.97	0.76
C30-70℃-干	0.00	0.00

注：C25-70℃-干和 C30-70℃-干工况下，钻芯时微小的扰动即已导致喷射混凝土与岩石大板脱黏开裂，保守考虑数据记为 0。

为了检验改进钻芯拉拔法测定结果的稳定性，随机列出 4 种工况下的黏结强度测定值并进行数据分析，结果如表 2.10 所示。表 2.10 表明，改进钻芯拉拔法的测定结果稳定性好，所列出的 4 种工况中，各个试件黏结强度测试值与平均值最大相差仅 6.57%，其他未列出工况黏结强度测定值与平均值最大相差也均在 10% 以内。

表 2.10 部分工况 3 个试件黏结强度数据分析

工况	黏结强度/MPa			与平均值偏差/%			最大偏差/%
	1#	2#	3#	1#	2#	3#	
C25-20℃-干-标养（7d）	1.12	1.23	1.23	5.88	3.36	3.36	5.88
C30-20℃-干-标养（28d）	1.09	1.12	1.05	0	2.75	3.67	3.67
C30-35℃-干（7d）	1.35	1.46	1.29	1.46	6.57	5.84	6.57
C30-50℃-干（28d）	0.73	0.76	0.78	3.95	0	2.63	3.95

2.3.2　干热环境对黏结强度的影响分析

为了分析干热环境对喷射混凝土与岩石黏结强度的影响，以热害（温度）为影响因素进行分析。根据表 2.8 中的试验结果，绘制两个强度等级喷射混凝土 7d 龄期黏结强度随温度变化的柱状图，如图 2.10 和图 2.11 所示。根据表 2.9 中的试验结果，绘制两个强度等级喷射混凝土 28d 龄期黏结强度随温度变化的柱状图，如图 2.12 和图 2.13 所示。

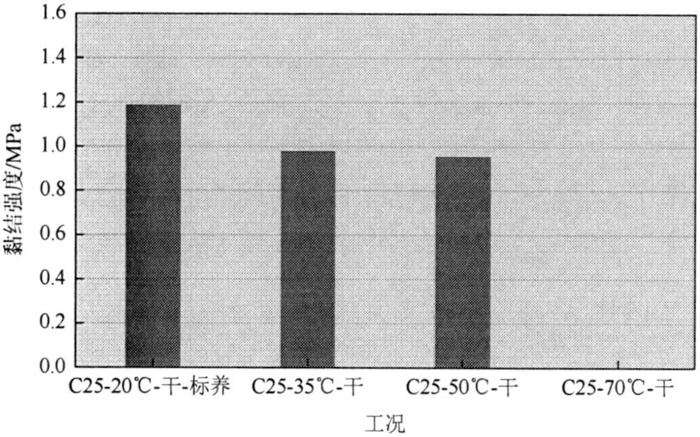

图 2.10　7d 龄期 C25 喷射混凝土黏结强度柱状图

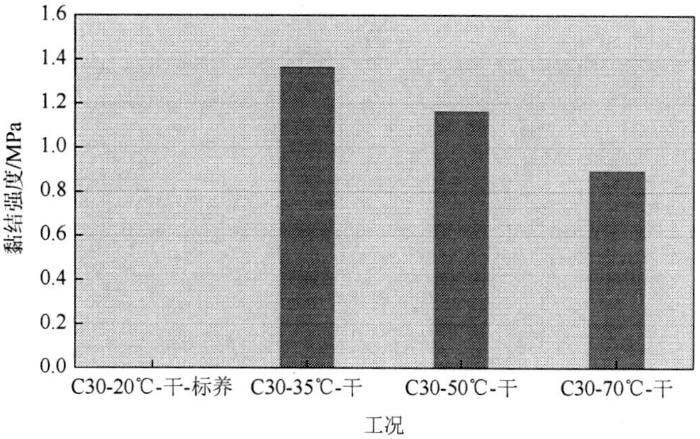

图 2.11　7d 龄期 C30 喷射混凝土黏结强度柱状图

由图 2.10 和图 2.11 可以看出：养护 7d 时，C25、C30 喷射混凝土与岩石黏结强度均随着温度的升高而依次降低；C25-20℃-干-标养工况下尽管喷射前岩石大板是干燥状态，但喷射混凝土后岩石大板的养护为标准养护，水化充分，因此其黏结强度大于干热养护工况试件；与 C25-20℃-干-标养工况相比，C25-35℃-干工况黏结强度降低了 17.6%，C25-50℃-干工况黏结强度降低了 20.2%。C25-70℃-干工况试件在钻芯过程中因轻微的扰动即发生了喷射混凝土与岩石大板脱黏开裂，说明该工况黏结强度很低，保守考虑黏结强度记为 0。由于 C30-20℃-干-标养工况试件在搬运过程中不慎损坏，故该试件没有数据记录。C30 喷射混凝土中，C30-70℃-干工况黏结强度最低，分别比 C30-35℃-干工况和 C30-50℃-干工况小了 34.3%和 23.1%。

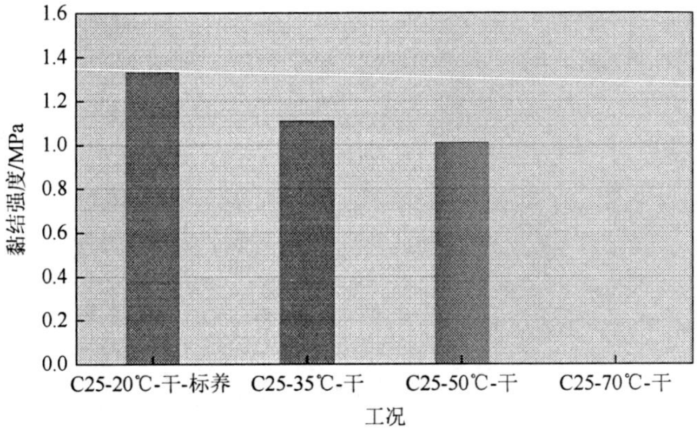

图 2.12　28d 龄期 C25 喷射混凝土黏结强度柱状图

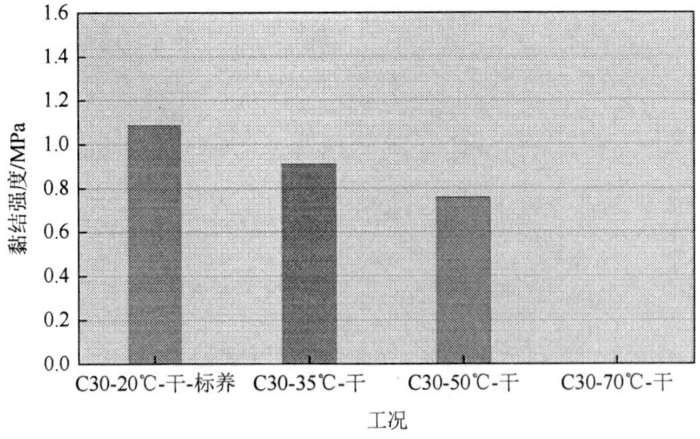

图 2.13　28d 龄期 C30 喷射混凝土黏结强度柱状图

由图 2.12 和图 2.13 分析可知：养护 28d 时，C25、C30 喷射混凝土与岩石黏结强度均随着温度的升高而降低；C25-20℃-干-标养和 C30-20℃-干-标养工况下虽然喷射前岩石大板干燥，但喷射混凝土后岩石大板养护为标准养护，水化充分，因此其黏结强度大于干热养护工况试件；与 C25-20℃-干-标养工况相比，C25-35℃-干工况黏结强度降低了 16.5%，C25-50℃-干工况黏结强度降低了 24.1%；相对于 C30-20℃-干-标养工况试件，C30-35℃-干工况黏结强度降低了 16.5%，C30-50℃-干工况黏结强度降低了 30.3%；C25-70℃-干和 C30-70℃-干工况试件因钻芯过程中轻微的扰动即发生了喷射混凝土与岩石大板脱黏开裂，说明该 2 种工况黏结强度很低，保守考虑该 2 种工况下的黏结强度记为 0。

上述分析表明：与 20℃标准养护工况相比，干热养护工况下喷射混凝土与岩石黏结强度严重倒缩，甚至脱黏开裂。干热环境喷射混凝土与岩石 28d 龄期时的黏结强度倒缩比 7d 更加严重。此外，对比 C30 和 C20 喷射混凝土，7d 龄期时，C30 试件的黏结强度比 C25 试件高；而 28d 龄期时，C25 试件的黏结强度大于或等于 C30 试件。这是因为，在较早龄期 7d 时，C30 混凝土和 C20 混凝土由干缩引起的黏结面差异还未充分体现，所以由于 C30 混凝土水泥水化的优势，相应试件的黏结强度普遍较高，但当龄期达到 28d 后，C25 混凝土和 C30 混凝土由干缩造成的黏结面差异有所体现，反而表现出 C25 试件黏结强度普遍较高的情况。

2.3.3　干热环境对黏结强度的影响机理探讨

为了进一步分析宏观试验结果，探讨干热环境下喷射混凝土与岩石黏结强度倒缩的原因，对代表性工况 C25-20℃-干-标养和 C25-70℃-干进行了细观测试分析。

考虑到 70℃还不会导致材料物相发生突变，所以主要探讨两种温度工况下黏结面的形貌差异。细观测试时，把喷射混凝土与岩石试件自然劈裂，对劈裂面的岩石侧和混凝土侧分别进行观察。图 2.14 为 C25-20℃-干-标养和 C25-70℃-干工况劈裂面岩石侧的细观结构图，图 2.15 为 C25-20℃-干-标养和 C25-70℃-干工况劈裂面混凝土侧的细观结构图。对图 2.14（a）和（b）所示的劈裂面岩石侧进行对比分析发现，由于岩石较好的体积稳定性，两种温度工况下形貌几乎没有差别。对图 2.15（a）和（b）所示的劈裂面混凝土侧进行对比分析发现，两种温度工况下形貌差别非常明显，C25-20℃-干-标养工况水化产物整体均匀致密，而 C25-70℃-干工况不仅水化产物相对疏松多孔，而且出现了大量均匀分布的龟裂纹。

结合宏观试验和细观测试结果分析认为，导致干热环境下喷射混凝土与岩石黏结强度倒缩的原因主要是高温下水分散发快，水化中止早，水化产物不致密，强度发展不够；另外，高温下喷射混凝土干缩大，体积变形也导致了黏结强度的降低。同时，由于干缩的影响，较长龄期（28d）比较短龄期（7d）时干热环境对黏结强度的不利影响更加突出。

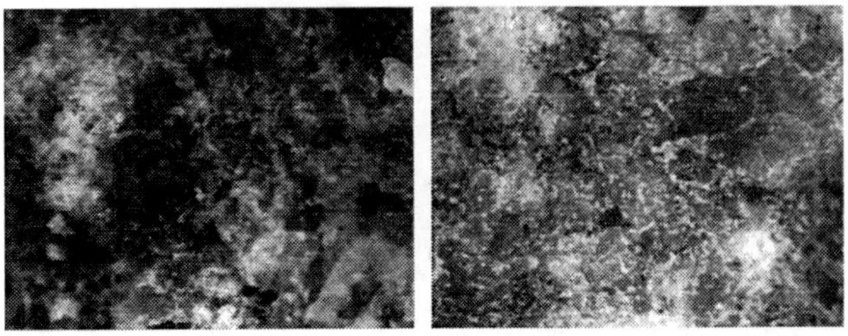

(a) C25-20℃-干-标养　　(b) C25-70℃-干

图 2.14　劈裂面岩石侧细观结构图

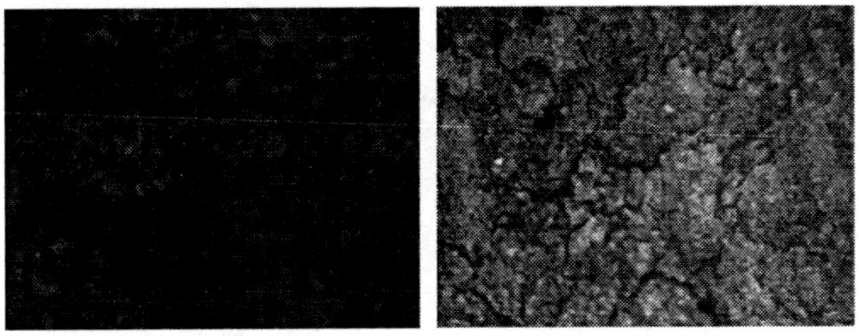

(a) C25-20℃-干-标养　　(b) C25-70℃-干

图 2.15　劈裂面混凝土侧细观结构图

2.4　黏结强度改善试验探索研究

针对热害环境黏结强度严重损失的状况，采取一定的技术措施进行黏结强度改善探索研究。

2.4.1　黏结强度改善试验方案

热害环境喷射混凝土改善试验在配合比设计的基础上，采用模拟热害环境、振动成型混凝土、劈裂法测定等技术手段进行探索。重点针对前期研究工况中最不利工况干热环境 70℃（C25-70℃-干）和湿热环境 70℃（C25-70℃-湿）进行。

准备 100mm×100mm×50mm（长×宽×高）的荔枝面花岗岩石块，环境工况为 C25-20℃-干-标养和 C25-70℃-干、C25-20℃-湿-标养和 C25-70℃-湿。符号意义同前所述。

采用强制式机械搅拌混凝土，搅拌完成后，进行坍落度的测定，然后加速凝剂，迅速搅拌，确保在初凝时间前完成成型。在加速凝剂的瞬间，从相应养护箱中迅速取出岩石块，置入试模的底层，一组三个试件，搅拌均匀后迅速振动成型。这个环节一定要严格把握时间，以保证温度、湿度及混凝土的有效性。待喷射混凝土达到一定强度后，拆模养护。黏结强度改善试验试件成型过程如图 2.16 所示。

(a) 岩石块置入试模底层

(b) 振动台振动成型

图 2.16　黏结强度改善试验试件成型

黏结强度测定采用劈裂法[2]，试验时，将试件放在材料试验机下压板的中心位置，在上下压板之间垫以圆弧形垫条及垫片各一个。开动试验机，当上压板与试件接近时，调整球座，使接触均衡，如图 2.17 所示。按规定加载速度连续而均匀地加载，当试件接近破坏时，停止调整油门，直至试件破坏，然后记录破坏荷载 F，劈裂试验中存在两种破坏机制[3]，如图 2.18 所示，劈拉荷载-位移曲线的第二峰值往往大于第一峰值，为了试验数据的有效性，在计算抗拉强度时统一取第一峰值对应的荷载，而非最大荷载，并根据式 $f_{ts}=\dfrac{2F}{\pi A}=0.637\times\dfrac{F}{A}$ 计算黏结强度。

图 2.17　劈裂法试验

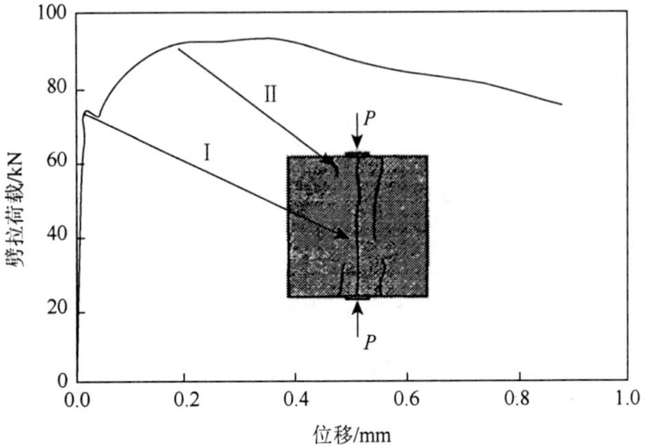

图 2.18　混凝土劈拉荷载-位移曲线及两种破坏机制

2.4.2　黏结强度改善工况设计

在分析热害对黏结强度影响规律及影响机理的基础上，通过在基准配合比的基础上掺加矿物掺合料或纤维材料来改善热害环境下的黏结强度。改善试验探索角度有：一方面，通过掺加矿物掺合料，减少水泥用量，降低水化放热，减缓温度的升高，减小温度引起的变形，另外，水化温度降低，水泥水化速度减小，也使水泥的水化更加充分，扩散容易，水化产物外壳不易形成，早后期强度均衡；另一方面，希望通过掺加纤维材料，抑制收缩，增加混凝土的密实性和质量稳定性，减小混凝土由各种原因引起的开裂可能。基于以上两个方面的思考，进行黏结强度改善试验，设计工况及说明见表 2.11。

表 2.11　试验设计工况及说明

养护环境	工况（配合比）	说明
70℃干热	BP	基准组分（水泥：400kg；砂：814kg；石：666kg；水：200kg；速凝剂：20kg）
	25%SP	掺加质量分数为 25%矿粉等量代替水泥
	25%FA	掺加质量分数为 25%粉煤灰等量代替水泥
	SP + FA	双掺质量分数为 25%矿粉 + 质量分数为 20%粉煤灰等量代替水泥
	SF	掺加体积分数为 1.0%的钢纤维
	PF	掺加 0.9kg/m^3 的聚丙烯纤维
	DF	双掺体积分数为 1.0%的钢纤维和 0.9kg/m^3 的聚丙烯纤维

续表

养护环境	工况（配合比）	说明
70℃湿热	BP	基准组分（同上）
	25%SP	掺加质量分数为 25%矿粉等量代替水泥
	25%FA	掺加质量分数为 25%粉煤灰等量代替水泥
	SP + FA	双掺质量分数为 25%矿粉 + 质量分数为 20%粉煤灰等量代替水泥
	SF	掺加体积分数为 1.0%的钢纤维
	PF	掺加 0.9kg/m^3 的聚丙烯纤维
	DF	双掺体积分数为 1.0%的钢纤维和 0.9kg/m^3 的聚丙烯纤维

试验用原材料：水泥为 P·O42.5R 型；砂子为机制砂，$M_x = 2.7$，石粉含量为 2%；碎石，5～10mm 连续粒级；Ⅰ级粉煤灰，细度（45μm 方孔筛筛余率）为 7.1%，密度为 2.28g/cm^3；S95 级矿粉，比表面积为 420m^2/kg，密度为 2.83g/cm^3；剪切压痕型钢纤维，35mm×1mm×0.7mm（长×宽×厚），抗拉强度大于 380MPa；聚丙烯纤维，长度为 12mm，密度为 0.9g/cm^3。

2.4.3　湿热环境黏结强度改善分析

1. 宏观分析

湿热环境黏结强度改善试验测定结果见表 2.12，为了更加直观地分析，把测定结果以柱状图表示，见图 2.19。

表 2.12　湿热环境黏结强度改善试验结果

养护环境	工况（配合比）	黏结强度/MPa
70℃湿热	BP	1.02
	25%SP	1.20
	25%FA	1.31
	SP + FA	0.94
	SF	1.00
	PF	1.02
	DF	0.99

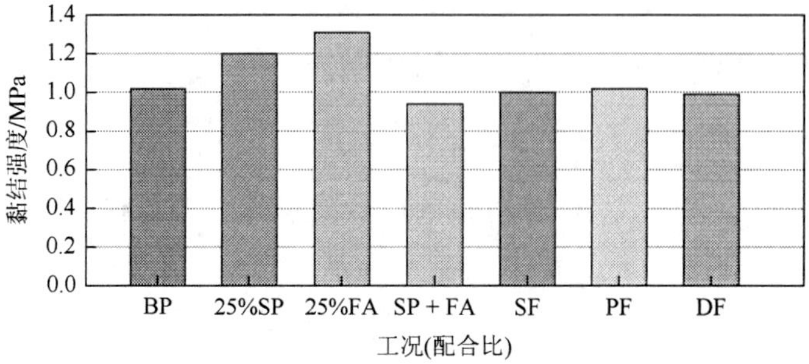

图 2.19　湿热环境不同配合比黏结强度对比

图 2.19 为 70℃湿热环境下不同配合比黏结强度对比，从图中分析得到：单掺钢纤维、聚丙烯纤维或双掺纤维对湿热环境下黏结强度几乎没有改善作用。掺加 25%矿粉或 25%粉煤灰改善效果较明显，分别提高了 17.6%和 28.4%。但是，值得注意的是，双掺矿物掺合料（25%SP + 20%FA）没能发挥改善黏结强度的作用，反而略有降低。综合分析认为：粉煤灰或矿粉的掺加替代了部分水泥，水泥水化速度降低，从而使水泥水化更为充分且不易形成水化物外壳，强度发展更加均衡，减小了早期高温养护负效应，所以黏结强度得到改善。但如果掺加过多的掺合料，水化速度慢，早期强度低，对界面的发展反而不利，综合效应叠加后不能很好地发挥改善作用。因此，掺加矿物掺合料应适当，这样才能更好地发挥改善作用。

2. 微观机理分析

为了进一步剖析矿物掺合料对干热环境下黏结强度的改善机理，借助扫描电子显微镜从两个方面进行分析：①相同配合比不同养护环境对比，对 3d 龄期 25%FA 工况分别在标养和 70℃湿热养护条件下的微观形貌进行观察分析；②不同配合比相同养护环境对比，对 28d 龄期 70℃湿热养护条件下基配工况和 25%FA 工况进行微观形貌分析。

1）相同配合比不同养护环境对比

3d 龄期 25%FA 工况分别在标养和 70℃湿热养护条件下的微观形貌如图 2.20 和图 2.21 所示。

对比图 2.20 和图 2.21，从图 2.20 可以看出，标养环境下，25%FA 工况有一定量裸露且表面光滑未水化的粉煤灰球，水化产物主要由纤维状 C-S-H 胶体、粒状 C-S-H 胶体、片状 CH 晶体及较多孔隙组成，某些粉煤灰颗粒周围有很细很短的纤维，这说明标养环境下粉煤灰在早期实际上多为惰性的，还没有与 CH 反应。从图 2.21 可以看出，70℃湿热养护条件下，25%粉煤灰工况的水化产物更致密，

(a) 500×

(b) 2000×

(c) 5000×

图 2.20　3d 龄期 25%FA 工况标养环境微观形貌

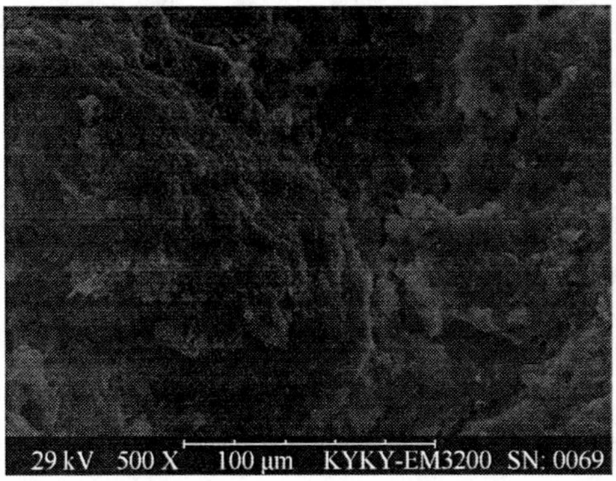

(a) 500×

(b) 2000×

(c) 5000×

图 2.21　3d 龄期 25%FA 工况 70℃湿热环境微观形貌

结构主要由粒状 C-S-H 胶体和沉积在其间的 CH 晶体组成，未见到光滑的粉煤灰球，这说明粉煤灰混凝土适于蒸汽养护，湿热环境可以大大加速火山灰作用。从这个角度分析可知，湿热环境掺加粉煤灰是有助于改善其水化产物、提高黏结强度的。

2）不同配合比相同养护环境对比

对 28d 龄期 70℃湿热养护条件下基配工况和 25%FA 工况进行微观形貌分析。选取典型界面进行观察，如图 2.22 和图 2.23 所示。

(a) 水化产物

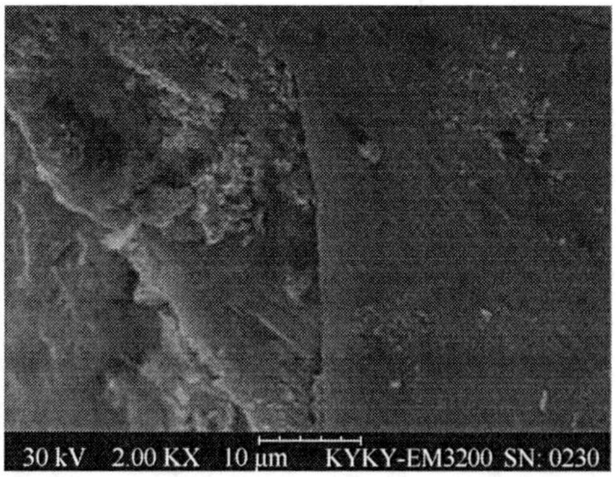

(b) 骨料与水泥石界面

图 2.22　基配工况微观形貌

(a) 水化产物　　(b) 骨料与水泥石界面

图 2.23 25%FA 工况微观形貌

对比图 2.22（a）和图 2.23（a），图 2.22（a）中由于高温早期养护负效应，水化产物疏松，主要由纤维状 C-S-H 胶体（Ⅰ型）和粒状 C-S-H 胶体（Ⅲ型）、沉积在水化产物中的 CH 晶体及较多孔隙组成。而图 2.23（a）中水泥浆体致密、整齐和完整，C-S-H 凝胶结构完整、密实，主要由粒状 C-S-H 胶体和少量沉积其中的 CH 晶体组成。对比图 2.22（b）和图 2.23（b），图 2.23（b）中水泥石与骨料界面之间的裂缝较小，更重要的是，注意观察骨料表面残留水化产物的情况，图 2.23（b）存在大量均匀分布的点状水化产物，粉煤灰水泥适于高温养护，因为高温可以大大加速火山灰作用，且粉煤灰水泥具有微集料效应，粉煤灰颗粒与周围水化物的结合性很强，同时，掺加粉煤灰的水泥浆体与周围骨料结合得更牢，而图 2.22（b）中骨料表面却仅有零星分布的少量水化产物，说明水泥浆体与周围骨料界面的黏结强度较低。可以把岩石块想象成一颗非常大的骨料，混凝土与其黏结强度的改善机理也是如此。

3. 电通量分析

为了分析湿热环境改善较明显的配合比工况 25%FA 和 25%SP 混凝土内部结构的水化密实程度，对 70℃湿热环境下 56d 龄期基配、25%FA 和 25%SP 工况进行了电通量试验[4]，试验结果见图 2.24。

从图 2.24 看出，70℃湿热环境下，基配工况电通量高达 2877.47C，这是因为高温会促进水泥的水化反应，水泥水化速率越高，超快速产生的水化产物结晶度越低，结构越疏松，强度相对越低。这些水泥快速水化的产物（包括钙矾石、氢氧化钙、硅酸钙凝胶等），可以支撑起混凝土的早期强度，但由于所生成的晶体和凝胶结构不密实，留下很多微米级的孔隙，水泥后期水化会减缓，生成的水化产物很难填充这些孔隙，所以会降低混凝土的后期强度，也会降低混凝土的耐久

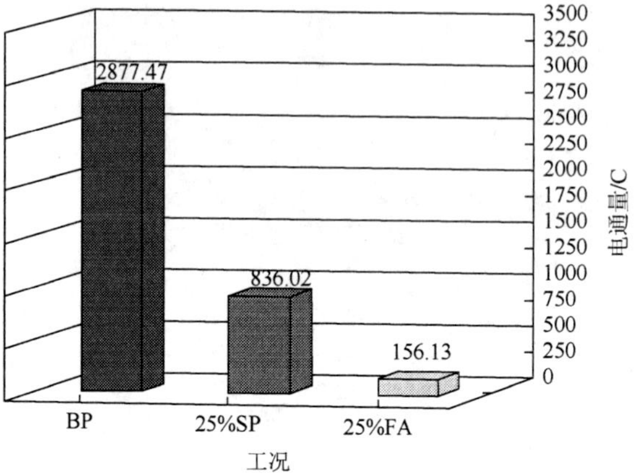

图 2.24 电通量试验结果

性。而掺加矿粉和粉煤灰后的 25%SP 和 25%FA 工况，由于矿物掺合料自身的微集料效应及掺加后减弱了高温早期养护负效应，水化产物非常致密，电通量显著减小，分别仅为 836.02C 和 156.13C。

2.4.4 干热环境黏结强度改善分析

1. 宏观分析

干热环境黏结强度改善试验测定结果见表 2.13，为了更加直观地分析，把测定结果以柱状图表示，见图 2.25。

表 2.13 干热环境黏结强度改善试验结果

养护环境	工况（配合比）	黏结强度/MPa
70℃干热	BP	0.98
	25%SP	0.97
	25%FA	0.62
	SP + FA	0.93
	SF	1.39
	PF	0.88
	DF	0.96

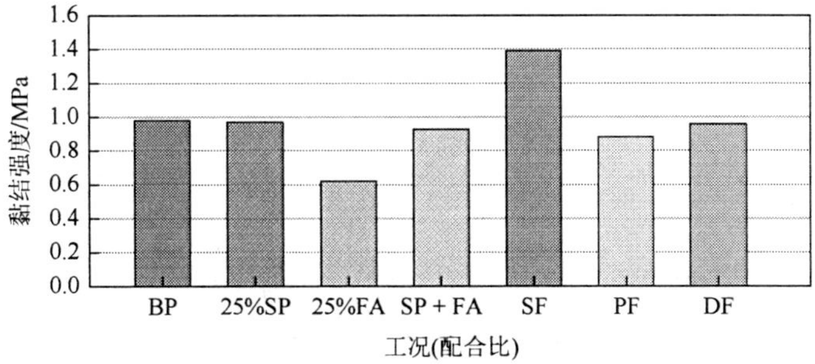

图 2.25　干热环境不同配合比黏结强度对比

图 2.25 为 70℃干热环境下不同配合比黏结强度对比，从图中可以看出，25%FA 工况的黏结强度最低，比基配工况降低了 36.7%；PF 工况比基配工况降低了 10.2%；25%SP、SP + FA、DF 三种工况与基配工况非常接近，降低值在 5.0%左右或以下；而 SF 工况的黏结强度改善非常明显，与 BP 工况相比增大了 41.8%。

这些分析表明，对于干热环境，掺加矿物掺合料措施不可行，尽管矿物掺合料代替了部分水泥，减小了水化热，但是由于其早期水化速度很慢，干热环境失水过快导致黏结强度发展过慢甚至停滞。另外，变形性能试验表明，矿物掺合料掺入不能有效抑制干热环境喷射混凝土的收缩变形，难以发挥改善界面的作用。掺加钢纤维后，混凝土在高温下更快地达到内部温度的均匀一致，从而减少了温度梯度产生的内部应力，减少了内部损伤，同时，借助钢纤维界面上的黏着力、摩阻力、机械咬合力，阻止或阻滞原有裂缝的开展，显著改善了界面性能，提高了黏结强度。同时，变形性能试验表明，掺加钢纤维可以明显抑制喷射混凝土的收缩变形，恰恰验证了改善界面性能的效果。掺加聚丙烯纤维原则上可以发挥类似钢纤维增强界面的作用，但是试验结果表明，不仅没能改善反而黏结强度降低了，这主要是由于 70℃干热环境下，聚丙烯纤维材料失去了应有的韧性，长期处于这种环境下，甚至会发生老化。

2. 细观分析

干热环境黏结强度改善试验研究表明，掺加矿物掺合料（无论矿粉还是粉煤灰或者双掺）对黏结强度均没有改善作用，特别是掺加粉煤灰后黏结强度甚至显著降低。主要原因是尽管掺加矿物掺合料可以削弱不利的高温早期养护负效应，但是矿物掺合料的水化是二次水化，熟料水化出氢氧化钙做碱性激发剂，矿物掺合料才发生水化反应，但是在高温干热环境下，水分蒸发过快，导致矿物掺合料的水化不充分。

首先借助光学显微镜对劈裂后试件混凝土侧进行细观观察，图 2.26～图 2.28 分别为 BP 工况、25%FA 工况及 SF 工况黏结面混凝土侧的细观结构图。从图中看出，25%FA 工况混凝土开裂比 BP 工况更加严重，直接导致黏结强度很低。可以这样解释这个问题，粉煤灰水化不充分，强度很低，较小的干缩拉应力就导致开裂。另外，Grudemo[5]认为，水泥浆体可能的裂缝通路单元包括：①CH 晶体之间的片状裂缝；②通过内部及外部胶壳的径向裂缝；③残留的无水物核周围的球

图 2.26　基配工况黏结面混凝土侧

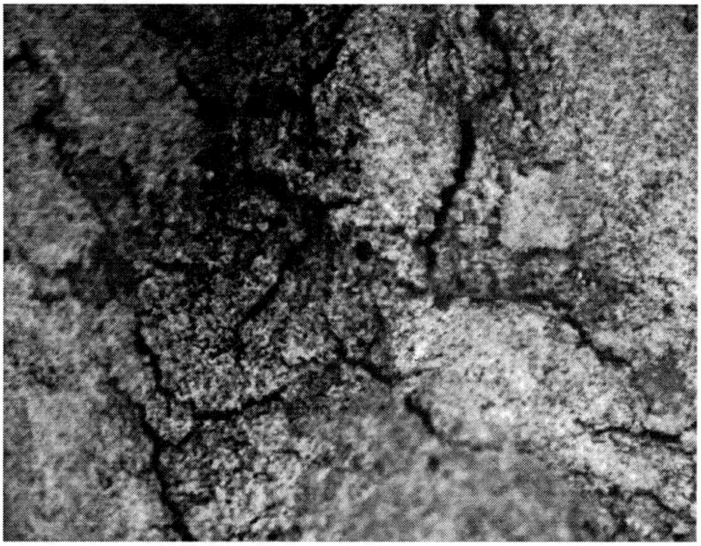

图 2.27　25%FA 工况黏结面混凝土侧

图 2.28　SF 工况黏结面混凝土侧

形裂缝；④邻近外胶壳间的交接区。而对于粉煤灰水泥浆体来说，除上述四种裂缝通路单元外，还应加上第五种，有时还是相当重要的一种：粉煤灰球周围的球形裂缝。由于粉煤灰的水化为二次水化，随着水分蒸发，粉煤灰颗粒水化不充分，粉煤灰颗粒与周围水化物间的黏结十分微弱，在外部拉应力作用下，粉煤灰球周围的孔隙成为最薄弱环节而开裂。

3. 微观机理分析

由于粉煤灰颗粒所特有的球状颗粒形态有极高的辨识度，可以借助扫描电镜观察 25%FA 工况的微观形貌。图 2.29 为 3d 龄期 25%FA 工况在 70℃干热养护条件下的微观形貌。

(a) 500×　　(b) 2000×

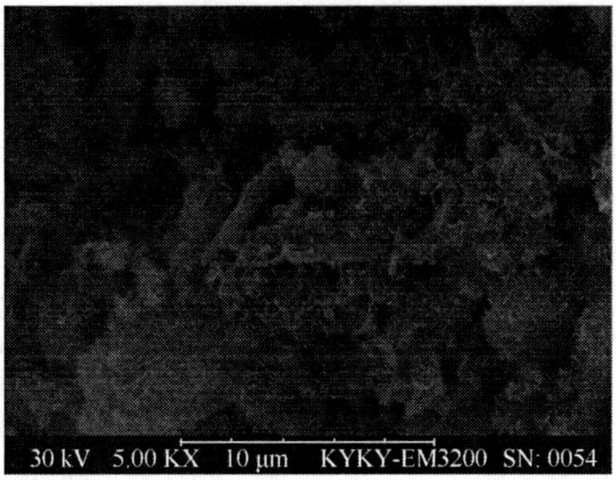

(c) 5000×

图 2.29 3d 龄期 25%FA 工况干热环境微观形貌

图2.20和图2.29分别为3d龄期25%FA在标养环境和干热环境的微观形貌图，对比发现图2.29干热养护条件下浆体内部有更多的裸露且表面光滑未水化的粉煤灰球，非常明显的是，浆体结构主要由纤维状C-S-H胶体及大量孔隙组成，粉煤灰颗粒周围仅有很细很短的纤维（0.1～0.2μm长），表明干热环境下水分过快损失，阻碍了粉煤灰火山灰效应的发挥。

进一步观察28d龄期25%FA工况在干热养护条件下的微观形貌（图2.30），浆体结构仍有大量裸露且表面光滑未水化的粉煤灰颗粒，粉煤灰的火山灰效应远没有充分发挥，表明干热环境下不能通过掺加粉煤灰改善黏结强度。

(a) 5.30× (b) 2000×

图 2.30 28d 龄期 25%FA 工况干热环境微观形貌

同时，对掺加钢纤维的SF工况进行了微观形貌观察，如图2.31所示。图2.31表明，钢纤维嵌固于混凝土中，钢纤维表面有较密实的水化产物，纤维与混凝土界面内填充了大量的水化产物，表明混凝土与钢纤维之间有很大的界面黏着力，借助钢纤维界面的黏着力、摩阻力、机械咬合力，能够阻止或阻滞原有裂缝的开展，显著提高了混凝土与岩石的黏结强度。

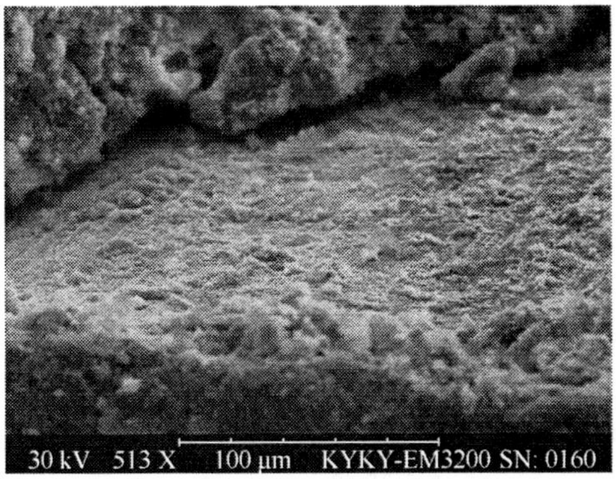

(a) 钢纤维表面及界面

(b) 钢纤维表面水化产物

(c) 钢纤维压痕处水化产物

图 2.31　SF 工况微观形貌

参 考 文 献

[1] 程良奎，李象范.岩土锚固 •土钉 •喷射混凝土——原理、设计与应用[M]. 北京：中国建筑工业出版社，2008.

[2] 中华人民共和国住房和城乡建设部，国家市场监督管理总局. 混凝土物理力学性能试验方法标准（GB/T 50081—2019）[S]. 北京：中国建筑工业出版社，2019.

[3] Rocco C，Guinea G，Planas J，et al. Experimental analysis of rupture mechanisms in the Brazilian test//Mihashi et al. Fracture Mechanics of Concrete Structures[C]. Freiburg：AEDIFICATIO Publishers，1998：121-130.

[4] 中华人民共和国住房和城乡建设部. 普通混凝土长期性能和耐久性能试验方法标准（GB/T 50082—2009）[S]. 北京：中国建筑工业出版社，2009.

[5] Grudemo A. Strength-structure relationships of cement paste materials，Part Ⅰ，Methods and basic data for studying phase composition and microstructure[J]. CBI Research，1977，77（6）：1-10.

第3章　干热环境混凝土基本力学性能和孔结构特征

混凝土材料是具有复杂结构的非均质、多相（气、液、固）和多层次（微观、细观、宏观）的复合材料体系，其宏观力学行为所表现出的不规则性、不确定性、模糊性和非线性等特征与其微观结构的复杂性密切相关。孔结构是混凝土微观结构的重要内容之一，与混凝土的力学性能和耐久性有着密不可分的关系。本章主要分析围岩温度对混凝土基本力学性能和孔结构参数的影响规律，探索干热环境中混凝土基本力学性能和孔结构的改善措施，并研究混凝土宏观力学性能与微观孔结构参数间的关系。

3.1　原材料与配合比

3.1.1　原材料性质

1. 水泥

本章试验所用水泥为 P·O42.5 普通硅酸盐水泥，其主要化学成分如表 3.1 所示，物理性能如表 3.2 所示。

表 3.1　水泥的主要化学成分

化学成分	CaO	SiO_2	Fe_2O_3	Al_2O_3	f-CaO	SO_3	MgO	Na_2O_{eq}
质量分数/%	64.54	21.75	3.46	4.60	0.96	0.46	3.56	0.60

表 3.2　水泥的物理性能

密度/（g/cm^3）	细度 0.08mm 的筛余率/%	比表面积/（m^2/kg）	标准稠度/%	安定性	凝结时间/min		抗折强度/MPa		抗压强度/MPa	
					初凝	终凝	3d	28d	3d	28d
3.15	0.6	349	25	合格	151	210	5.7	8.8	28.5	51.1

2. 细骨料

本章细骨料选用河砂，细度模数 M_x=2.8，为中砂，级配区为 2 区，表观密度为 2632kg/m^3，堆积密度为 1630kg/m^3，河砂级配曲线如图 3.1 所示。

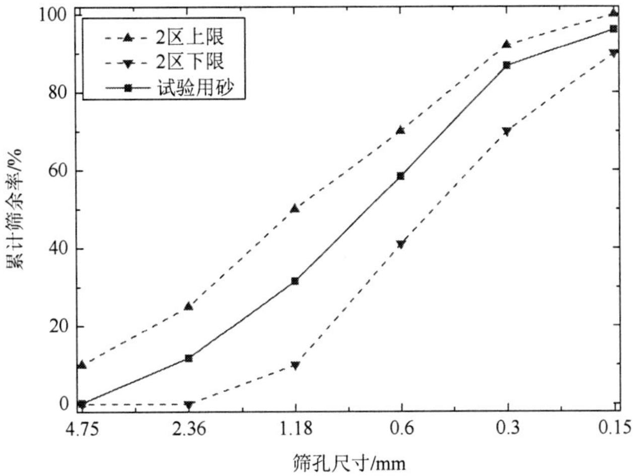

图 3.1 河砂级配曲线

3. 粗骨料

本章粗骨料选用粒径为 5～10mm 的连续级配碎石，表观密度为 2772kg/m^3，堆积密度为 1635kg/m^3，孔隙率为 42%，吸水率为 1%，碎石级配曲线如图 3.2 所示。

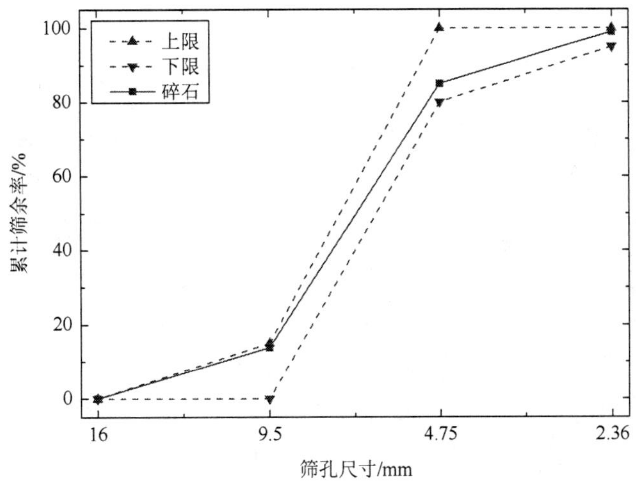

图 3.2 碎石级配曲线

4. 硅灰

所用硅灰的比表面积为 20m²/g，粒径分布范围为 0.001～1μm，平均粒径为 0.12μm，烧失量为 3.72%。硅灰的主要化学成分如表 3.3 所示。

表 3.3　硅灰的主要化学成分

化学成分	SiO_2	Al_2O_3	Fe_2O_3	CaO	MgO	Na_2O	K_2O
质量分数/%	90.25	0.47	0.91	0.43	0.93	0.10	1.30

5. 外加剂

本章选用聚羧酸高性能液体减水剂，减水率为 34%，固含量为 16.0%。选用低碱液体速凝剂，总碱量（$Na_2O + 0.658K_2O$）为 3.5%，氯离子含量为 0.03%，固含量为 47.3%。初凝时间为 2min30s，终凝时间为 7min50s，1d 抗压强度为 8.0MPa，28d 抗压强度比为 87%。

6. 纤维材料

1）钢纤维

选用图 3.3（a）所示的波浪型钢纤维和图 3.3（b）所示的端钩型钢纤维。波浪型钢纤维长、宽、厚分别为 31mm、2.5mm 和 0.45mm，抗拉强度为 1000MPa；端钩型钢纤维直径为 0.75mm，长度为 30mm，抗拉强度为 1100MPa。

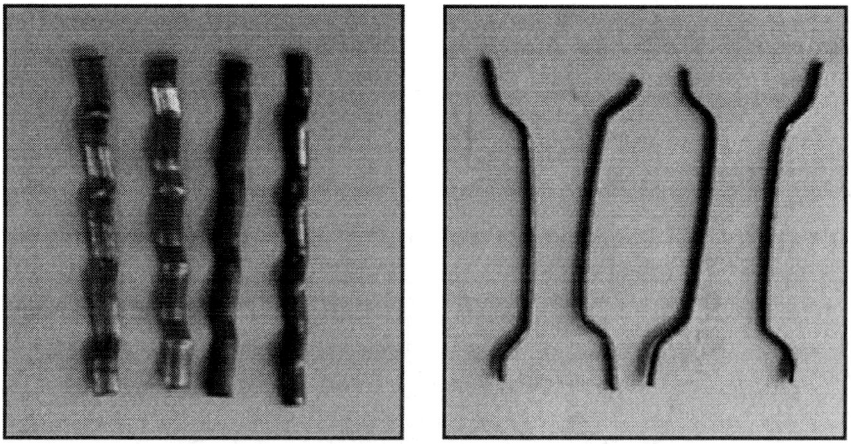

(a) 波浪型　　(b) 端钩型

图 3.3　钢纤维

2）玄武岩纤维

选用图 3.4 所示的分散型玄武岩纤维，纤维长度为 18mm，单纤维直径为 15μm，密度为 2650kg/m^3，抗拉强度为 3000～4800MPa，弹性模量为 95～110GPa，断后伸长率为 3.1%。玄武岩纤维的化学成分如表 3.4 所示。

图 3.4　分散型玄武岩纤维

表 3.4　玄武岩纤维的化学成分

化学成分	SiO_2	Al_2O_3	K_2O+Na_2O	CaO	MgO	Fe_2O_3	TiO_2
质量分数/%	50～60	16～18	3～5	7～9	3～5	8～11	1～2

3.1.2　配合比设计

根据《普通混凝土配合比设计规程》（JGJ 55—2011）[1]、《岩土锚杆与喷射混凝土支护工程技术规范》（GB 50086—2015）[2]和《喷射混凝土应用技术规程》（JGJ/T 372—2016）[3]设计隧道工程中常用的 C25 喷射混凝土，并通过添加减水剂调整坍落度为 100～120mm。室内喷射用模筑混凝土试件的基准配合比如表 3.5 所示。

根据国内外高地温隧道围岩温度的主要分布范围，将围岩温度划分为 40℃、60℃、80℃和 100℃，通过恒温干燥箱模拟干热养护环境（相对湿度≤35%），如图 3.5 所示。同时，在标准养护室中设置对照工况（温度为 20℃，相对湿度≥95%），如图 3.6 所示。本章试验工况及符号说明如表 3.6 所示。

表 3.5　室内喷射用混凝土的基准配合比　　（单位：kg）

水泥	砂	石	水	速凝剂
400	924	756	196	20

图 3.5　干热养护环境

图 3.6　标准养护环境

表 3.6　试验工况及符号说明

工况符号	说明
20-BP	标准养护环境，基准配合比
40-BP	40℃干热环境，基准配合比
60-BP	60℃干热环境，基准配合比
80-BP	80℃干热环境，基准配合比
100-BP	100℃干热环境，基准配合比
100-BF	100℃干热环境，基准配合比 + 体积分数为 0.1%的玄武岩纤维
100-SFW	100℃干热环境，基准配合比 + 体积分数为 1%的波浪型钢纤维
100-SFHE	100℃干热环境，基准配合比 + 体积分数为 1%的端钩型钢纤维
100-SFHE + Si	100℃干热环境，基准配合比 + 体积分数为 1%的端钩型钢纤维 + 水泥用量为 5%的硅灰

3.2　混凝土基本力学性能

3.2.1　力学性能测试方法

基本力学性能试验采用边长为 100mm 的立方体试件，每种工况每个龄期成型两组试件（每组 3 个）：一组用于抗压强度测试；另一组用于劈裂抗拉强度测试。试件成型后立即放于相应的养护环境中养护。试件分别养护至 1d、7d 和 28d 龄期后进行力学性能测试，包括抗压强度测试和劈裂抗拉强度测试。试验方法参照《混凝土物理力学性能试验方法标准》（GB/T 50081—2019）[4]。抗压强度试验采用量程为 1000kN 的液压式压力试验机，加载速度控制为 0.4MPa/s，抗压强度根据式（3.1）确定。劈裂抗拉强度试验采用量程为 300kN 的液压式万能试验机，加载速度为 0.03MPa/s，劈裂抗拉强度根据式（3.2）确定。

$$f_c = \beta_c \frac{F_c}{A_c} \tag{3.1}$$

其中，f_c 为混凝土抗压强度，MPa；F_c 为试件抗压破坏荷载，N；A_c 为试件承压面积，mm^2；β_c 为抗压强度折减系数，对边长为 100mm 的试件 β_c 取 0.95。

$$f_{st} = \beta_{st} \frac{2F_{st}}{\pi A_{st}} = 0.637\beta_{st} \frac{F_{st}}{A_{st}} \tag{3.2}$$

其中，f_{st} 为混凝土劈裂抗拉强度，MPa；F_{st} 为试件劈裂抗拉破坏荷载，N；A_{st} 为试件劈裂面面积，mm^2；β_{st} 为劈裂抗拉强度折减系数，对边长为 100mm 的试件 β_{st} 取 0.85。

3.2.2　力学性能测试结果

各工况混凝土试件养护至规定龄期后的抗压强度和劈裂抗拉强度如表 3.7 所示，为便于比较，图 3.7 给出了混凝土抗压强度和劈裂抗拉强度随温度变化的曲线，图 3.8 给出了 100℃干热环境下不同措施对混凝土抗压强度和劈裂抗拉强度的改善效果。

表 3.7　各工况混凝土试件抗压强度及劈裂抗拉强度

工况	抗压强度/MPa			劈裂抗拉强度/MPa		
	1d	7d	28d	1d	7d	28d
20-BP	11.74	17.25	26.20	1.35	1.97	2.44
40-BP	17.00	22.48	24.83	1.58	1.92	2.23
60-BP	12.16	16.95	12.41	0.97	1.42	1.40
80-BP	14.36	16.61	12.86	0.92	1.37	1.24
100-BP	13.24	16.01	11.30	0.87	1.17	1.04
100-BF	13.70	16.91	15.23	1.21	1.38	1.13
100-SFW	15.52	22.02	24.79	1.54	1.75	1.85
100-SFHE	13.96	18.13	20.65	1.64	2.02	2.19
100-SFHE + Si	13.71	16.77	14.30	1.30	1.43	1.66

由表 3.7 可知，标准养护环境和 40℃干热环境中喷射混凝土的抗压强度和劈裂抗拉强度均随着龄期的增长而增大。但在 60～100℃干热环境中，混凝土的抗压强度和劈裂抗拉强度在 7d 龄期前不断增大，而 7d 龄期后逐渐减小。另外，掺入钢纤维和玄武岩纤维后，混凝土的抗压强度和劈裂抗拉强度均得到显著提高。

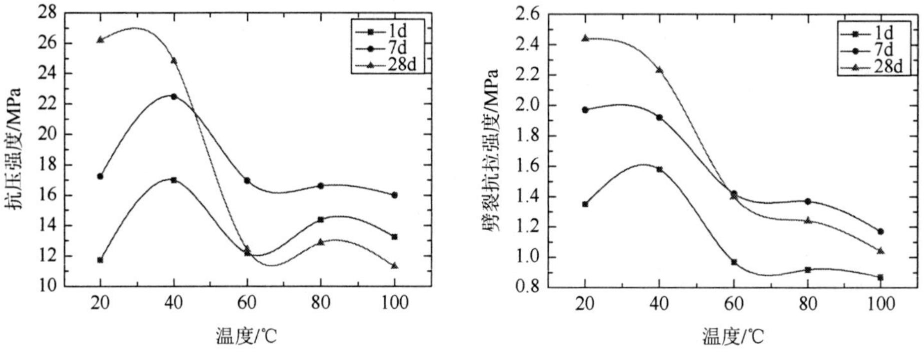

(a) 抗压强度　　(b) 劈裂抗拉强度

图 3.7　不同温度工况的力学性能

由图 3.7（a）可知，1d 龄期时，40～100℃干热环境下的混凝土抗压强度均高于标准养护环境，其中 40℃时的抗压强度最高，比标准养护环境提高了 44.8%。7d 龄期时，40℃干热环境下混凝土的抗压强度仍比标准养护环境提高了 30.3%，但 60℃、80℃和 100℃三个温度下混凝土的抗压强度均低于标准养护环境。其中，100℃时的抗压强度比标准养护环境降低了 7.2%。28d 龄期时，干热环境下混凝土的抗压强度均低于标准养护环境，且随着温度的升高混凝土的抗压强度整体呈下降趋势，与标准养护环境相比，40℃干热环境的抗压强度降低了 5.2%，而 100℃干热环境的抗压强度比标准养护环境降低了 56.9%。

由图 3.7（b）可知，1d 龄期时，与标准养护环境相比，40℃干热环境的劈裂抗拉强度提高了 17.0%，60℃、80℃和 100℃时的劈裂抗拉强度分别降低了 28.1%、31.9%和 35.6%。7d 和 28d 龄期时，混凝土的劈裂抗拉强度均随养护温度的升高而降低，40℃、60℃、80℃和 100℃干热环境的劈裂抗拉强度在 7d 龄期时分别比标准养护环境降低了 2.5%、27.9%、30.5%和 40.6%，在 28d 龄期时分别比标准养护环境降低了 8.6%、42.6%、49.2%和 57.4%。

由图 3.8（a）可知，波浪型钢纤维对混凝土抗压强度的改善效果最明显，与基准工况相比，1d、7d 和 28d 龄期的抗压强度分别提高了 17.2%、37.5%和 119.4%。玄武岩纤维与端钩型钢纤维混凝土 1d 龄期时抗压强度相近，但 7d 后 100-BF 工况抗压强度逐渐降低，而 100-SFHE 工况不断增大，说明玄武岩纤维的后期改善效果不如端钩型钢纤维。

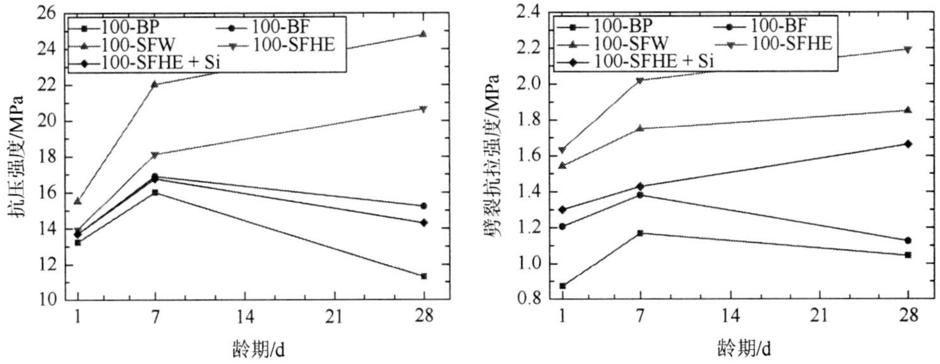

(a) 抗压强度　　(b) 劈裂抗拉强度

图 3.8　不同改善措施的力学性能

由图 3.8（b）可知，端钩型钢纤维对混凝土劈裂抗拉强度的改善效果最明显，波浪型钢纤维次之，与 100-BP 工况相比，100-SFHE 工况 1d、7d 和 28d 龄期的劈裂抗拉强度分别提高了 88.5%、72.6%和 110.6%。玄武岩纤维对劈裂抗拉强度的改善效果最差，7d 后 100-BF 的强度逐渐降低，28d 时已与 100-BP 工况相近。此外，与 100-SFHE 工况相比，100-SFHE + Si 工况 1d、7d 和 28d 龄期的抗压强度分别降低了 1.8%、7.5%和 30.8%，劈裂抗拉强度分别降低了 20.7%、29.2%和 24.2%，说明干热环境中硅灰会对混凝土的力学性能产生不利影响。

以上结果表明，在非常早的龄期（1d）时，相对于标准养护工况，干热环境下混凝土的抗压强度有所提高。这是由于在很早的龄期，混凝土内部尚有足够的水分可以满足水泥水化，而适当的高温可以促进水泥的水化，从而促进了混凝土早龄期强度的产生。但是，在干热环境下高温对混凝土强度也会产生不利影响，主要表现为：①随着龄期的增长，混凝土内部水分不断蒸发，后期水分不足，水泥不能充分水化甚至水化停止；②混凝土快速升温与失水导致较大的干缩变形，混凝土内部微细观结构劣化，所以干热环境中混凝土强度损失严重；③温度过高，水化速度过快，水泥颗粒表面将形成一层致密的 C-S-H 外壳阻止水分进入[5-7]，导致高温早期养护负效应，对后期强度不利。

此外，掺加钢纤维后，界面上的黏着力、摩阻力、机械咬合力缓和了裂缝尖端的应力集中程度，阻止了裂缝的扩展，显著提高了混凝土的抗压强度和劈裂抗拉强度。另外，钢纤维的导热系数较大，高温环境中混凝土内部温度场快速达到均匀，从而减少了温度梯度产生的内部应力，减少了内部损伤，对强度的改善效果更加显著。玄武岩纤维早期可以起到纤维材料阻裂的作用，提高混凝土的力学性能，但其后期改善效果不佳，强度退化较快。硅灰作为矿物掺合料，虽然具有较高的活性，但干热环境中水分损失严重，混凝土水化不充分，硅灰二次水化所需的碱环境不足，故硅灰并不能改善 100℃干热环境中混凝土的力学性能。

3.3　混凝土孔结构特征

3.3.1　孔结构测试方法

混凝土微观孔结构十分复杂，孔径范围很广，小到不足 1μm，大到几毫米。目前，尚未有一种测试方法可以对全孔径范围内的混凝土微观孔隙进行准确的测定。因此，需要根据研究目的以及所测材料的孔隙形状、孔径大小和范围，选择合适的测试方法。对于混凝土材料，目前使用比较多的孔结构测试技术包括光学法、压汞法、等温吸附法、X 射线小角度散射法等。本章混凝土孔结构分析试验采用压汞法，该方法可以方便快捷地测试多孔材料的孔结构，目前已得到了广泛应用。压汞法几乎可以测定整个孔径范围内的孔结构，并可以得到总孔隙量、孔径分布、孔表面积等多种孔结构参数[8]。

压汞法根据压入混凝土中的汞体积与相应压力间的函数关系，计算混凝土中孔隙的尺寸和体积等参数。由于汞与大部分固体的润湿角都大于 90°，所以汞不会浸润这些固体，只有在施加一定外界压力时汞才会进入多孔材料的孔隙中。当孔隙的半径 r 和长度 l 给定时，汞接触孔隙的表面积为

$$A = 2\pi rl \tag{3.3}$$

假设毛细孔是刚性的，则汞液面的表面能为

$$W_1 = -2\pi rl\gamma\cos\theta \tag{3.4}$$

其中，θ 为汞对固体的润湿角；γ 为汞的表面张力。

外界压力 p 对汞所做的功 W_2 为

$$W_2 = p\pi r^2 l \tag{3.5}$$

由于 W_1=W_2，所以孔半径与外界压力的关系为

$$pr = -2\gamma\cos\theta \tag{3.6}$$

其中，p 为施加给汞的外界压力。

试验仪器采用美国麦克仪器公司生产的 AutoPore IV 9500 型全自动压汞测孔仪（图 3.9），其测孔范围为 3～360000nm。试验最大进汞压力为 228MPa，汞的表面张力为 0.485N/m，润湿角为 140°。孔结构测试前需用尖锤将劈裂抗拉测试后的试件敲成 5mm 左右的颗粒状试样，且试样中不含石子和粗大纤维。

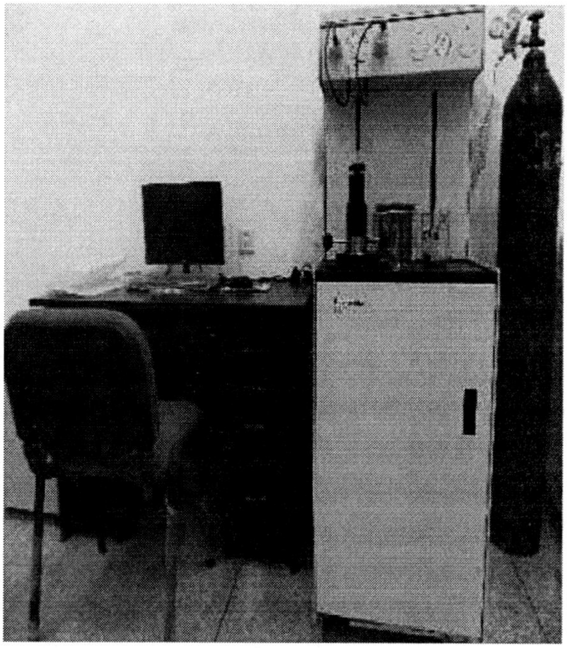

图 3.9　压汞测孔仪

3.3.2　孔结构参数

压汞法测试得到的各工况混凝土孔结构参数如表 3.8 所示。各工况混凝土不同孔径范围孔隙的孔隙率如图 3.10 所示，各工况混凝土的孔径分布微分曲线如图 3.11 所示。

表 3.8　各工况混凝土孔结构参数

工况	龄期/d	总孔隙量/（mL/g）	孔表面积/（m^2/g）	中值孔径/nm	平均孔径/nm	总孔隙率/%
20-BP	1	0.0722	6.333	80.2	45.6	15.63
	7	0.0968	9.345	71.1	41.4	19.54
	28	0.0626	6.884	59.8	36.4	13.92
40-BP	1	0.0689	6.168	60.4	44.7	15.80
	7	0.0803	5.224	115.8	61.5	17.56
	28	0.0650	2.999	152.1	41.0	14.68
60-BP	1	0.0776	6.729	81.0	46.1	16.75
	7	0.0785	4.433	116.0	70.8	16.75
	28	0.0656	2.944	153.6	89.1	17.08

续表

工况	龄期/d	总孔隙量/（mL/g）	孔表面积/（m^2/g）	中值孔径/nm	平均孔径/nm	总孔隙率/%
80-BP	1	0.0775	6.674	102.1	46.4	17.00
	7	0.0877	4.549	140.2	77.1	18.47
	28	0.0866	4.677	131.9	74.1	19.00
100-BP	1	0.0785	4.267	175.2	73.5	16.95
	7	0.0854	3.982	190.4	85.7	18.42
	28	0.0787	2.265	198.2	138.9	17.52
100-BF	1	0.0886	4.628	162.2	72.6	19.07
	7	0.0914	5.261	167.3	69.5	19.59
	28	0.0901	4.036	187.4	89.3	19.35
100-SFW	1	0.0857	5.384	173.7	63.7	18.49
	7	0.0871	4.790	171.5	72.7	18.95
	28	0.0683	4.141	146.6	66.0	15.53
100-SFHE	1	0.0933	9.488	96.9	39.3	19.75
	7	0.0620	3.877	147.1	26.1	14.08
	28	0.0811	4.288	154.8	33.9	17.66
100-SFHE + Si	1	0.0641	3.819	174.8	67.1	14.83
	7	0.0785	4.044	162.8	77.7	17.01
	28	0.1672	4.689	119.8	63.3	28.59

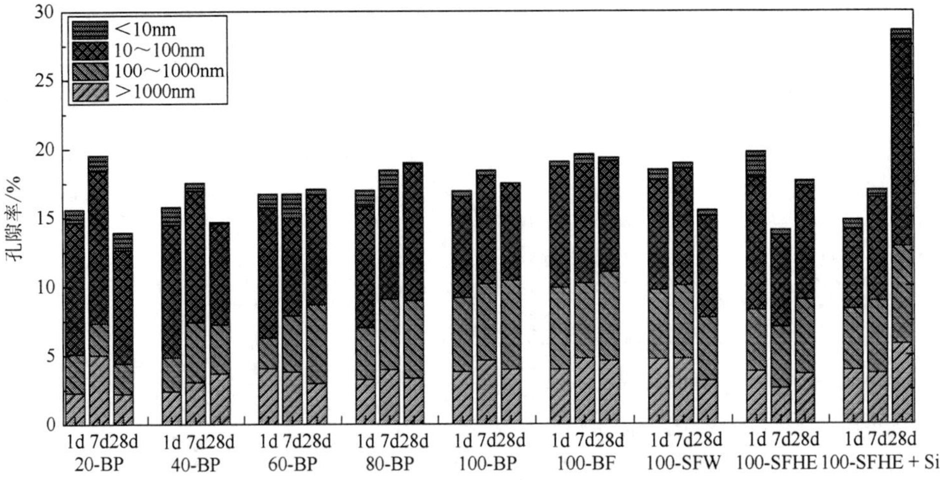

图 3.10　各工况混凝土不同孔径范围孔隙的孔隙率

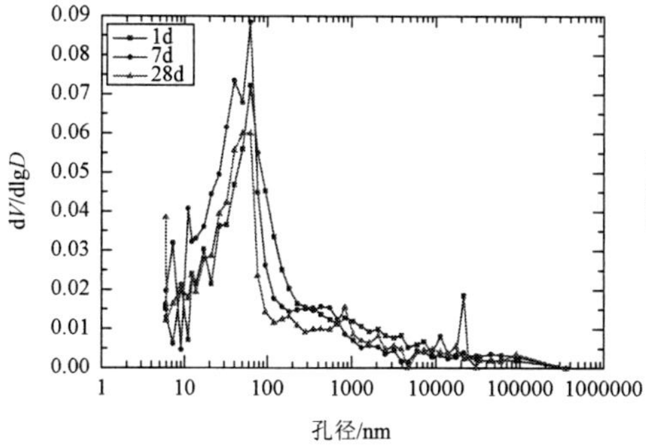

(a) 20-BP

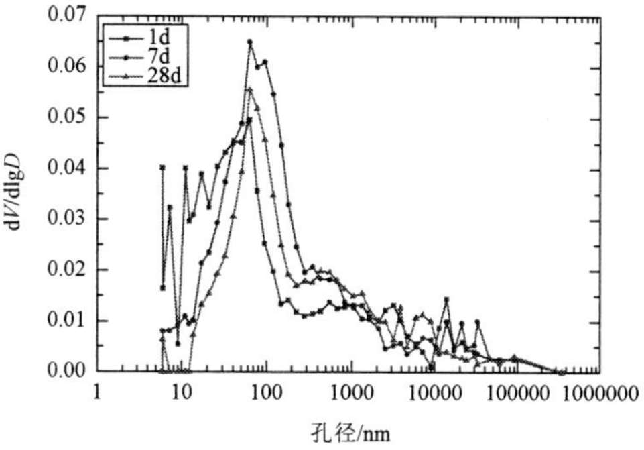

(b) 40-BP

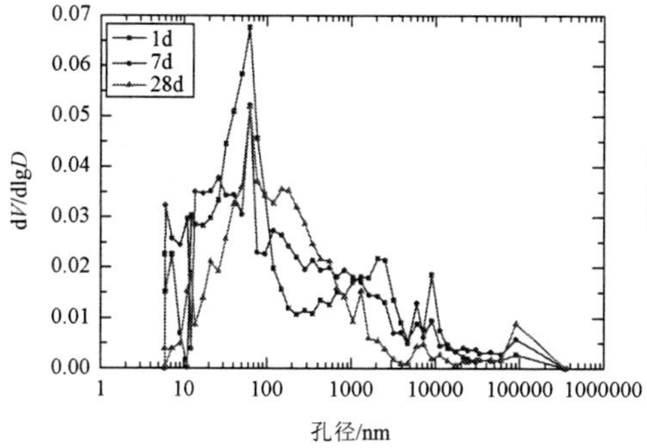

(c) 60-BP

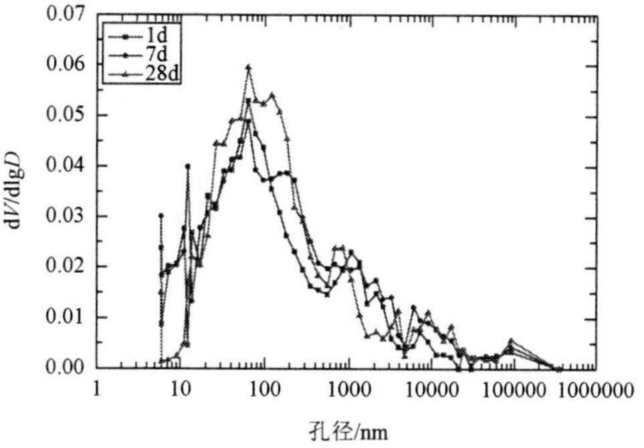

(d) 80-BP

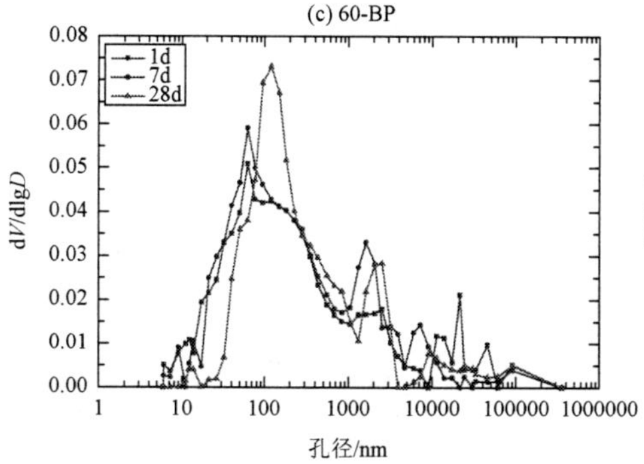

(e)100-BP

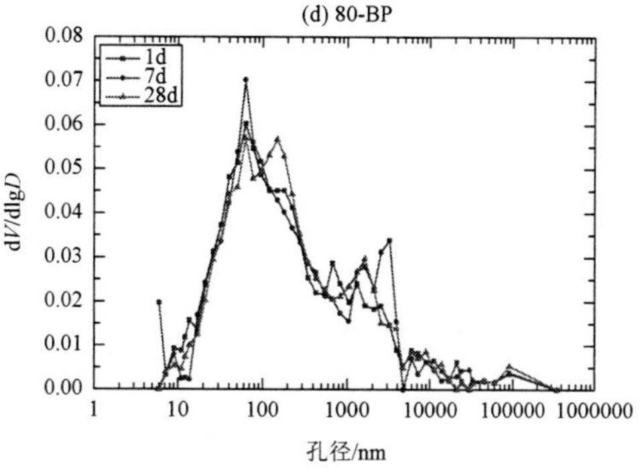

(f)100-BF

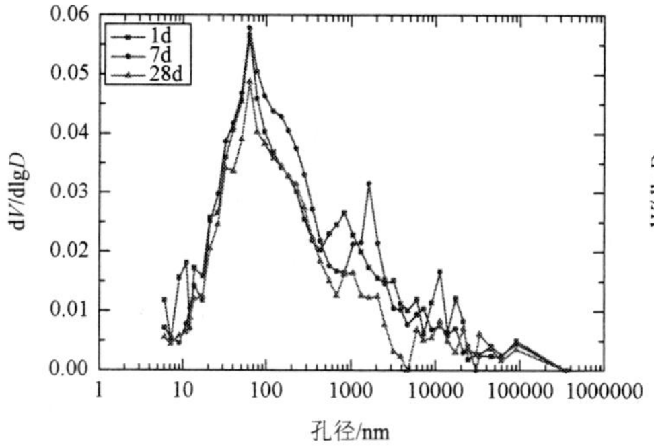

(g) 100-SFW

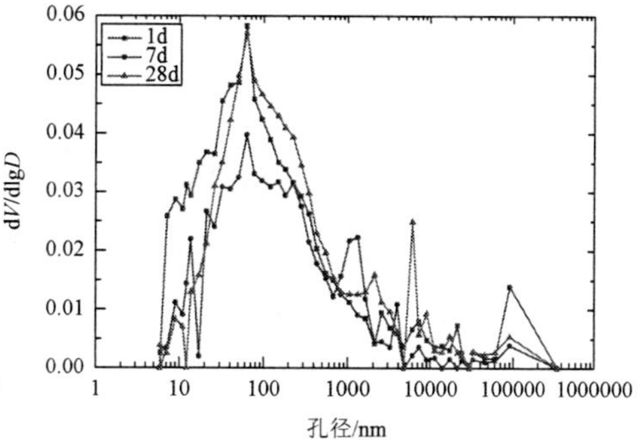

(h) 100-SFHE

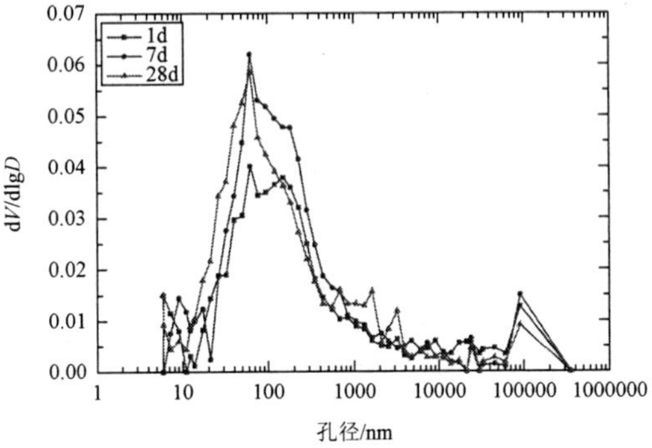

(i) 100-SFHE + Si

图 3.11　各工况混凝土的孔径分布微分曲线

纵坐标表示进汞体积与孔径对数的微分

中值孔径是表征孔尺寸大小的重要参数，其大小可以在一定程度上反映孔径的分布情况，它是指累计孔体积占总孔体积 50%时所对应的孔径。由表 3.8 可知，1d 龄期时 40-BP 的中值孔径比 20-BP 减小了 24.7%，60～100℃干热环境中混凝土的中值孔径均大于标准养护环境，且温度越高中值孔径越大，其中 100-BP 的中值孔径是 20-BP 的 2.18 倍。7d 和 28d 龄期时，干热环境中混凝土的中值孔径均大于标准养护环境。40-BP 在 7d 和 28d 龄期时的中值孔径分别为 20-BP 的 1.63 倍和 2.54 倍，100-BP 的中值孔径在 7d 龄期时为 20-BP 的 2.68 倍，而在 28d 时为 3.31 倍。平均孔径与养护温度的关系和中值孔径相似，与 20-BP 相比，1d 龄期时 40-BP 的平均孔径减小了 1.97%，而在 7d 和 28d 龄期时分别增大了 48.6%和 12.6%。100-BP 的平均孔径在 1d、7d 和 28d 时分别为 20-BP 的 1.61 倍、2.07 倍和 3.82 倍。表明 1d 龄期时，40℃干热环境可以细化混凝土的孔结构，而超过 60℃的干热环境则会使混凝土的孔隙变得粗大。7d 龄期后由于混凝土内部水分的蒸发，相较于标准养护环境，各温度干热环境均不利于孔结构的细化，而且温度越高越不利。

从表 3.8 还可以看出，100-BP 工况各龄期的中值孔径与平均孔径均大于掺加纤维材料的工况。这说明 100℃干热环境中纤维材料可以细化混凝土孔结构，其中端钩型钢纤维的效果最明显。与 100-BP 工况相比，100-SFHE 工况的中值孔径与平均孔径在 1d 龄期时分别减小了 44.7%和 46.5%，7d 龄期时分别减小了 22.7%和 69.5%，28d 龄期时分别减小了 21.9%和 75.6%。

结合表 3.8 和图 3.10 可知，由于干热环境中混凝土内部水分蒸发会留下孔隙，1d 龄期时干热环境中混凝土的总孔隙率均高于标准养护环境。然而，对混凝土性能有不利影响的是孔径大于 100nm 的有害孔隙[9]，1d 龄期时与 20-BP 工况相比，40-BP 工况的有害孔隙率降低了 4.8%，60-BP、80-BP 和 100-BP 的有害孔隙率分别增大了 26.0%、37.4%和 79.8%。这表明，在较早龄期适当的高温可以促进水泥水化，减少有害孔隙的数量，但过高的温度会使混凝土在较短时间内生成的大量水化产物未能有序沉淀，导致混凝土的孔结构劣化。随着龄期的增长，由于干热环境中混凝土内部水分不断散失，水泥颗粒水化不充分以及干缩裂缝产生，混凝土的有害孔隙率进一步增大，且温度越高，水分散失越快，有害孔隙数量越多。与标养工况相比，40-BP、60-BP、80-BP 和 100-BP 的有害孔隙率在 7d 龄期时分别增大了 0.6%、6.9%、23.2%和 37.9%，在 28d 龄期时分别增大了 64.1%、96.5%、102.7%和 136.1%。

表 3.8 和图 3.10 还显示 1d 龄期时 100-BP 工况混凝土的总孔隙率均小于单掺纤维工况，这是由于纤维的掺入增加了水泥浆体与纤维间的界面，从而使孔隙量增大。与 100-BP 工况相比，100-SFHE、100-SFW 和 100-BF 工况的孔隙率分别增大了 16.5%、9.1%和 12.5%。另外，与 100-BP 工况相比，100-SFW 和 100-BF 工况的有害孔隙率分别增大了 6.2%和 7.9%，而 100-SFHE 工况则减小了 9.9%。这表明纤维的掺入使混凝土有害孔隙比例有所减少，在 1d 龄期时纤维材料对有害孔隙的抑制作用已得到初步体现。随着龄期的增长，纤维材料有效地抑制了混凝土内部微裂纹的产生和发展，细化了粗大的孔结构，整体上减少了总孔隙率及 100nm 以上的有害孔隙率，且钢纤维对孔结构的优化效果优于玄武岩纤维。7d 龄期时，100-SFW 工况的总孔隙率略高于 100-BP 工况，但其有害孔隙率降低了 1.0%，100-SFHE 工况的总孔隙率和有害孔隙率分别比 100-BP 工况降低了 23.6%和 30.9%。28d 龄期时，与 100-BP 工况相比，100-SFW 和 100-SFHE 工况的有害孔隙率分别降低了 26.0%和 13.6%。

对比 100-SFHE 和 100-SFHE + Si 工况可知，1d 龄期时由于硅灰颗粒的填充作用，100-SFHE + Si 工况的总孔隙率较低，但其有害孔隙率反而比 100-SFHE 工况大了 0.8%。7d 龄期时，100-SFHE + Si 工况的总孔隙率和有害孔隙率均明显高于 100-SFHE 工况，7d 龄期和 28d 龄期时，与 100-SFHE 工况相比，100-SFHE + Si 工况的总孔隙率分别提高了 20.8%和 61.9%，有害孔隙率分别提高了 27.1%和 42.6%。表明 100℃干热环境中，混凝土内部水分严重损失，硅灰活性不能得到发挥，无法细化孔结构，反而会使孔结构进一步劣化。这也从微观角度印证了 100℃干热环境中硅灰无法改善混凝土的宏观力学性能。

由图 3.11 所示的孔径分布微分曲线可知，各微分曲线均存在一个峰值，该峰值对应的孔径即为最可几孔径。1d 龄期和 7d 龄期各工况混凝土的最可几孔径非常接近，均在 62.5nm 左右。28d 龄期时 100-BP 工况的最可几孔径约为 121nm，其余工况的最可几孔径仍约为 62.5nm。另外，同一龄期不同工况以及相同工况不同龄期间微分曲线的峰值和曲线形状均不尽相同，说明混凝土内部孔隙的形态和复杂程度与养护龄期、环境温度和纤维材料种类均存在一定关联。

3.3.3 孔结构分形模型

混凝土作为一种典型的多孔材料，其孔形、孔面积及孔体积等均有明显的分形特征[10]。目前基于压汞法和光学法的分形模型应用较为广泛，其中基于压汞法的分形模型主要有空间填充模型[11]、门格（Menger）海绵模型[12]、孔轴线分形模型[13]和基于热力学关系的分形模型[14, 15]。空间填充模型、门格海绵模型和孔轴线分形模型是将孔结构简化为比较理想的几何体，进而得出分形维数的求解方法，而基于热力学关系的分形模型是根据压汞测试过程中汞液面表面能的增加与外力对汞所做的功相等的原理进行求解的。其中，门格海绵模型和基于热力学关系的分形模型常用于压汞法中，计算方法如下。

1. 门格海绵模型

门格海绵模型如图 3.12 所示，其构造方法为：取边长为 R 的正六面体作为初始单元，将其每边 m 等分，则可将初始单元分成 m^3 个小立方体单元。随机选取 m_0 个边长为 R/m 的小立方体单元进行剔除，则剩余小立方体数目 $N_1 = m^3 - m_0$。如此不断操作，剩下的小立方体的尺寸越来越小，而数目越来越多。经过 k 次迭代操作后，剩余立方体的边长为

$$r_k = R / m^k \tag{3.7}$$

剩余立方体数目为

$$N_k = (m^3 - m_0)^k = N_1^k \tag{3.8}$$

令 $D_m = \lg N_1 / \lg m$，则根据分形理论 D_m 即为该模型的分形维数，结合式（3.7）和式（3.8）可得

$$N_k = (r_k / R)^{-D_m} \tag{3.9}$$

则剩余立方体的体积为

$$V_k = r_k^3 \times N_k = r_k^{3-D_m} / R^{-D_m} \tag{3.10}$$

剩余立方体的孔隙体积为

$$V_{\mathrm{P}} = R^3 - V_k \tag{3.11}$$

由于 R^{-D_m} 为常数，则根据式（3.10）可得

$$V_k \propto r_k^{3-D_m} \tag{3.12}$$

将式（3.11）代入式（3.12）并对式子两边先求导再取对数可得

$$\lg(-\mathrm{d}V_{\mathrm{P}} / \mathrm{d}r_k) \propto (2 - D_m)\lg r_k \tag{3.13}$$

根据式（3.13）将压汞法所测得的数据 $-\mathrm{d}V_{\mathrm{P}} / \mathrm{d}r_k$ 和 r_k（V_{P} 取进汞压力为 P_k 时的累计进汞量，r_k 取进汞压力为 P_k 时的孔径）分别取对数后绘制散点图并进行线

性回归，则通过回归直线的斜率即可求得分形维数 D_m。此处的分形维数为孔表面积分形维数，混凝土的孔表面分布形态是不规则且复杂的，难以用欧氏几何学去描述，需借助分形维数定量表征孔表面的复杂程度。分形维数越大，孔表面越不规则，孔隙的复杂程度越高。

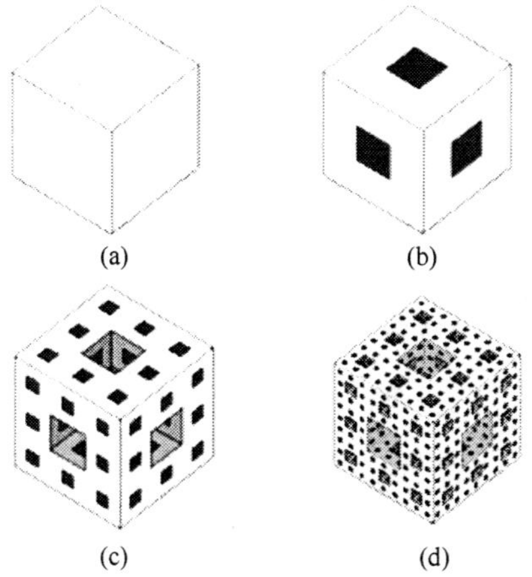

图 3.12　门格海绵模型

2. 基于热力学关系的分形模型

采用压汞法进行孔结构测试时，外界环境对汞所做的功等于进入孔隙内的汞的表面能的增加，则施加于汞的压力 p 和进汞量 V 满足：

$$\int_0^V p\mathrm{d}V = -\int_0^V \sigma\cos\theta\mathrm{d}S \tag{3.14}$$

其中，σ 为汞液面的表面张力；θ 为汞与被测物质的接触角；S 为被测物质的孔表面积。

通过量纲分析，将孔表面积 S 的分形维数与孔径 r 和进汞量 V 进行关联，则可得到分形模型的表达式[14]，对于进汞操作，式（3.14）可近似写为如下离散形式：

$$\sum_{i=1}^{n}\overline{p_i}\Delta V_i = C{r_n}^{2-D_\mathrm{t}}{V_n}^{D_\mathrm{t}/3} \tag{3.15}$$

其中，$\overline{p_i}$ 为第 i 次进汞操作的平均压力；ΔV_i 为第 i 次进汞操作的进汞量；n 为进汞操作中施加压力的间隔数；r_n 为第 n 次进汞所对应的孔径；V_n 为压力间隔 1～n 时的累计进汞量；C 为系数；D_t 为基于热力学关系计算得到的分形维数。

令 $W_n = \sum_{i=1}^{n}\overline{p_i}\Delta V_i$，$Q_n = V_n^{1/3}/r_n$，则

$$\lg(W_n/{r_n}^2) = D_\mathrm{t}\lg Q_n + \lg C \tag{3.16}$$

依据式（3.16），利用压汞法所测数据求出 W_n / r_n^2 和 Q_n，再对二者求对数后线性回归，其斜率即为分形维数 D_t。

以 20-BP、100-BP、100-BF 和 100-SFHE 工况为例，分别采用门格海绵模型和基于热力学关系的分形模型对 1d 龄期的数据进行处理，基于门格海绵模型的 $\lg(-\mathrm{d}V_\mathrm{P} / \mathrm{d}r_k) - \lg r_k$ 散点图如图 3.13 所示，基于热力学关系的 $\lg(W_n / r_n^2) - \lg Q_n$ 散点图如图 3.14 所示。

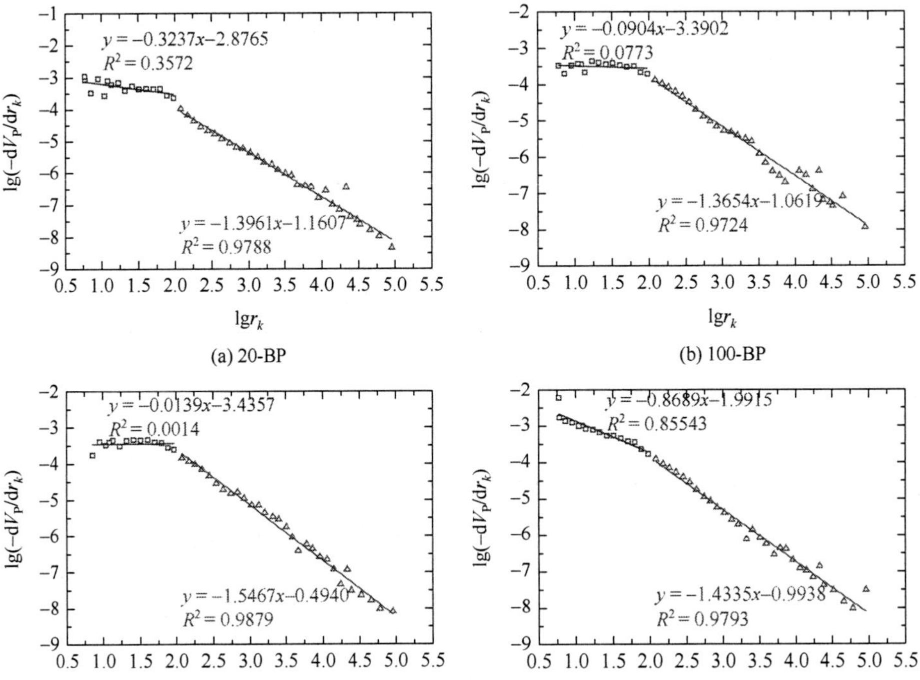

(a) 20-BP　(b) 100-BP

(c) 100-BF　(d) 100-SFHE

图 3.13　基于门格海绵模型的分形维数确定

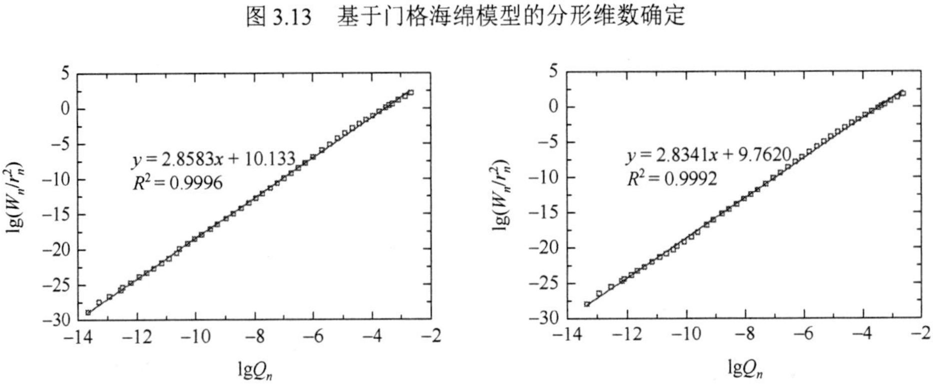

(a) 20-BP　(b) 100-BP

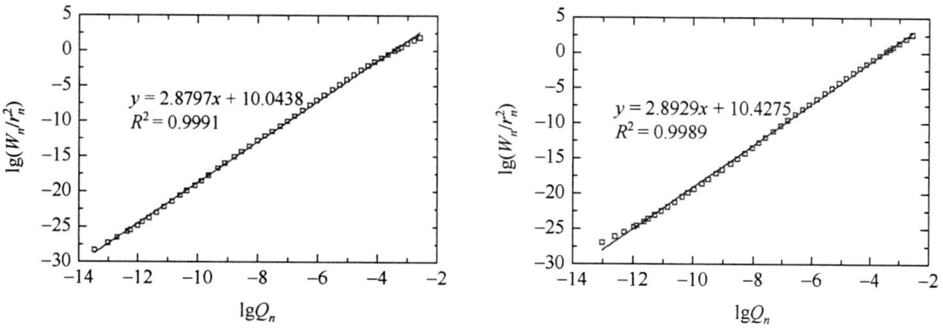

(c) 100-BF　　(d) 100-SFHE

图 3.14　基于热力学关系的分形维数确定

由图 3.13 可知，$\lg(-\mathrm{d}V_P/\mathrm{d}r_k)$ 与 $\lg r_k$ 在整个孔径范围内的线性关系并不是很强，散点曲线在孔径 $r=100\text{nm}$ 处出现明显拐点。分别在 $r<100\text{nm}$ 和 $r>100\text{nm}$ 孔径区间内进行线性回归，由回归结果可知当 $r>100\text{nm}$ 时，$\lg(-\mathrm{d}V_P/\mathrm{d}r_k)$ 与 $\lg r_k$ 相关系数较高，散点呈明显线性分布，孔结构分形特征明显。而在 $r<100\text{nm}$ 区间内，二者相关系数较低，孔结构无明显分形特征，说明在该孔径区间内门格海绵模型不再适用。由图 3.14 可知，$\lg(W_n/r_n^2)$ 与 $\lg Q_n$ 在整个孔径范围内呈明显线性关系，孔结构分形特征显著。

显然，采用门格海绵模型计算分形维数时存在明显的分形区间，在不同分形区间内分形维数不同，说明门格海绵模型虽然比较好地模拟了多孔结构中各级孔径共存的情形，但该模型所构造的孔结构比较理想且简单，与实际混凝土复杂无序的孔结构有一定差异，所以根据门格海绵模型所描述的孔结构计算得到的分形维数会存在较大的误差。而基于热力学关系的分形模型在整个孔径范围内具有统一的分形维数，且分形特征十分显著，说明混凝土孔结构在整个孔径范围内符合基于热力学关系的分形模型。所以，基于热力学关系得到的分形维数可以更全面地描述整个测试范围内的孔径分布情况，更适用于求解干热环境中混凝土孔结构的分形维数。因此，本章采用基于热力学关系的分形模型计算各工况混凝土孔结构的分形维数，计算结果如表 3.9 所示。

表 3.9　各工况混凝土孔结构的分形维数

龄期/d	20-BP	40-BP	60-BP	80-BP	100-BP	100-BF	100-SFW	100-SFHE	100-SFHE + Si
1	2.8583	2.9231	2.8964	2.9115	2.8341	2.8797	2.9057	2.8929	2.9045
7	2.9839	2.8886	2.9125	2.8955	2.8706	2.9065	2.9208	2.9189	2.9250
28	2.9354	2.8579	2.9310	2.9014	2.8523	2.9011	2.9372	2.9444	2.8876

3.3.4 孔结构参数与温度的相关性

为了研究温度对各孔结构参数的影响，对基准配合比工况混凝土的各孔结构参数与养护温度进行二元相关分析。用 Pearson 相关系数来描述温度与孔结构参数之间的关联程度，其表达式为

$$r_{\mathrm{P}}=\frac{\sum_{i=1}^{n}(x_i-\overline{x})(y_i-\overline{y})}{\sqrt{\sum_{i=1}^{n}(x_i-\overline{x})^2\sum_{i=1}^{n}(y_i-\overline{y})^2}} \tag{3.17}$$

其中，r_{P} 为 Pearson 相关系数；x、y 为变量；n 为样本量。

Pearson 相关系数的零假设是两个变量之间不存在显著的线性关系，采用 t 检验方法进行分析，计算公式如下：

$$t=\frac{r_{\mathrm{P}}\cdot\sqrt{m-2}}{\sqrt{1-r_{\mathrm{P}}^{2}}} \tag{3.18}$$

其中，t 为检验统计量；m 为样本数。

根据式（3.17）和式（3.18），采用 SPSS 软件计算温度与各孔结构参数间的 Pearson 相关系数 r_{P} 和相伴概率 P 值，结果如表 3.10 所示。显著性水平取为 0.05，若 P 值小于 0.05 则拒绝零假设，认为两个变量之间存在显著的线性关系，否则接受原假设。

表 3.10　温度与孔结构参数的相关分析

相关性参数	总孔隙率	大孔孔隙率	毛细孔孔隙率	过渡孔孔隙率	凝胶孔孔隙率	中值孔径	平均孔径	最可几孔径	分形维数
r_{P}	0.4424	0.4220	0.8000	−0.5136	−0.4071	0.7950	0.7210	0.3780	−0.6510
P 值	0.0987	0.1172	0.0003	0.0502	0.1320	0.0004	0.0024	0.1648	0.0085

由表 3.10 可知，总孔隙率、大孔孔隙率、过渡孔孔隙率、凝胶孔孔隙率和最可几孔径的 P 值均大于 0.05，表明温度与这五个孔结构参数之间没有显著的相关性。毛细孔孔隙率、中值孔径、平均孔径和分形维数的 P 值均小于 0.05，Pearson 相关系数的绝对值均在 0.5 以上，说明这四个孔结构参数与温度之间存在显著的相关性，其中毛细孔孔隙率与温度的相关性最强，而分形维数与温度的相关性较弱。

3.4　混凝土强度与孔结构的关系

混凝土的强度与孔结构存在着密不可分的关系，已有不少学者对此进行了研究并建立了相应的数学模型。而前面的试验结果表明，干热环境中混凝土的强度以及孔隙率、孔径分布和孔隙形状特征与标准养护条件有较大差异。因此，干热环境中混凝土孔结构与强度的关系与以往研究有所不同。表 3.11 给出了部分具有代表性的混凝土强度与孔结构的关系模型，并利用本章的试验数据通过回归分析确定了这些模型中的参数。

表 3.11　混凝土强度与孔结构模型

模型提出者	模型形式	回归结果	R^2
Balshin[16]	$\sigma=\sigma_0(1-p)^A$	$f_c=22.77(1-p)^{1.729}$	0.0649
		$f_{st}=1.698(1-p)^{0.755}$	0.0092
Ryshkewitch[17]	$\sigma=\sigma_0\exp(-B_s p)$	$f_c=24.187\exp(-0.022p)$	0.0688
		$f_{st}=1.785\exp(-0.011p)$	0.0119
Hasselman[18]	$\sigma=\sigma_0(1-Ap)$	$f_c=24.723(1-0.0183p)$	0.0890
		$f_{st}=1.945(1-0.0123p)$	0.0256
Hansen[19]	$\sigma=\sigma_0(1-1.22V_p^{2/3})$	$f_c=19.819(1-1.22V_p^{2/3})$	0.0553
		$f_{st}=1.8039(1-1.22V_p^{2/3})$	0.0646
Wriches[20]	$\sigma=\sigma_0(1-V_p)^{0.7}$	$f_c=17.283(1-V_p)^{0.7}$	0.0199
		$f_{st}=1.572(1-V_p)^{0.7}$	0.0210
Atzeni 等[21]	$\sigma=K_1\left(\frac{1-p}{\sqrt{r_m}}\right)$	$f_c=150.7\left(\frac{1-p}{\sqrt{r_m}}\right)$	0.1501
		$f_{st}=13.883\left(\frac{1-p}{\sqrt{r_m}}\right)$	0.3380

注：表中变量符号同第 1 章。

表 3.11 中的前三个模型仅考虑了强度与总孔隙率的关系，Hansen 和 Wriches 的模型反映了强度与毛细孔孔隙率的关系，回归结果显示这五个模型的拟合度非常低。Atzeni 等的模型利用平均孔径考虑了孔径分布的影响，拟合度有所提

高，但最高仅有 0.3380。可以看出，以往的模型不适用于表达干热环境下混凝土强度与孔结构的关系。因此，本章综合考虑孔隙率、孔径分布和孔结构形貌多个因素的影响，利用总孔隙率、平均孔径和分形维数三个孔结构参数建立混凝土强度与孔结构的关系模型，如式（3.19）所示，模型中考虑了三个因素的交互作用。

$$\sigma = \alpha_0 + \alpha_1 p_0 + \alpha_2 r_{\mathrm{m}} + \alpha_3 D_{\mathrm{t}} + \alpha_4 p_0 r_{\mathrm{m}} D_{\mathrm{t}} + \alpha_5 p_0^2 + \alpha_6 r_{\mathrm{m}}^2 + \alpha_7 D_{\mathrm{t}}^2 \tag{3.19}$$

其中，σ 为混凝土强度，MPa；p_0 为总孔隙率，%；r_{m} 为平均孔径，nm；D_{t} 为分形维数；α_i（$i=0\sim7$）为系数，由试验数据回归得到。

基于式（3.19），通过多元回归可以得到混凝土抗压强度和劈裂抗拉强度与孔结构参数间的关系，回归结果如图 3.15 和图 3.16 所示，抗压强度和劈裂抗拉强度与孔结构的关系模型分别如式（3.20）和式（3.21）所示：

$$\begin{aligned} f_{\mathrm{c}} = & -1447.63 - 3.01 p_0 - 0.37 r_{\mathrm{m}} + 977.36 D_{\mathrm{t}} + 0.008 p_0 r_{\mathrm{m}} D_{\mathrm{t}} \\ & + 0.032 p_0^2 - 0.0003 r_{\mathrm{m}}^2 - 158.14 D_{\mathrm{t}}^2 \end{aligned} \tag{3.20}$$

$$\begin{aligned} f_{\mathrm{st}} = & -224.95 - 0.26 p_0 - 0.036 r_{\mathrm{m}} + 151.98 D_{\mathrm{t}} + 0.0003 p_0 r_{\mathrm{m}} D_{\mathrm{t}} \\ & + 0.005 p_0^2 + 0.0001 r_{\mathrm{m}}^2 - 25.06 D_{\mathrm{t}}^2 \end{aligned} \tag{3.21}$$

回归结果表明，混凝土抗压强度和劈裂抗拉强度与孔结构参数的多因素关系模型拟合度均在 0.8 左右，且 P 值均小于 0.05，回归效果显著，该模型与试验结果吻合良好，适用于反映干热环境中混凝土强度与孔结构参数间的定量关系。

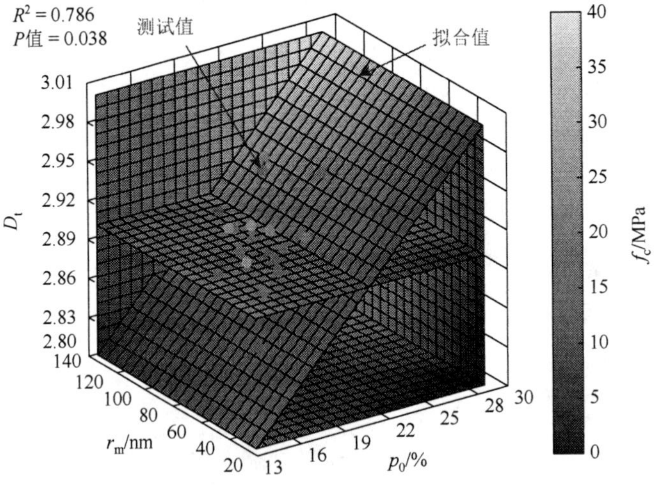

图 3.15　抗压强度多元回归

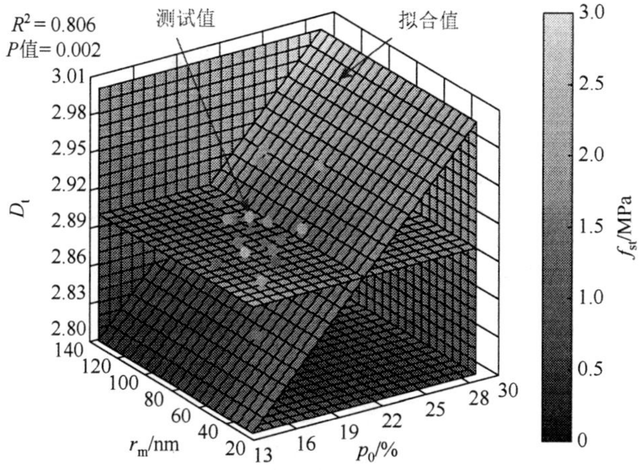

图 3.16 劈裂抗拉强度多元回归

参 考 文 献

[1] 中华人民共和国住房和城乡建设部. 普通混凝土配合比设计规程（JGJ 55—2011）[S]. 北京：中国建筑工业出版社，2011.

[2] 中华人民共和国住房和城乡建设部. 岩土锚杆与喷射混凝土支护工程技术规范（GB 50086—2015）[S]. 北京：中国计划出版社，2015.

[3] 中华人民共和国住房和城乡建设部. 喷射混凝土应用技术规程（JGJ/T 372—2016）[S]. 北京：中国建筑工业出版社，2016.

[4] 中华人民共和国住房和城乡建设部，国家市场监督管理总局. 混凝土物理力学性能试验方法标准（GB/T 50081—2019）[S]. 北京：中国建筑工业出版社，2019.

[5] Verbeck G J，Helmuth R H. Structure and physical properties of cement paste[C]. Proceeding of the 5th International Congress on the Chemistry of Cement，Tokyo，1968：184-193.

[6] Morsy M S. Effect of temperature on electrical conductivity of blended cement pastes[J]. Cement and Concrete Research，1999，29（4）：603-606.

[7] Kjellsen K O，Detwiler R J，Gjϕrv O E. Development of microstructures in plain cement pastes hydrated at different temperatures[J]. Cement and Concrete Research，1991，21（1）：179-189.

[8] Aligizaki K K. Pore Structure of Cement-Based Materials：Testing，Interpretation and Requirements[M]. Oxford：Taylor and Francis，2006.

[9] 吴中伟，廉慧珍. 高性能混凝土[M]. 北京：中国铁道出版社，1999.

[10] Pandey S P，Sharma R L. The influence of mineral additives on the strength and porosity of OPC mortar[J]. Cement and Concrete Research，2000，30（1）：19-23.

[11] Ji X，Chan S Y N，Feng N. Fractal model for simulating the space-filling process of cement hydrates and fractal dimensions of pore structure of cement-based materials[J]. Cement and Concrete Research，1997，27（11）：1691-1699.

[12] Yang W C，Ge Y，Yuan J，et al. Pore fractal characteristic of cement pastes with inorganic salts [C]. International

Conference of Concrete Pavement，Haikou，2009：101-115.

[13] 尹红宇. 混凝土孔结构的分形特征研究[D]. 南宁：广西大学，2006.

[14] Zhang B Q，Li S F. Determination of the surface fractal dimension for porous media by mercury porosimetry[J]. Industrial & Engineering Chemistry Research，1995，34（4）：1383-1386.

[15] Zhang B Q，Liu W，Liu X F. Scale-dependent nature of the surface fractal dimension for bi- and multi-disperse porous solids by mercury porosimetry[J]. Applied Surface Science，2006，253（3）：1349-1355.

[16] Balshin M Y. Relation of mechanical properties of powder metals and their porosity and the ultimate properties of porous metal-ceramic materials[J]. Doklady Akademii Nauk SSSR，1949，67（5）：831-834.

[17] Ryshkewitch E. Compression strength of porous sintered alumina and zirconia[J]. Journal of the American Ceramic Society，1953，36（2）：65-68.

[18] Hasselman D P H. Relation between effects of porosity on strength and on Young's modulus of elasticity of polycrystalline materials[J]. Journal of the American Ceramic Society，1963，46（11）：564-565.

[19] Hansen T C. Cracking and fracture of concrete and cement paste[J]. Journal of the American Concrete Institute，1968，20：43-66.

[20] Wriches G. Einfluss einer temperäturanderung auf die festigkeit von zementstein und zementmörtel mit zuschlag-stoffen verschiederner wärmedehnung[J]. Schriftenreihe der Zementindustrie，1961，14：50-51.

[21] Atzeni C，Massidda L，Sanna V. Effect of pore size distribution on strength of hardened cement pastes[C]. Proceeding of the First International RILEM Congress on Pore Structure and Materials Properties，Paris，1987：195-202.

第 4 章　干热环境混凝土变形性能

喷射混凝土的硬化过程伴随着体积变化，最大的变形是当喷射混凝土在大气中或湿度不足的介质中硬化时所产生的收缩。混凝土在水中或在潮湿条件下硬化时，其体积可能不会减小，在一些情况下甚至稍有膨胀。影响喷射混凝土收缩值的主要因素是速凝剂和养护条件，在既定速凝剂条件下，高地温隧道干热环境将对喷射混凝土的变形性能产生极大的影响。干热环境中，混凝土内部水分迅速散失，将产生较大的干缩，早期严重的收缩容易造成混凝土开裂，降低支护结构的安全性和耐久性。由于喷射混凝土黏结在围岩表面，其收缩将受到围岩的约束作用，从而使喷射混凝土产生拉应力，若拉应力大于喷射混凝土与岩石间的黏结强度，则不可避免地产生界面裂缝。本章首先对比分析干热和湿热环境中混凝土的变形性能，并针对干热环境研究矿物掺合料和纤维材料对自由收缩变形的抑制效果。然后对干热环境中岩石与混凝土的约束收缩性能进行研究，建立岩石-混凝土约束收缩力学模型。

4.1　混凝土自由收缩变形性能试验

4.1.1　变形性能测试方法

参照《普通混凝土长期性能和耐久性能试验方法标准》（GB/T 50082—2009）[1]中的混凝土收缩试验接触法，进行喷射混凝土变形性能的试验研究。规范中给出的是测定无约束和规定的温湿度条件下硬化混凝土试件收缩变形的试验方法，参照该方法，并模拟高地温环境，进行喷射混凝土的变形性能研究。国内采用的收缩仪基本都是卧式结构，美国 ASTM C157、英国 BS1881 试验方法使用的比长仪属于立式结构。当采用卧式混凝土收缩仪时，该仪器并非固定的，在操作中，用同一台收缩仪对多个试件测试时，受到多次操作等的影响，可能会造成误差，对操作人员的要求相对较高。但这种方法在我国已经使用多年，积累了大量的经验和数据，而且操作简单，可操作性强。只要严格按照操作程序进行试验，可以避免搬动操作造成的误差。具体测试方法和规定如下。

1. 试验用试件和测头

（1）试件采用尺寸为 515mm×100mm×100mm（长×宽×高）的棱柱体试件。每组为 3 个试件。

（2）采用卧式混凝土收缩仪，试件两端预埋测头。卧式收缩试验用测头（图 4.1）由不锈钢材料制成。

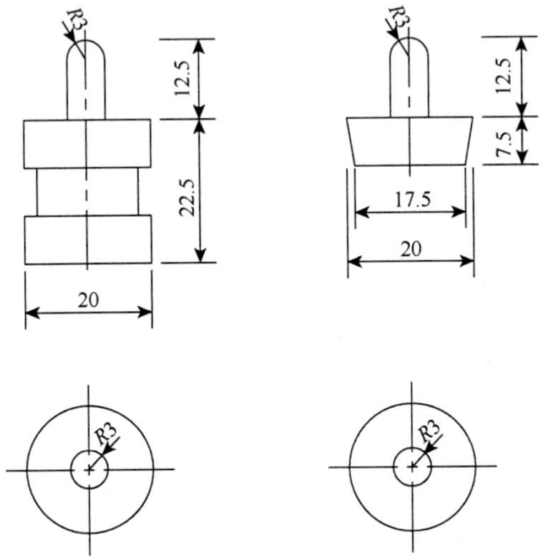

图 4.1　卧式收缩试验用测头（单位：mm）

（3）制作试件的试模具有能固定测头或预留凹槽的端板。

（4）收缩试件成型时不能使用机油等憎水性脱模剂。试件成型后应带模养护 1d，并保证拆模时不损伤试件。试件拆模后，测定初长后，立即送至相应温度的恒温烘箱或恒温水箱进行养护。

2. 试验设备规定

（1）测量混凝土收缩变形的装置应具有硬钢或石英玻璃制作的标准杆，这是获得正确的收缩测量数据的重要条件，应在测量前及测量过程中及时校核仪表的读数。

（2）收缩测量装置采用卧式混凝土收缩仪，测量标距应为 540mm，精度为±0.001mm。

3. 试验步骤

（1）收缩试验在恒温恒湿环境中进行，室温保持在（20±2）℃，相对湿度保持在（60±5）%。

（2）收缩测量前应先用标准杆校正仪表的零点，并应在测定过程中再复核 1～2 次，其中一次应在全部试件测读完后进行。当复核中发现零点与原值的偏差超过±0.001mm 时，应调零后重新测量。

（3）试件上标明相应的方向记号。试件每次测定时放置的位置和方向均应保持一致。

（4）本喷射混凝土变形性能试验测定龄期为初长、1d、3d、7d、14d、21d、28d、45d、60d、90d、120d、150d、180d 的变形。喷射混凝土试件成型后，在室温为（20±2）℃、相对湿度为（60±5）%的恒温恒湿环境中养护 1d，拆模即测初长，其后立即将试件放入对应的环境工况进行养护。当达到测定龄期后，从相应养护箱取出，15s 内迅速测定变形数据。

4. 试验结果计算

（1）混凝土收缩率应按式（4.1）计算：

$$\varepsilon_{st} = \frac{L_0 - L_t}{L_b} \tag{4.1}$$

其中，ε_{st} 为试验期为 t（d）的混凝土收缩率，t 从测定初始长度时算起；L_b 为试件的测量标距，用混凝土收缩仪测量时应等于两测头内侧的距离，即等于混凝土试件长度（不计测头突出部分）减去两个测头埋入深度之和，采用接触法引伸仪时，即为仪器的测量标距，mm；L_0 为试件长度的初始读数，mm；L_t 为试件在试验期为 t（d）时测得的长度读数，mm。

（2）每组应取 3 个试件收缩率的算术平均值作为该组混凝土试件收缩率的测定值，计算精确至 1.0×10^{-6}。

（3）作为相互比较的混凝土收缩率值应为不密封试件于 180d 所测得的收缩率值。

4.1.2　变形性能试验设计

喷射混凝土变形性能试验包括三部分内容：第一部分为热害对喷射混凝土变形性能的影响试验，即采用基准组分配合比（不掺加矿物掺合料和纤维材料），设置 20℃恒温恒湿（20℃-基准）、50℃恒温水箱（50℃-水箱）、50℃恒温烘箱（50℃-烘箱）、70℃恒温水箱（70℃-水箱）、70℃恒温烘箱（70℃-烘箱）共五种环境工况进行变形性能试验，以分析热害对喷射混凝土变形性能的影响；在第一部分热害对喷射混凝土变形性能影响试验的基础上，鉴于干热环境干缩较大的情况，第二部分研究掺加矿物掺合料对 70℃干热环境下喷射混凝土变形性能的影响，包括掺加 25%矿粉恒温烘箱养护（70℃-25%SP-烘箱）、45%矿粉恒温烘箱养护（70℃-45%SP-烘箱）、65%矿粉恒温烘箱养护（70℃-65%SP-烘箱）、25%粉煤灰恒温烘箱养护（70℃-25%FA-烘箱）及 45%粉煤灰恒温烘箱养护（70℃-45%FA-烘箱）共五种工况；第三部分为70℃干热环境下掺加纤维材料对喷射混凝土变形性能的影响试验，包括掺加体积分数为1.0%的钢纤维（70℃-钢纤维-烘箱）、掺加 $0.9kg/m^3$ 的聚丙烯纤维（70℃-聚丙烯-烘箱）、双掺体积分数为1%的钢纤维和 $0.9kg/m^3$ 的聚丙烯纤维（70℃-双纤-烘箱）三种工况。喷射混凝土变形性能试验采用混凝土振动台振动成型近似模拟湿喷混凝土技术，采用这种近似措施不影响热害环境对喷射混凝土变形性能的规律探索。

混凝土原材料使用情况为：水泥为P·O42.5R型；砂子为机制砂，$M_x = 2.7$，石粉含量为2.0%；碎石，5～15mm连续粒级；TK-SP聚羧酸系减水剂；BASF无碱液体速凝剂；粉煤灰，细度（45μm方孔筛筛余率）为7.1%，密度为 $2.28g/cm^3$；矿粉，比表面积为 $420m^2/kg$，密度为 $2.83g/cm^3$；剪切压痕型钢纤维，长×宽×厚为35mm×1mm×0.7mm，公称长度为35.0mm，长径比为50，抗拉强度大于380MPa；聚丙烯纤维长度为20mm，直径为18～48μm，抗拉强度大于486MPa，弹性模量大于4.8GPa。

根据《普通混凝土配合比设计规程》（JGJ 55—2011）、《岩土锚杆与喷射混凝土支护工程技术规范》（GB 50086—2015）和《喷射混凝土应用技术规程》（JGJ/T 372—2016）进行基准喷射混凝土（即未掺加矿物掺合料或纤维材料）配合比设计，强度等级为C25，坍落度调整为100～120mm，试验配合比见表4.1。

表4.1　C25混凝土配合比　（单位：kg）

水泥	砂	石	水	速凝剂
400	784	696	196	20

根据设计的配合比，经试拌检验，混凝土满足和易性要求。从试模到原材料准备、称料、搅拌、振捣、成型、拆模及养护每一过程都严格按照规范要求进行。掺加钢纤维或聚丙烯纤维时，一定要重视搅拌工艺控制到位，使钢纤维和聚丙烯纤维充分分散。为防止钢纤维和聚丙烯纤维在搅拌时结团，在试验时一次搅拌量不能超过搅拌机额定搅拌量的80%。为保证混凝土混合料的搅拌质量，采用先干后湿的拌和工艺。投料顺序及搅拌时间为：粗集料→纤维（干拌1min）→细集料→水泥（干拌1min），其中纤维在拌和时分三次加入拌和机中，边拌边加入纤维，再倒入砂、水泥，待全部料投入后重拌2～3min，最后加足水湿拌1min。总搅拌时间不超过6min，超时搅拌会引起湿纤维结团。按此程序拌出的混合料均匀。若在拌和中，先加水泥和粗、细集料，后加钢纤维则容易结团，而且纤维团越滚越紧，难以分开。一旦发现有纤维结团，就必须及时剔除掉，以防止因此而影响混凝土的质量。试验相关流程如图4.2～图4.6所示。

图 4.2　坍落度测定

图 4.3　振动台振动成型

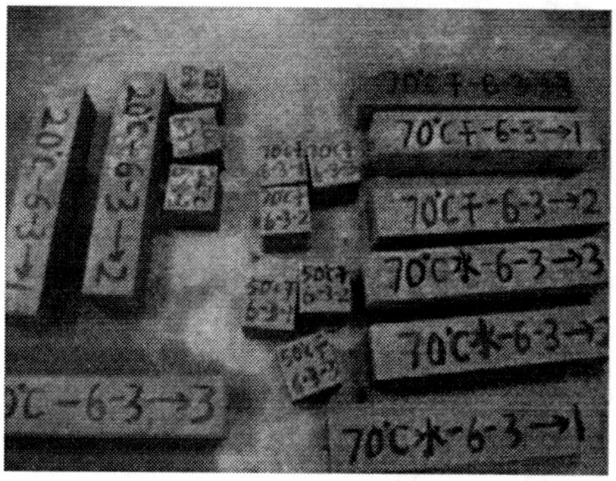

图 4.4　试件标记

干对应恒温烘箱；水对应恒温水箱；数字为试件编号

图 4.5　恒温烘箱养护

图 4.6　恒温水箱养护

按照 4.1.1 节中的试验步骤，首先测定各混凝土试件的初长，然后放入对应的环境工况进行养护；作为对比用的 20℃恒温恒湿工况（20℃-基准）的试件，继续放置在该恒温恒湿环境养护；干热环境工况的试件放入相应温度的恒温烘箱养护；湿热环境工况的试件放入相应温度的恒温水箱养护。达到预定龄期后利用混凝土收缩仪测定各试件的变形，如图 4.7 所示。

图 4.7　试件变形测定

4.1.3　热害对喷射混凝土变形性能的影响

影响喷射混凝土收缩值的主要因素是速凝剂和养护条件，在既定速凝剂条件下，高地温隧道热害环境（湿热和干热）将对喷射混凝土的变形性能产生极大的影响。因此，本节通过材料组配试验和模拟环境试验研究湿热和干热环境下喷射混凝土的变形性能，设置 20℃恒温恒湿（20℃-基准）[温度（20±2）℃，相对湿度（60±5）%]、50℃恒温水箱（50℃-水箱）、50℃恒温烘箱（50℃-烘箱）、70℃恒温水箱（70℃-水箱）、70℃恒温烘箱（70℃-烘箱）共五种工况进行变形性能试验。参照《普通混凝土长期性能和耐久性能试验方法标准》(GB/T 50082—2009）[1]中的混凝土收缩试验接触法，进行喷射混凝土变形性能的试验研究。

影响混凝土变形性能的因素有很多种，如胶凝材料用量、水泥品种、水灰比、骨料弹性模量等，为了突出分析热环境对变形性能的影响，在既定原材料及配合比的情况下进行分析。非荷载作用下的混凝土变形的主要形式包括化学收缩、湿胀干缩及温度变形，试验得出的结果实际上是几种形式的综合表现，因此在一定程度上能够反映混凝土早期和长期的变形性能。

在测定和分析的 180d 龄期内，各环境工况变形随龄期的变化曲线如图 4.8 所示。

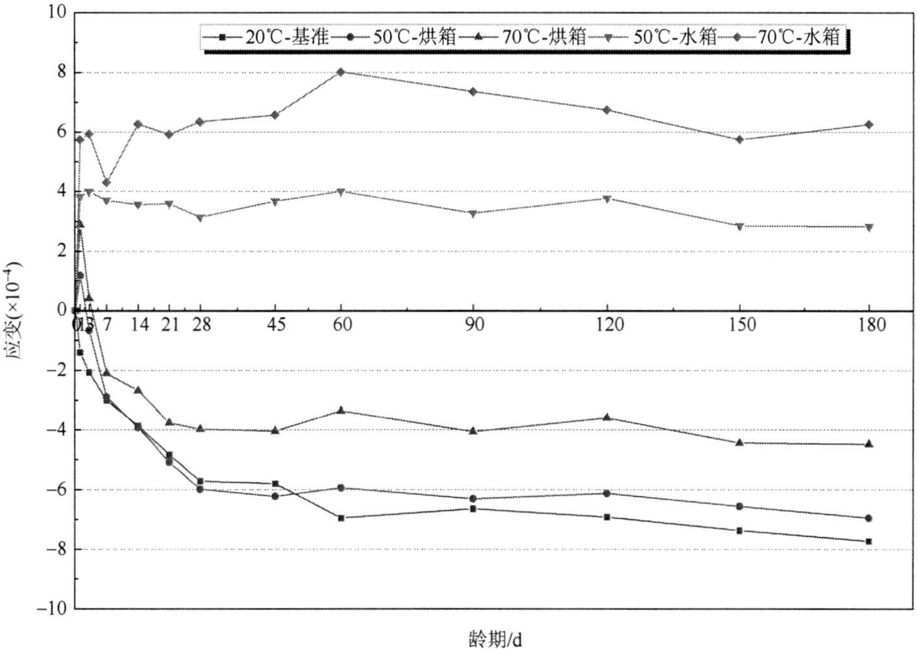

图 4.8　不同养护环境喷射混凝土变形曲线

根据图 4.8 横向比较五种环境工况的变形情况，20℃-基准和干热环境下喷射混凝土总体发生收缩变形，湿热环境下喷射混凝土发生膨胀变形。7d 龄期开始，在温度和湿度综合因素作用下，50℃-烘箱与 20℃-基准收缩率较接近，均比 70℃-烘箱收缩率大，这与 70℃-烘箱工况下热胀的影响有关。7～45d 龄期，20℃-基准收缩率略小于 50℃-烘箱，60d 后，20℃-基准收缩率略反超 50℃-烘箱，体现了前期干缩作用较明显，后期干缩稳定后，温度引起的变形开始体现。湿热环境下，各龄期 70℃-水箱的膨胀率均比 50℃-水箱膨胀率大，28d 龄期后，膨胀率约大一倍。

下面对具体工况变形进行纵向分析。

（1）随着龄期的增长，50℃-水箱和 70℃-水箱始终处于膨胀状态，总体趋势均较平稳。50℃-水箱膨胀率在 3d 龄期时达到 3.99×10^{-4}，随后膨胀率略有减小，28d 龄期时的膨胀率为 3.14×10^{-4}，此后略有增长，60d 龄期时的膨胀率达到最大，为 4.00×10^{-4}，180d 龄期时的膨胀率为 2.83×10^{-4}。70℃-水箱 3d 龄期时的膨胀率为 5.95×10^{-4}，膨胀率在 7d 龄期时较小，为 4.29×10^{-4}，随后膨胀率重新增大，

28d 龄期时的膨胀率达 6.35×10^{-4}，60d 龄期时的膨胀率最大，达 8.02×10^{-4}，180d 龄期时的膨胀率为 6.26×10^{-4}。20℃-基准工况整个测试龄期内均处于收缩状态，28d 龄期前处于明显的收缩变形增长期，且较好地服从龄期对数关系，$y=-0.000125\ln x-0.000097$（图 4.9）。28d 龄期后变形总体趋于稳定，180d 龄期时的收缩率为 7.73×10^{-4}。

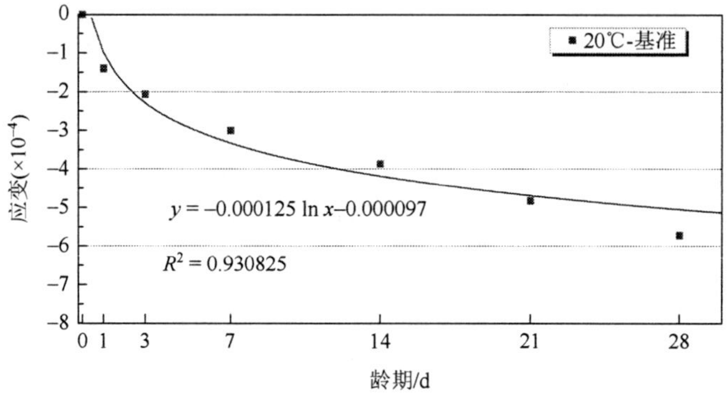

图 4.9　20℃-基准工况变形稳定前（28d 前）拟合曲线

（2）50℃-烘箱变形工况 1d 龄期时略有膨胀，从 3d 龄期开始进入收缩状态，28d 龄期前处于明显的收缩变形增长期，较好地服从龄期对数关系，$y=-0.000213\ln x+0.000140$（图 4.10）。28d 龄期后变形趋于稳定，180d 龄期时的收缩率为 6.95×10^{-4}。

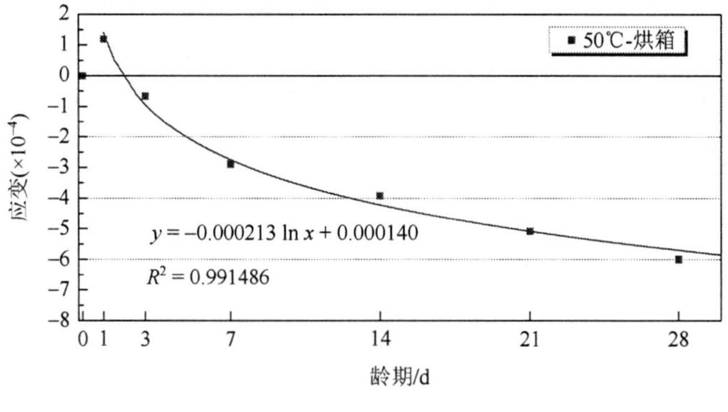

图 4.10　50℃-烘箱工况变形稳定前（28d 前）拟合曲线

（3）70℃-烘箱变形工况 1d 龄期时膨胀较大，膨胀率为 2.89×10^{-4}，3d 龄期时略有膨胀，7d 龄期时已进入收缩状态，28d 龄期前处于明显的收缩变形增长期，且较好地服从龄期对数关系，$y=-0.000209\ln x+0.000266$（图 4.11），28d 龄期后变形趋于稳定，180d 龄期时的收缩率为 4.48×10^{-4}。

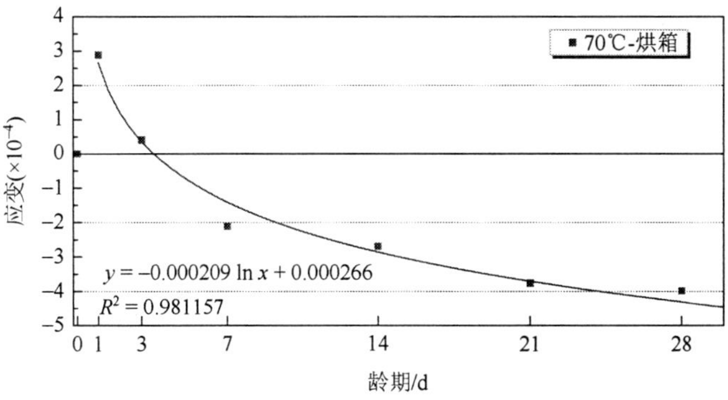

图 4.11　70℃-烘箱工况变形稳定前（28d 前）拟合曲线

通过对变形情况的分析，湿热环境下发生了湿胀和热胀变形，膨胀变形较小，基本无破坏作用，结合前述黏结强度宏观试验和微观分析结果，黏结强度降低的主要原因为高温早期养护负效应。干热环境下发生了收缩变形，50℃-烘箱的收缩率大于 70℃-烘箱的收缩率，主要是因为 70℃-烘箱工况下热胀较大，这是热胀与干缩综合作用下表现出的结果。尽管如此，70℃-烘箱干燥失水比 50℃-烘箱要严重得多，相比之下，70℃-烘箱更为不利。综合分析认为，干热环境下喷射混凝土黏结强度降低主要由干热失水及收缩变形所致。

4.1.4　矿物掺合料对干热环境喷射混凝土变形性能的影响

针对 70℃干热环境，测定喷射混凝土中掺入不同掺量的粉煤灰、矿粉后的变形性能，矿物掺合料均为内掺。试验设计掺加 25%矿粉（70℃-25%SP-烘箱）、掺加 45%矿粉（70℃-45%SP-烘箱）、掺加 65%矿粉（70℃-65%SP-烘箱）、掺加 25%粉煤灰（70℃-25%FA-烘箱）及掺加 45%粉煤灰（70℃-45%FA-烘箱）五种工况。不同掺量粉煤灰、矿粉喷射混凝土应变随龄期的变化曲线见图 4.12。

由图 4.12 分析得到，五种矿物掺合料工况喷射混凝土应变随龄期的变化趋势基本一致，相应曲线峰点和谷点所出现的龄期基本相同，21d 龄期前五种工况收缩率的变化趋势都较好地服从龄期对数关系，70℃-25%SP-烘箱服从 $y = -0.000193\ln x + 0.000155$（图 4.13）；70℃-45%SP-烘箱服从 $y = -0.000232\ln x + 0.000040$（图 4.14）；70℃-65%SP-烘箱服从 $y = -0.000204\ln x + 0.000135$（图 4.15）；70℃-25%FA-烘箱服从 $y = -0.000181\ln x + 0.000113$（图 4.16），70℃-45%FA-烘箱服从 $y = -0.000149\ln x + 0.000043$（图 4.17）。21d 龄期后，各工况的收缩率均相对趋于稳定。

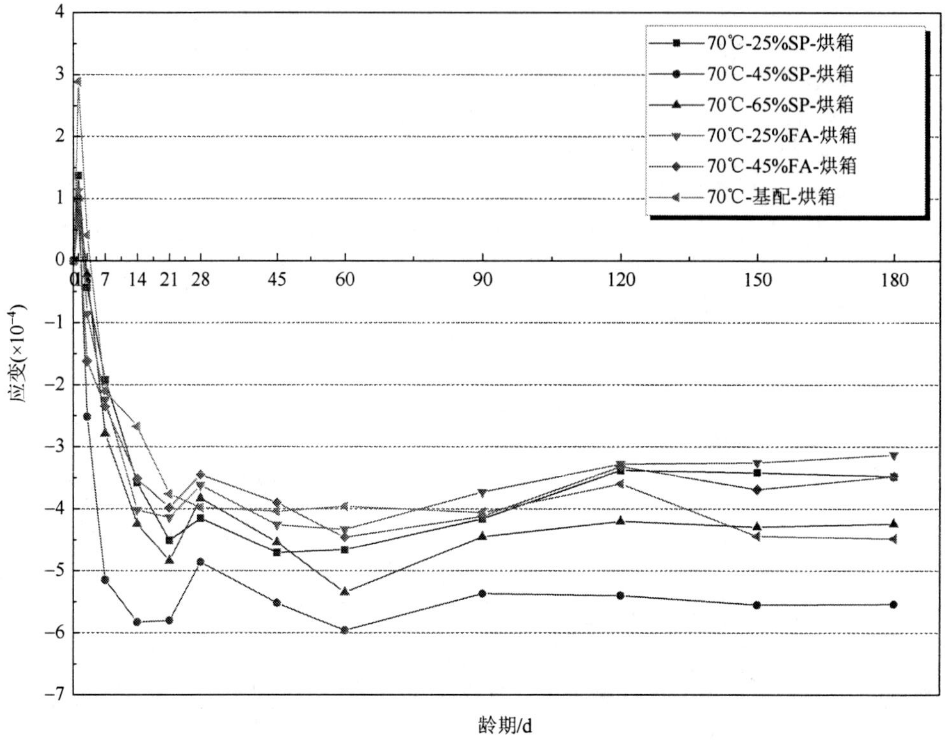

图 4.12　不同掺量矿物掺合料对干热环境喷射混凝土变形性能的影响

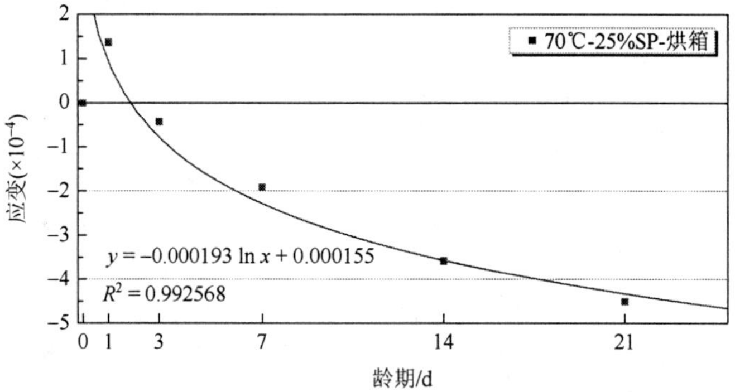

图 4.13　70℃-25%SP-烘箱工况变形稳定前（21d 前）拟合曲线

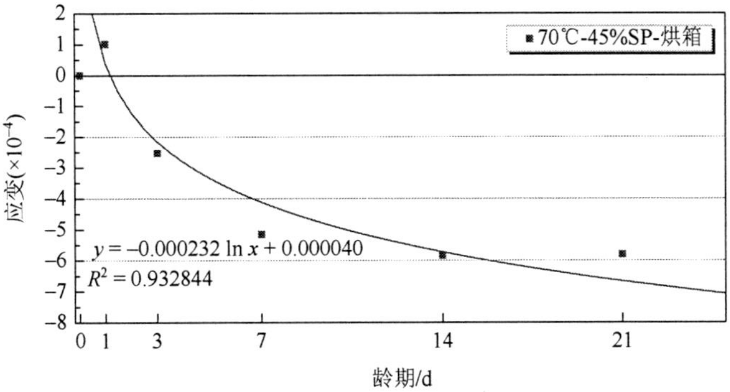

图 4.14　70℃-45%SP-烘箱工况变形稳定前（21d 前）拟合曲线

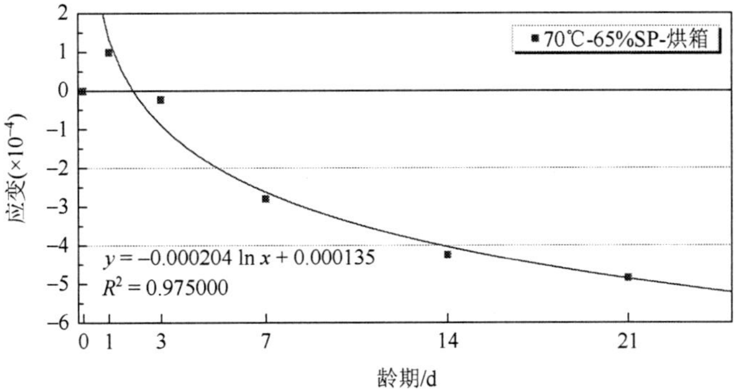

图 4.15　70℃-65%SP-烘箱工况变形稳定前（21d 前）拟合曲线

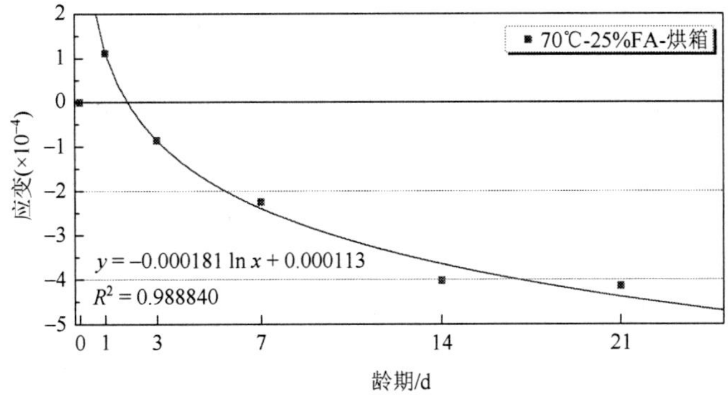

图 4.16　70℃-25%FA-烘箱工况变形稳定前（21d 前）拟合曲线

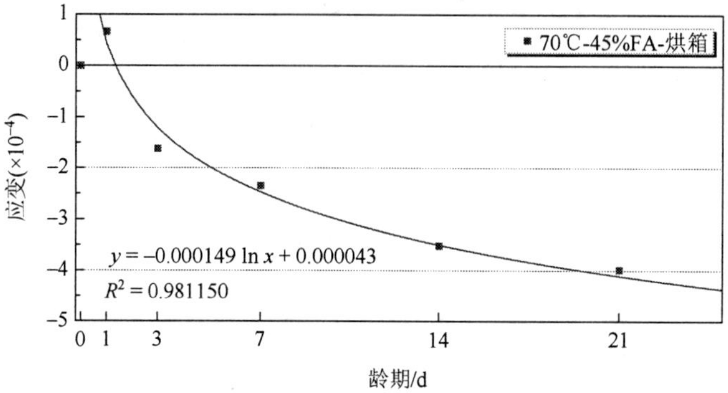

图 4.17　70℃-45%FA-烘箱工况变形稳定前（21d 前）拟合曲线

70℃-25%FA-烘箱和 70℃-45%FA-烘箱 90d 龄期内的收缩率整体上略高于 70℃-基配-烘箱混凝土。这可能是由于粉煤灰在早期水化速度慢，水泥石中的孔隙较多，在干热环境中毛细孔水分蒸发较快而引起的。随着龄期的增长，尤其是在 90d 之后，发现掺加粉煤灰的混凝土收缩率低于基配混凝土，说明粉煤灰的掺入对干热条件下的喷射混凝土收缩起到了一定的抑制作用。这是因为粉煤灰具有火山灰效应、形态效应和微集料效应，粉煤灰替代部分水泥后，水泥用量减少，需水量降低，减小了干缩。另外，粉煤灰与水泥水化作用产生的水化物也提高了骨料间的黏结效果，对干缩的减小也起到了作用。同时还发现掺量为 25%粉煤灰的混凝土收缩要低于掺量为 45%粉煤灰的混凝土，表明 25%的粉煤灰掺量更佳。

三种掺量矿粉混凝土在 90d 龄期内的收缩整体上大于基配混凝土，且 45%掺量的收缩最大。90d 龄期之后，70℃-25%SP-烘箱的收缩率体现出低于 70℃-基配-烘箱的基配收缩率，70℃-45%SP-烘箱的收缩率明显高于 70℃-基配-烘箱的基配收缩率，70℃-65%SP-烘箱的收缩率与 70℃-基配-烘箱的基配收缩率基本相当。矿粉掺量较低时（25%）对喷射混凝土的后期收缩有一定的抑制作用，较高掺量时不能抑制收缩，反而可能导致收缩增大，特别是 70℃-45%SP-烘箱收缩最大，表现为最不利掺量。

综上分析，与基配混凝土相比，粉煤灰的掺入增大了喷射混凝土早期的收缩，但后期的收缩有所降低，且 25%掺量较佳；矿粉掺入仅掺量较低（25%）时对喷射混凝土的后期收缩有一定抑制作用，其他掺量反而可能使得收缩增大，且 45%掺量最不利。总体来看，矿物掺合料的加入对喷射混凝土的收缩并没有明显的抑制作用。

4.1.5　纤维材料对干热环境喷射混凝土变形性能的影响

干热环境下干缩较大，对黏结强度发展不利，通过研究纤维材料（钢纤维、聚丙烯纤维或双掺纤维）对干热环境下喷射混凝土变形性能的影响，为改善干热环境下的黏结强度提供理论参考。以 70℃干热环境为研究背景，试验设计掺加体积分数为 1.0%的钢纤维（70℃-钢纤维-烘箱）、掺加 0.9kg/m^3 的聚丙烯纤维（70℃-聚丙烯-烘箱）、双掺体积分数为 1%的钢纤维和 0.9kg/m^3 的聚丙烯纤维（70℃-双纤-烘箱）三种工况进行变形研究。在测定和分析的 180d 龄期内，绘制各配合比工况应变随龄期的变化曲线，如图 4.18 所示。

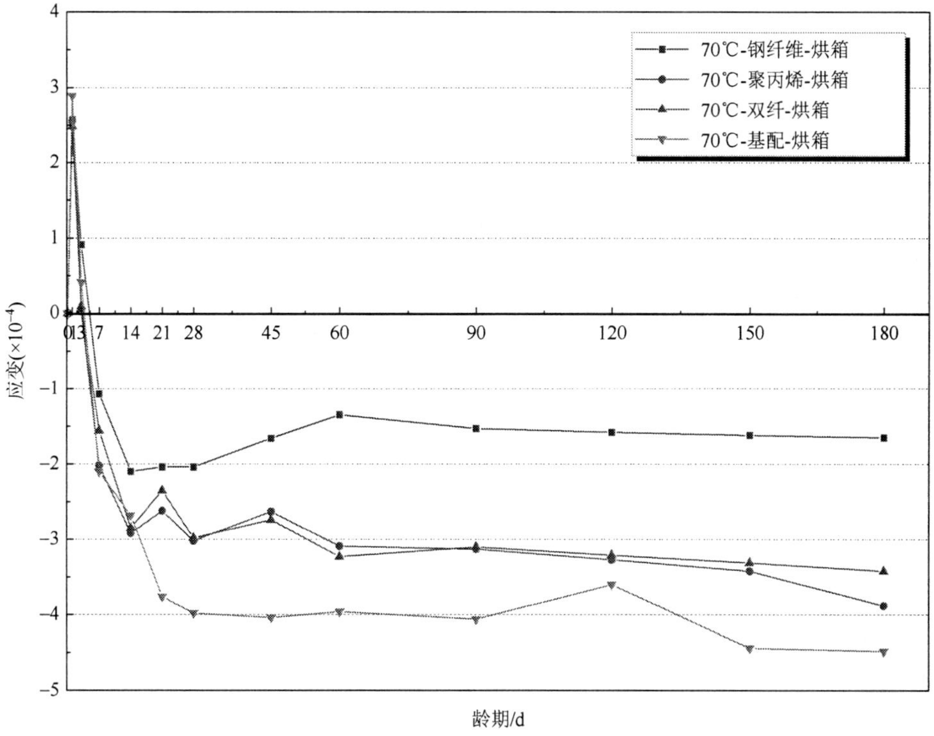

图 4.18　纤维材料对干热环境喷射混凝土变形性能的影响

由图 4.18，在测定龄期范围比较四种工况可知，整体上 70℃-钢纤维-烘箱、70℃-聚丙烯-烘箱及 70℃-双纤-烘箱的收缩率均比对应龄期 70℃-基配-烘箱工况小，说明三种工况都对抑制收缩起到了一定作用。对比分析三种工况 70℃-钢纤维-烘箱、70℃-聚丙烯-烘箱及 70℃-双纤-烘箱：14d 龄期前三种工况收缩率的变化趋势都较好地服从龄期对数关系，70℃-钢纤维-烘箱服从 $y = -0.000182\ln x + 0.000267$（图 4.19）；70℃-聚丙烯-烘箱服从 $y = -0.000213\ln x + 0.000243$（图 4.20）；70℃-双纤-烘箱服从 $y = -0.000202\ln x + 0.000241$（图 4.21）；三种工况比较，70℃-钢纤维-烘箱的收缩率最小。14d 龄期后，三种工况的收缩率均相对趋于稳定。

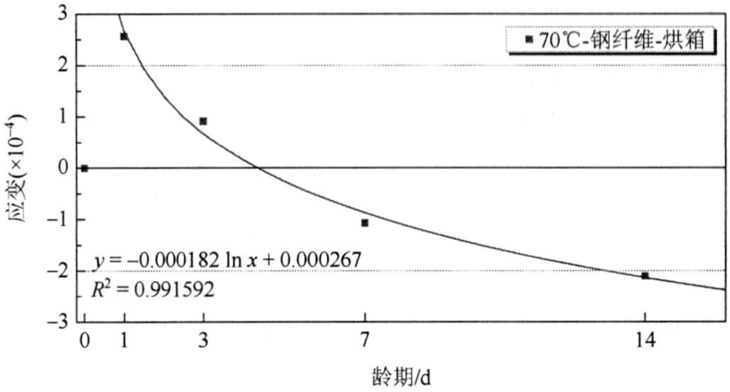

图 4.19　70℃-钢纤维-烘箱工况变形稳定前（14d 前）拟合曲线

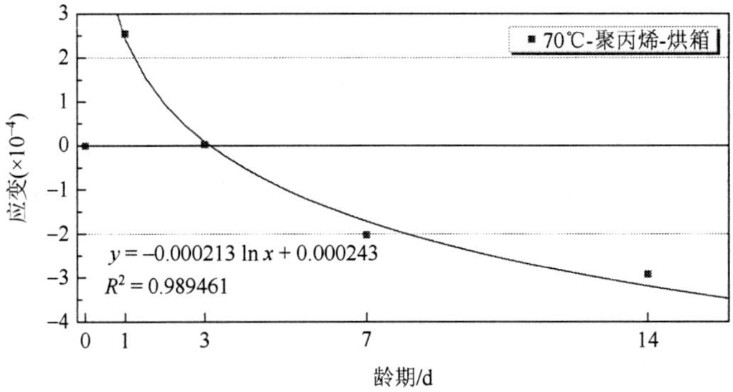

图 4.20　70℃-聚丙烯-烘箱工况变形稳定前（14d 前）拟合曲线

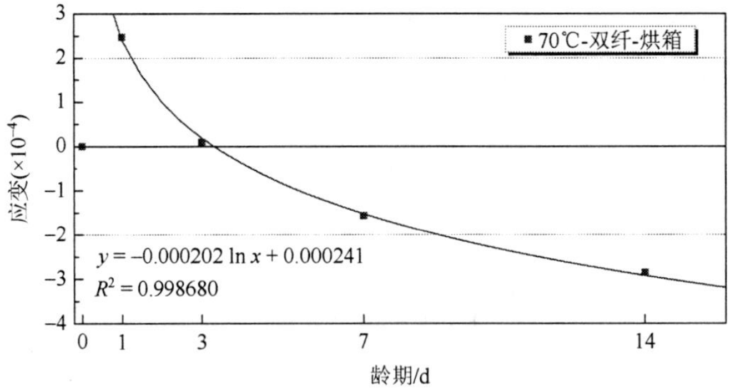

图 4.21　70℃-双纤-烘箱工况变形稳定前（14d 前）拟合曲线

纵向分析三种工况，1d 龄期时，三种工况均处于膨胀状态，膨胀率几乎相同；3d 龄期时，三种工况仍处于膨胀状态，70℃-聚丙烯-烘箱及 70℃-双纤-烘箱的膨胀率已经很小，分别为 2.82×10^{-6} 和 9.34×10^{-6}，而 70℃-钢纤维-烘箱的膨胀率则大一个数量级，为 9.14×10^{-5}；7d 龄期开始三种工况均进入收缩状态；14d 龄期时 70℃-钢纤维-烘箱、70℃-聚丙烯-烘箱及 70℃-双纤-烘箱三种工况的收缩率分别为 2.10×10^{-4}、2.92×10^{-4} 及 2.85×10^{-4}；该龄期后收缩率总体趋于稳定，180d 龄期时收缩率分别为 1.65×10^{-4}、3.88×10^{-4} 和 3.42×10^{-4}，70℃-聚丙烯-烘箱及 70℃-双纤-烘箱的收缩率为 70℃-钢纤维-烘箱收缩率的两倍以上。

综上，纤维材料的掺入对干热环境喷射混凝土的收缩起到了抑制作用，特别是钢纤维的掺入能有效地抑制喷射混凝土的收缩。钢纤维抑制混凝土收缩的原因主要有以下几点：一是钢纤维在基体中能够形成均匀分布的间距较小的纤维网格，所以当基体因失水收缩而产生收缩应力时，纤维网格起到了抑制收缩的作用（有点类似于粗骨料在混凝土中起骨架的作用，以抑制混凝土的收缩）；二是在钢纤维混凝土中，钢纤维的阻裂效应可以减少混凝土结构形成过程中原生裂缝的引发和次生裂缝的扩展，所以在一定程度上也减小了因毛细管压力而产生的收缩；三是在干热环境下，由于钢纤维的导热系数非常高，为混凝土的 20～30 倍，有助于减小因温度的快速变化而引起的混凝土体积变化，有效地抑制了混凝土的收缩。聚丙烯纤维作为纤维材料，在抑制收缩方面也起到一定作用，但与钢纤维相比抑制效果差很多，例如，180d 龄期时，与 70℃-基配-烘箱相比，70℃-钢纤维-烘箱的收缩率减小了 62.15%，70℃-聚丙烯-烘箱的收缩率仅减小了 13.41%，这主要是由于聚丙烯纤维为有机材料，在干热环境下其性能会发生劣化，甚至老化。

4.2　干热环境岩石与混凝土约束收缩性能试验

4.2.1　试验过程

本试验采用尺寸为 515mm×100mm×100mm（长×宽×高）的棱柱体岩石块，岩石与混凝土的黏结面选用荔枝面。试模拼装时将岩石置于试模底部，并在试模侧板上固定 4 根螺纹杆，用于浇筑后埋入混凝土中进行变形测量，其中两根螺纹杆对称布置在黏结面处，另外两根在试模上边缘，如图 4.22 所示。

试模拼装完成后置于恒温干燥箱中将岩石预热至 80℃，然后取出进行混凝土浇筑，试件浇筑成型后立即放于恒温干燥箱养护，如图 4.23 所示。本试验设置了基准配合比（80-BP）、基准配合比 + 体积分数为 1%的端钩型钢纤维（80-SFHE）和基准配合比 + 体积分数为 1%的端钩型钢纤维 + 占水泥质量 5%的专用外加剂（80-SFHE + SA）三种工况，每种工况成型三个岩石-混凝土约束收缩试件，试件尺寸如图 4.24 所示。试验所用原材料性质及基准配合比与第 3 章相同，其中专用外加剂具有促强和减缩作用，其氯离子含量≤0.06%，碱含量（$Na_2O + 0.658K_2O$）≤0.5%。专用外加剂的物理力学性能指标如表 4.2 所示。

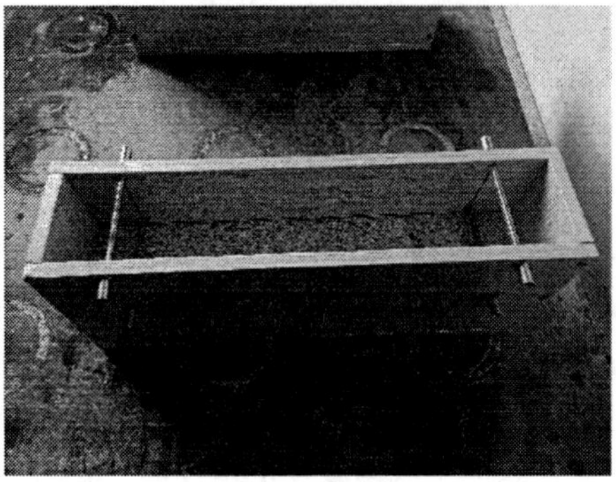

图 4.22　试模拼装完成

图 4.23　80℃干热环境中试件养护

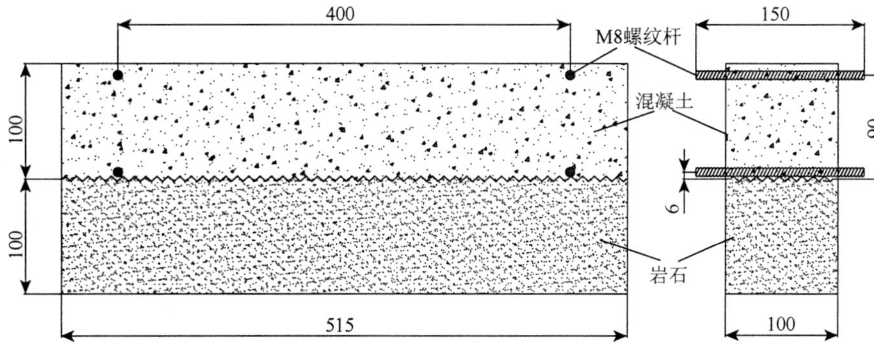

图 4.24　岩石-混凝土约束收缩试件尺寸（单位：mm）

表 4.2　专用外加剂的物理力学性能指标

比表面积/(m^2/kg)	8h 抗压强度/MPa	28d 抗压强度比/%	收缩率比/%	放射性	
				内照指数 I_{Ra}	外照指数 I_r
≥500	≥4.0	≥105	90	≤1.0	≤1.0

混凝土收缩变形的测试方法包括接触法和非接触法。接触法主要通过卧式或者立式混凝土收缩仪测试，采用该方法测试时需要将试件从恒温干燥箱中搬出，费时、费力且易受环境干扰，影响测量精度。非接触法的测试环境有一定局限，非接触混凝土收缩变形测定仪在高于 40℃的养护环境中将无法正常工作。因此，本试验利用千分表、十字连接件、光轴延长杆和圆柱螺母制作了一种简单、方便且适用于干热养护环境的岩石-混凝土约束收缩测试装置，如图 4.25 所示。其中，千分表的精度为 0.001mm，量程为 1mm；十字连接件的规格为 8mm×12mm（孔径 1×孔径 2）；光轴延长杆的直径为 8mm，长度为 450mm，且一端带有 M2.5 的螺纹；圆柱螺母规格为 8mm×20mm（孔径×长度）。

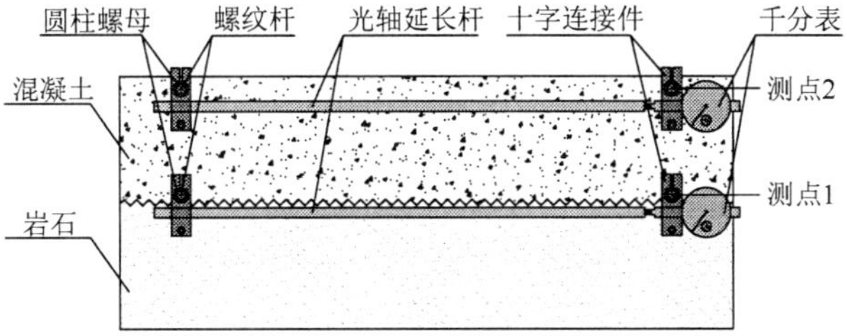

(a) 示意图

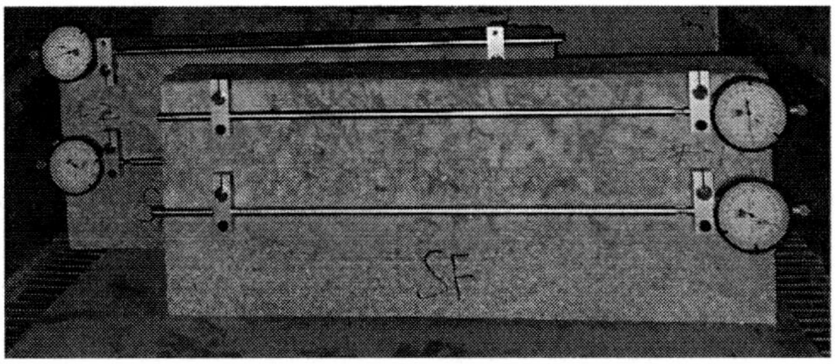

(b) 实物图

图 4.25　岩石-混凝土约束收缩测试装置

试件成型并养护至 6h 后拆除试模，安装岩石-混凝土约束收缩测试装置。首先将圆柱螺母安装在试件的 4 根螺纹杆上，然后在每个圆柱螺母上安装固定一个十字连接件，最后将光轴延长杆与千分表相连并穿过两个十字连接件，使千分表有 0.2～0.3mm 的预压读数后固定，上下两个千分表分别用于测量界面处（测点 1）和混凝土上边缘处（测点 2）的约束收缩变形。

将安装有测试装置的试件放入 80℃恒温干燥箱中养护，6h 后读取千分表的初始读数 d_0，然后每天记录千分表读数 d_t，在第一天时还记录了 d_0 后 5h、10h 和 15h 的读数。混凝土的约束收缩率按式（4.2）计算：

$$\varepsilon_{st}=\frac{d_0-d_t}{L_b} \tag{4.2}$$

其中，ε_{st} 为试验龄期 t（d）时的混凝土约束收缩率；L_b 为试件的测量标距，本试验中 $L_b=400\text{mm}$。

4.2.2　试验结果

三种工况的岩石-混凝土试件在测点 1 和测点 2 处的约束收缩率随时间的变化曲线如图 4.26 所示。

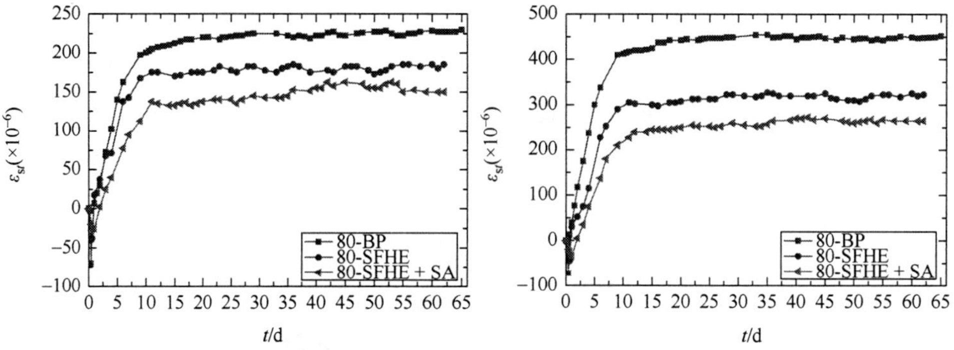

(a) 测点1 (b) 测点2

图 4.26 混凝土约束收缩率时变曲线

由图 4.26 可知，80℃干热环境中混凝土在初期先产生膨胀随后开始收缩，这是因为在养护初期混凝土由于化学收缩和干缩产生的收缩变形较小，其数值小于高温环境引起的热胀变形，所以初期混凝土表现出膨胀现象。随着龄期增长，混凝土的收缩变形不断增大，在 1d 龄期时 80-BP 和 80-SFHE 工况的混凝土已表现出收缩趋势，2d 龄期后三种工况均产生明显的收缩变形，且在前 10d 混凝土的收缩变形增长很快，10d 龄期后收缩变形增长明显变缓，28d 龄期后收缩变形已趋于稳定。

由图 4.26 还可看出，掺加端钩型钢纤维后混凝土在界面处和试件上边缘处的收缩变形均明显变小，28d 龄期时 80-SFHE 工况在测点 1 和测点 2 的收缩率分别比 80-BP 工况降低了 18.7%和 28.3%。这说明钢纤维可以有效抑制干热环境中混凝土的收缩变形，其原因为钢纤维散布在混凝土基体中形成纤维网格，在基体收缩时可以产生一定的拉应力，从而抑制了混凝土的收缩变形。另外，钢纤维优化了混凝土的孔结构，减少了内部缺陷，提高了混凝土的均匀性，从而提高了混凝土的抗收缩能力。此外，由于钢纤维的导热系数很高，减少了混凝土因温度快速变化而产生的体积变化，从而抑制了混凝土的收缩。

掺加端钩型钢纤维的混凝土中复掺专用外加剂后，混凝土的收缩变形得到进一步抑制，28d 龄期时 80-SFHE + SA 工况在测点 1 和测点 2 的收缩率分别比 80-SFHE 工况降低了 21.9%和 20.5%。这是由于专用外加剂中的减缩成分可以降低混凝土毛细孔溶液的表面张力，使毛细孔失水过程中的附加压力降低，减小了毛细孔在失水时产生的收缩应力，从而抑制了混凝土的收缩变形[2]。另外，该外加剂增大了孔溶液的黏度，增强了水分子在凝胶体中的吸附作用，结合了更多的水分子，在一定程度上克服了胶凝材料间的凝聚力，从而可以产生微膨胀，抵消一部分收缩变形[3, 4]。

对比图 4.26（a）和（b）可知，各工况混凝土在测点 1 处的收缩变形明显小于测点 2 处。28d 龄期时 80-BP、80-SFHE 和 80-SFHE + SA 工况的混凝土在测点

2 处的收缩率分别是测点 1 处的 2.0 倍、1.77 倍和 1.80 倍。这是由于界面处的混凝土受到了岩石的约束作用，所以距离界面越远混凝土的收缩变形越大。

混凝土收缩变形与龄期的关系式有指数函数$\left(\varepsilon_{st}=ae^{\frac{b}{t}}\right)$、对数函数（$\varepsilon_{st}=a\ln t+b$）、双曲线函数$\left(\varepsilon_{st}=\dfrac{t}{at+b}\right)$等形式[5]。分别采用这三种函数形式对各工况混凝土收缩率与试验龄期的关系进行拟合，表 4.3 给出了各函数的拟合度（R^2），可以看出指数函数的拟合效果最好，各工况指数函数的拟合结果如图 4.27 所示。

表 4.3　三种函数形式对混凝土收缩率的拟合度

测点	80-BP			80-SFHE			80-SFHE + SA		
	指数	对数	双曲线	指数	对数	双曲线	指数	对数	双曲线
1	0.966	0.790	0.907	0.942	0.775	0.896	0.957	0.876	0.899
2	0.967	0.764	0.917	0.938	0.781	0.887	0.953	0.834	0.884

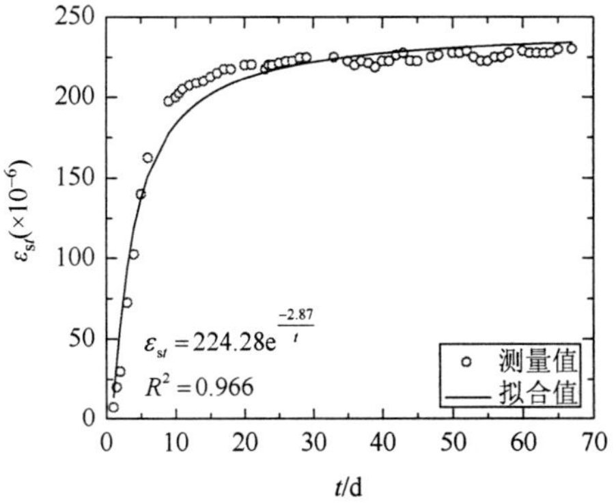

(a) 80-BP测点1

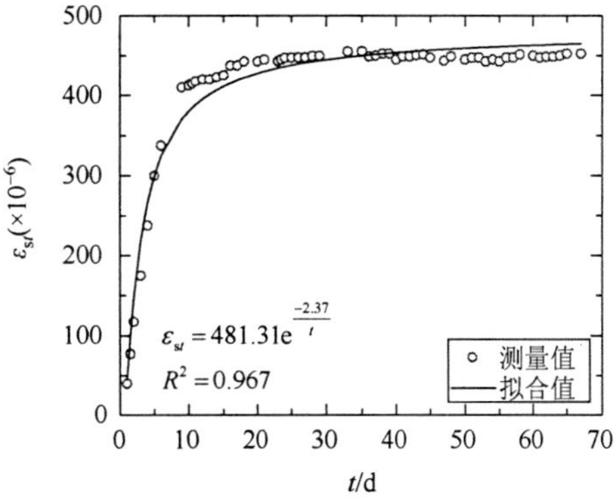

(b) 80-BP测点2

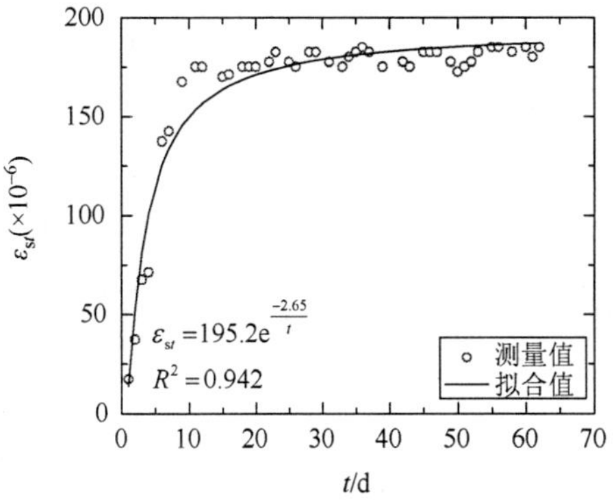

(c) 80-SFHE测点1

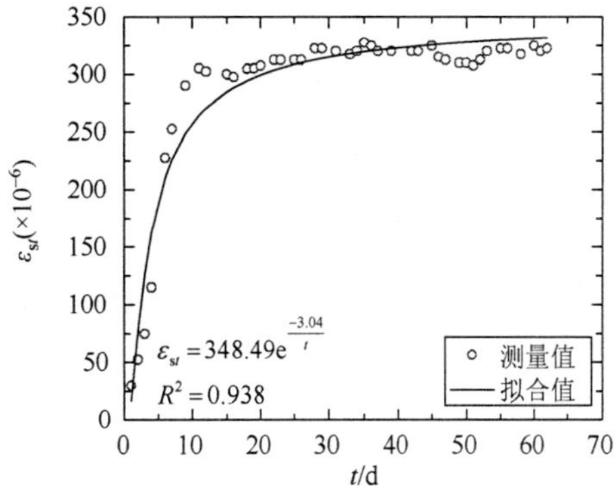

(d) 80-SFHE测点2

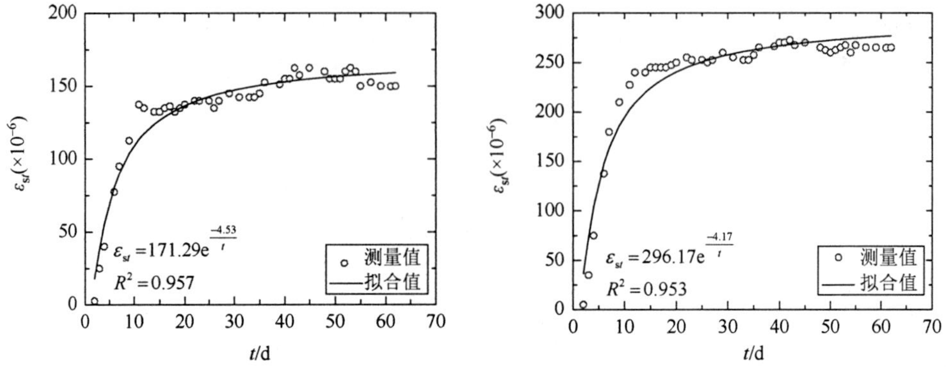

(e) 80-SFHE + SA测点1　　(f) 80-SFHE + SA测点2

图 4.27　混凝土约束收缩率与试验龄期的拟合结果

4.3　岩石-混凝土约束收缩力学模型

岩石-混凝土约束收缩试件成型后，混凝土产生的收缩受到岩石的限制和约束，所以在黏结面上混凝土将产生拉力 $F_c(t)$，而岩石则会产生压力 $F_r(t)$，如图 4.28 所示，且易知：

$$F_c(t)=-F_r(t) \tag{4.3}$$

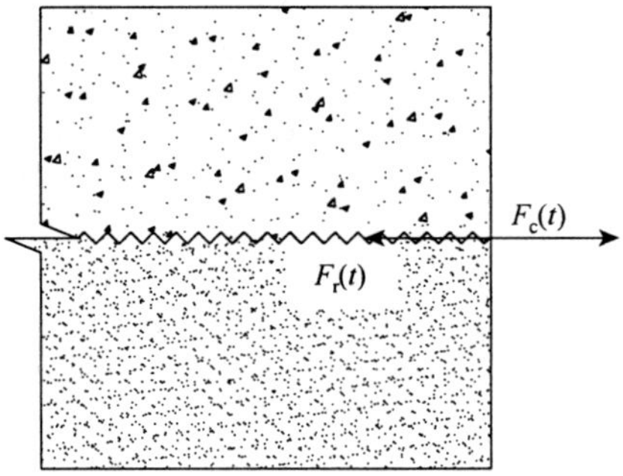

图 4.28　岩石-混凝土约束收缩受力图

根据力的等效合成原理，在黏结面处混凝土的拉力与岩石的压力均可以合成为作用在各自截面形心处的拉（压）力和弯矩，所以二者截面上均有相应的应力分布。则混凝土和岩石截面上的应力分别为

$$\sigma_c(t)=\frac{F_c(t)}{A_c}+\frac{M_c(t)y_{ci}}{I_c} \tag{4.4}$$

$$\sigma_r(t)=\frac{F_r(t)}{A_r}+\frac{M_r(t)y_{ri}}{I_r} \tag{4.5}$$

其中，$\sigma_c(t)$ 和 $\sigma_r(t)$ 分别为混凝土和岩石截面上的应力；A_c 和 A_r 分别为混凝土和岩石截面的面积；$M_c(t)$ 和 $M_r(t)$ 分别为混凝土和岩石截面上的弯矩；y_{ci} 和 y_{ri} 分别为混凝土和岩石截面上某一位置距各自截面形心轴的距离；I_c 和 I_r 分别为混凝土和岩石截面形心主轴的惯性矩。

另外，混凝土和岩石截面上的弯矩可由式（4.6）和式（4.7）计算：

$$M_c(t) = F_c(t) y_{c0} \tag{4.6}$$

$$M_r(t) = F_r(t) y_{r0} \tag{4.7}$$

其中，y_{c0} 和 y_{r0} 分别为黏结面距混凝土和岩石截面形心轴的距离。

将式（4.6）和式（4.7）代入式（4.4）和式（4.5）可得

$$\sigma_c(t) = \frac{F_c(t)}{A_c} + \frac{F_c(t) y_{c0} y_{ci}}{I_c} = F_c(t)\left(\frac{1}{A_c} + \frac{y_{c0} y_{ci}}{I_c}\right) \tag{4.8}$$

$$\sigma_r(t) = \frac{F_r(t)}{A_r} + \frac{F_r(t) y_{r0} y_{ri}}{I_r} = F_r(t)\left(\frac{1}{A_r} + \frac{y_{r0} y_{ri}}{I_r}\right) \tag{4.9}$$

令 $g_{ci} = \dfrac{1}{A_c} + \dfrac{y_{c0} y_{ci}}{I_c}$，$g_{ri} = \dfrac{1}{A_r} + \dfrac{y_{r0} y_{ri}}{I_r}$，则

$$\sigma_c(t) = F_c(t) g_{ci} \tag{4.10}$$

$$\sigma_r(t) = F_r(t) g_{ri} \tag{4.11}$$

可以看出，$\sigma_c(t)$ 和 $\sigma_r(t)$ 均随试验龄期 t 的增长而变化。根据混凝土和岩石截面上的应力便可以得到各自的应变，对于混凝土，需考虑收缩徐变的影响，通过式（4.12）计算应变[6]；岩石的应变则忽略自身变形及徐变的影响，由式（4.13）计算。

$$\varepsilon_c(t) = \frac{\sigma_c(t)}{E_c(t)}\left[1 + \varphi(t,t_0)\chi(t,t_0)\right] + \varepsilon_{c0}(t) \tag{4.12}$$

$$\varepsilon_r(t) = \frac{\sigma_r(t)}{E_r(t)} \tag{4.13}$$

其中，$\varepsilon_c(t)$ 和 $\varepsilon_r(t)$ 分别为混凝土和岩石在试验龄期 t 时的应变；$E_c(t)$ 和 $E_r(t)$ 分别为混凝土和岩石在龄期 t 时的弹性模量，$E_c(t)$ 可利用试验测定的弹性模量根据文献[7]中的公式 $E(t) = E_0(1 - \beta e^{\alpha})$ 拟合得到，E_0 为初始弹性模量，α 和 β 为待定系数，$E_r(t)$ 则按定值考虑；$\varphi(t,t_0)$ 为混凝土的徐变系数；$\chi(t,t_0)$ 为混凝土的老化系数；$\varepsilon_{c0}(t)$ 为混凝土在无约束状态下的自由收缩值。

在混凝土与岩石黏结良好的状态下，可近似认为在黏结面处无相对滑移，那么在界面处混凝土与岩石的应变是协调相等的，即

$$\varepsilon_c(t) = \varepsilon_r(t) \tag{4.14}$$

将式（4.10）～式（4.13）及式（4.3）代入式（4.14），整理可以得到岩石-混凝土界面的约束力 $F(t)$：

$$F(t)=\frac{\varepsilon_{c0}(t)}{\dfrac{g_{c0}\left[1+\varphi(t,t_0)\chi(t,t_0)\right]}{E_c(t)}+\dfrac{g_{r0}}{E_r(t)}} \tag{4.15}$$

其中，g_{c0} 和 g_{r0} 分别为 g_{ci} 和 g_{ri} 在界面处的取值；$F(t)=-F_c(t)$。

因此，在明确了混凝土的自由收缩值、徐变系数和老化系数后就可以得到界面约束力 $F(t)$。将 4.2 节混凝土在测点 1 和测点 2 处的收缩应变拟合方程 ε_{st1} 和 ε_{st2} 分别代入式（4.12）整理可得

$$\varepsilon_{c0}(t)=\varepsilon_{st1}-\frac{g_{c1}(\varepsilon_{st1}-\varepsilon_{st2})}{g_{c1}-g_{c2}} \tag{4.16}$$

其中，g_{c1} 和 g_{c2} 分别为 g_{ci} 在测点 1 和测点 2 处的取值。

根据《公路钢筋混凝土及预应力混凝土桥涵设计规范》（JTG 3362—2018）[8]，混凝土的徐变系数采用式（4.17）～式（4.23）计算：

$$\varphi(t,t_0)=\varphi_0\cdot\beta_c(t-t_0) \tag{4.17}$$

$$\varphi_0=\varphi_{RH}\cdot\beta(f_{cm})\cdot\beta(t_0) \tag{4.18}$$

$$\varphi_{RH}=1+\frac{1-RH/RH_0}{0.46(h/h_0)^{1/3}} \tag{4.19}$$

$$\beta(f_{cm})=\frac{5.3}{(f_{cm}/f_{cm0})^{0.5}} \tag{4.20}$$

$$\beta(t_0)=\frac{1}{0.1+(t_0/t_1)^{0.2}} \tag{4.21}$$

$$\beta_c(t-t_0)=\left[\frac{(t-t_0)/t_1}{\beta_H+(t-t_0)/t_1}\right]^{0.3} \tag{4.22}$$

$$\beta_H=150\left[1+\left(1.2\frac{RH}{RH_0}\right)^{18}\right]\frac{h}{h_0}+250\leqslant 1500 \tag{4.23}$$

其中，t_0 为加载开始时的混凝土龄期，d；φ_{RH} 为与年平均相对湿度相关的系数；$\beta(f_{cm})$ 为与混凝土强度相关的系数；$\beta(t_0)$ 为与混凝土初始加载龄期相关的系数；φ_0 为名义徐变系数；β_c 为加载后徐变随时间发展的系数；f_{cm} 为强度等级 C25～C50 混凝土在 28d 龄期时的平均圆柱体抗压强度，MPa，$f_{cm}=0.8f_{cu,k}+8\text{MPa}$，$f_{cu,k}$ 为 28d 龄期时具有 95%保证率的混凝土立方体抗压强度标准值，MPa；RH 为环境年平均相对湿度，%；h 为构件理论厚度，mm，$h=2A/u$，A 为构件截面面积，u 为构件与大气接触的周边长度；β_H 为与年平均相对湿度和构件理论厚度相关的系数；初定环境湿度 $RH_0=100\%$；初定构件厚度 $h_0=100\text{mm}$；初定混凝土圆柱

体抗压强度 $f_{\mathrm{cm0}} = 10\mathrm{MPa}$；初定混凝土起始龄期 $t_1 = 1\mathrm{d}$。

混凝土的老化系数可根据式（4.24）由徐变系数计算得到[9]：

$$\chi(t,t_0) = \frac{1}{1-\mathrm{e}^{-0.665\varphi(t,t_0)-0.107\left[1-\mathrm{e}^{-3131\varphi(t,t_0)}\right]}} - \frac{1}{\varphi(t,t_0)} \tag{4.24}$$

通过以上公式计算可以得到各工况岩石-混凝土试件在不同试验龄期的界面约束力和混凝土在界面处的拉应力，分别如图 4.29 和图 4.30 所示。为分析混凝土截面上的应力及应变分布情况，图 4.31 和图 4.32 分别给出了 80-BP 工况岩石-混凝土试件在距黏结面不同高度 h 处的应变和应力时变曲线，同时图 4.31 中也给出了混凝土在无约束状态下的自由收缩值 $\varepsilon_{\mathrm{c0}}(t)$。

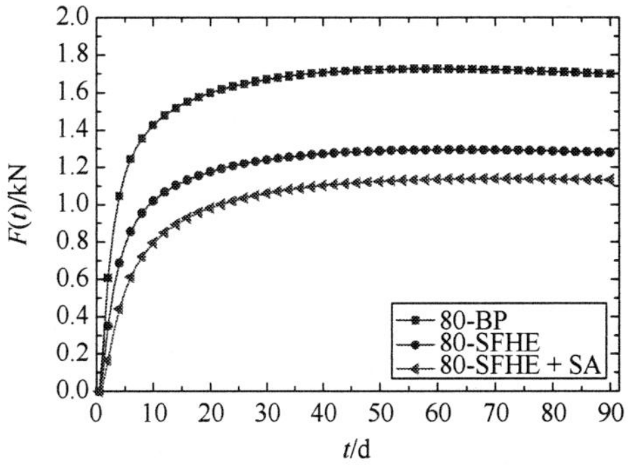

图 4.29　岩石-混凝土界面约束力时变曲线

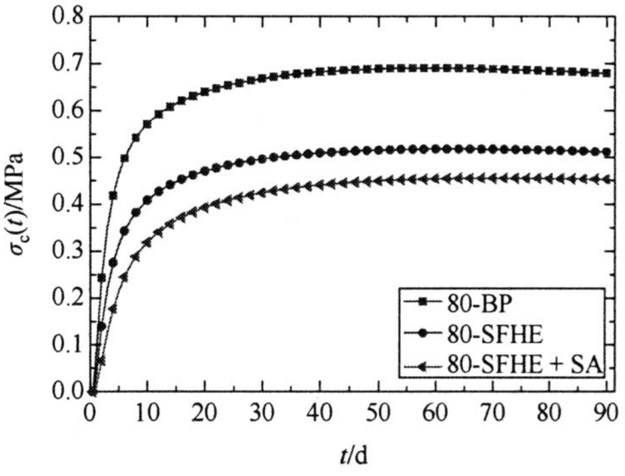

图 4.30　界面处混凝土拉应力时变曲线

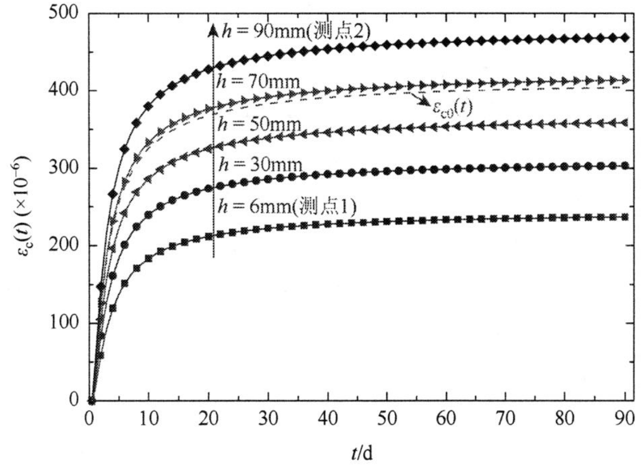

图 4.31　混凝土应变曲线沿 h 的分布

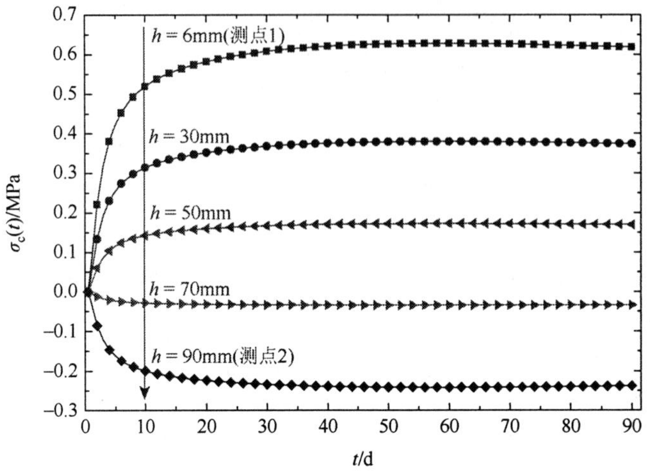

图 4.32　混凝土应力曲线沿 h 的分布

由图 4.29 和图 4.30 可以看出，各工况岩石-混凝土试件的界面约束力及界面处混凝土的拉应力在前 10d 均快速增大，随后增速变缓，且在混凝土收缩变形稳定后基本停止增长。掺加端钩型钢纤维后，混凝土与岩石的界面约束力及界面处混凝土的拉应力均明显变小，同时掺加端钩型钢纤维和专用外加剂后，界面约束力及界面处混凝土的拉应力进一步减小。在 28d 龄期时，80-BP 工况岩石-混凝土试件的界面约束力和界面处混凝土的拉应力分别为 1.65kN 和 0.66MPa。与 80-BP 工况相比，80-SFHE 工况 28d 龄期的界面约束力和界面处混凝土的拉应力均降低了 25.9%，80-SFHE + SA 工况 28d 龄期的界面约束力和界面处混凝土的拉应力均降低了 37.0%。

由图 4.31 可知，由于岩石的约束作用，测点 1 处的收缩应变明显小于自由收缩应变，但随着距黏结面高度 h 的增大，收缩应变不断增长，在 h = 70mm 处的收缩应变已略高于自由收缩应变，二者非常接近，测点 2 处的收缩应变明显大于自由收缩应变，说明测点 2 处在混凝土的受压区。

由图 4.32 可以看出，混凝土的拉应力随着距黏结面高度 h 的增大不断减小，且在 h = 70mm 处混凝土的应力已转变为压应力，随着 h 的进一步增大，压应力逐渐增长，测点 2 处混凝土在 28d 龄期的压应力已达到 0.23MPa。

参 考 文 献

[1] 中华人民共和国住房和城乡建设部. 普通混凝土长期性能和耐久性能试验方法标准(GB/T 50082—2009)[S]. 北京：中国建筑工业出版社，2009.

[2] Kovler K，Zhutovsky S. Overview and future trends of shrinkage research[J]. Materials and Structures，2006，

39（9）：827-847.

[3] Sant G，Eberhardt A，Bentz D，et al. Influence of shrinkage-reducing admixtures on moisture absorption in cementitious materials at early ages[J]. Journal of Materials in Civil Engineering，2010，22（3）：277-286.

[4] Neville A M. Properties of Concrete（Fourth and Final Edition）[M]. London：Longman Group Limited，1995：23-26.

[5] 黄国兴，惠荣炎. 混凝土的收缩[M]. 北京：中国铁道出版社，1990.

[6] 周履，陈永春. 收缩徐变[M]. 北京：中国铁道出版社，1994.

[7] Bažant Z P，Baweja S. Creep and shrinkage prediction model for analysis and design of concrete structures：Model B_3[J]. Materials and Structures，1995，28（6）：357-365.

[8] 中华人民共和国交通运输部. 公路钢筋混凝土及预应力混凝土桥涵设计规范（JTG 3362—2018）[S]. 北京：人民交通出版社，2018.

[9] 王勋文，潘家英. 按龄期调整有效模量法中老化系数 x 的取值问题[J]. 中国铁道科学，1996，17（3）：12-23.

第 5 章　干热环境混凝土断裂性能

干热环境中由于混凝土快速升温与失水，材料微细观结构将会劣化，混凝土干缩增大，加剧了混凝土裂缝的产生与发展。喷射混凝土的开裂问题关系到隧道初期支护能否有效发挥作用，而断裂力学正是分析混凝土裂缝发展规律的有效工具。计算混凝土裂纹尖端的应力水平，并根据断裂力学计算得到的断裂参数评估裂缝的稳定性、预测裂缝的发展过程对指导实际工程具有重要意义。本章采用带切口的三点弯曲梁测试混凝土的断裂性能，分析围岩温度对断裂参数的影响规律。本章利用双 K 断裂模型和 K_R 曲线裂缝扩展准则计算混凝土的断裂能、起裂韧度、失稳韧度和裂缝扩展阻力。本章针对 100℃干热环境，研究端钩型钢纤维和玄武岩纤维对混凝土断裂性能的改善效果。此外，本章基于 Paris 位移公式得到三点弯曲梁开裂时断裂过程区上的张开位移表达式，从而对混凝土试件裂缝的起裂、扩展及失稳全过程进行数值模拟，并分析混凝土断裂参数与初始缝高比和试件高度的关系。

5.1　混凝土断裂性能试验

5.1.1　试验方法

应力强度因子 K、J 积分 J_c 和裂缝张开位移的临界值 δ_c 是建立断裂准则的重要依据，表征了材料抵抗裂缝扩展的能力，这些参数的确定是断裂力学研究的重要内容之一，一般通过断裂力学试验完成。基于试验测得的荷载-挠度曲线、荷载-张开位移曲线，经过分析与计算就可以得到 K_{Ic}、J_c 和 δ_c，对于混凝土材料，还可以得到断裂能 G_F。

混凝土断裂参数的试验测试方法主要有直接拉伸法、紧凑拉伸法、楔入劈拉法和三点弯曲法，常用的主要是楔入劈拉法和三点弯曲法，两种方法的试件样式、加载方式不同。

1. 楔入劈拉法

楔入劈拉法是通过对紧凑拉伸法的加载原理加以改进得到的，试件受力见图 5.1（a），紧凑拉伸法如图 5.1（b）所示。紧凑拉伸试件节省材料，且理论上试验结果不受自重的影响，便于提高试验结果的精度。同时，由于试件所受荷载为水平拉力，加载比较方便。试验时，使用专门的加载工具实施拉伸加载。该方法尽管加载比较方便，但需要专门的夹具，夹具要求较高的加工精度，而且原则上不同厚度的试件需要不同的夹具相匹配[1]。

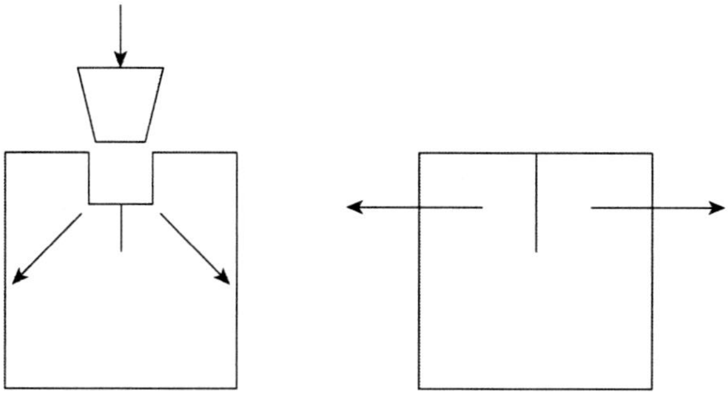

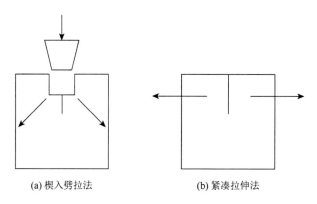

(a) 楔入劈拉法　(b) 紧凑拉伸法

图 5.1　试件受力示意图

楔入劈拉法将紧凑拉伸法直接施加拉力的加载方式变为直接施加压力，这样不仅使试件易于制作，而且使试验操作变得简单，加载过程也更加容易控制。这种方法通过一套制作简单、造价低廉的加载器具，将一个很小的竖向力转变成一个较大的水平分力，降低了对试验机刚度的要求，易于测得较光滑的荷载-位移全过程曲线，减小了自重对断裂参数的影响。此外，试件韧带较大，比较适合除复合型断裂以外的各种断裂力学试验。

2. 三点弯曲法

三点弯曲法试件的受力特点是在跨中受到一个集中荷载作用，在其中部区域内形成一个纯弯曲段。该方法对试验机的要求不高，试验操作简单，数据采集种类多，有较强的适用性。

在三种裂缝类型中，I 型裂缝最危险。对于在实际工程中常见的复合型裂缝，往往偏于安全地将其作为 I 型裂缝处理。同时，同种材料在相同条件下，I 型裂缝断裂特征也能反映其在复合型裂缝条件下的断裂特征[2]。

三点弯曲法是国际材料与结构研究实验联合会（International Union of Laboratories and Experts in Construction Materials, Systems and Structures，RILEM）混凝土断裂力学委员会推荐的混凝土断裂性能测试方法，适用于 I 型裂缝。此法利用常规设备能完成稳定的弯曲试验，适合一般实验室。因此，本章也采用该方法测试干热环境中混凝土的断裂性能。

5.1.2　试验过程

本章三点弯曲梁断裂性能试验所用混凝土原材料及配合比与第 3 章相同。混凝土浇筑前，用厚度为 3mm 端部呈 V 形的钢板插入试模中央制作混凝土梁的预制切口，混凝土梁的尺寸如图 5.2 所示。混凝土试件分别养护至 3d 和 28d 龄期后进行断裂性能测试，试验采用 100t 微机电液伺服万能试验机进行加载，试验装置如图 5.3 所示，加载方式采用位移控制，加载速度为 0.05mm/min。分别通过荷载传感器、位移传感器和 YYJ-4/10 型夹式引伸计采集荷载（P）、跨中挠度（δ）和裂缝口张开位移（crack mouth opening displacement，CMOD）。初始裂缝尖端左右各 1cm 处布置一对 5mm×3mm（长×宽）的应变片，该对应变片与相同工况的另一个试件上的一对应变片组成一个全桥回路并与动静态应变仪相连，用以监测混凝土试件的起裂荷载 P_{ini}。

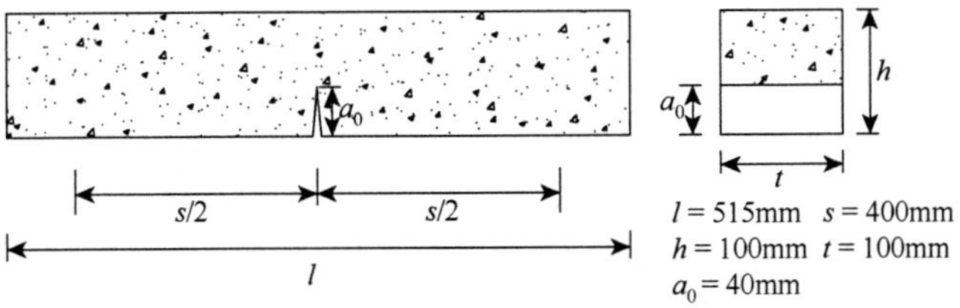

图 5.2　混凝土梁尺寸

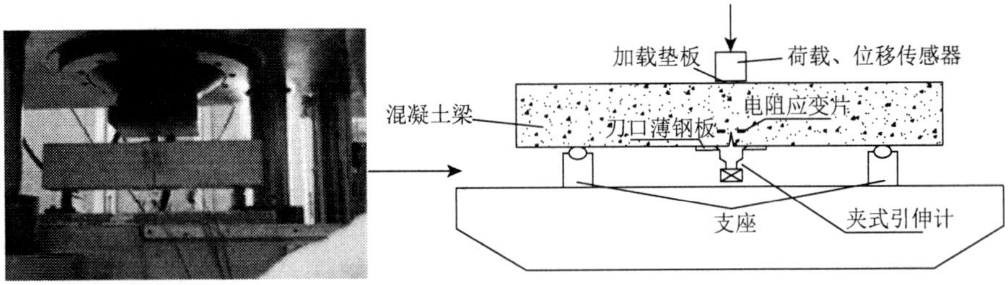

图 5.3　试验装置

试验过程中不同温度工况三点弯曲梁试件的裂缝发展情况如图 5.4 所示，各工况的荷载-跨中挠度（P-δ）曲线和荷载-裂缝口张开位移（P-CMOD）曲线分别如图 5.5 和图 5.6 所示。

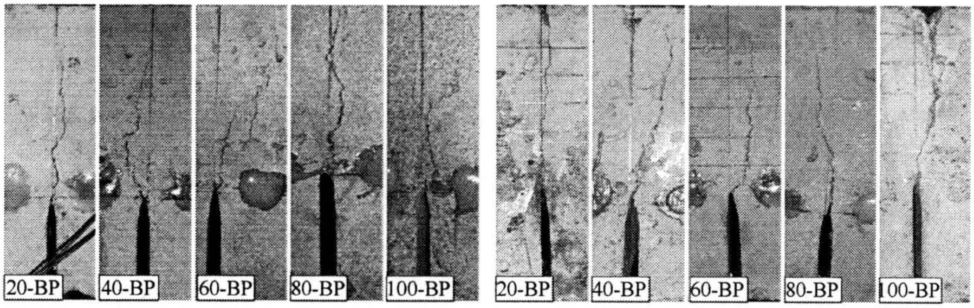

(a) 3d　　(b) 28d

图 5.4　试件的裂缝发展

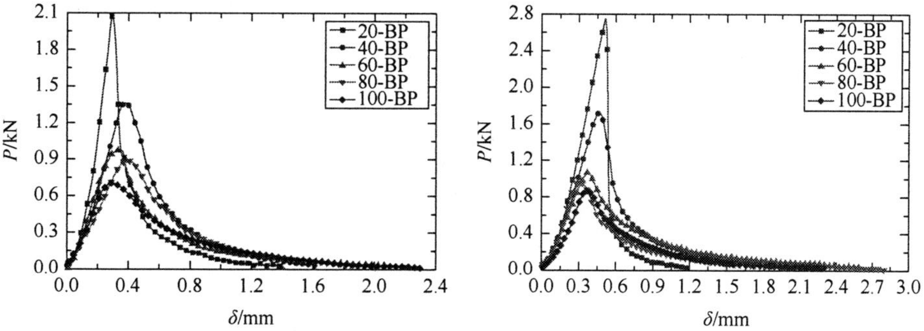

(a) 3d　　(b) 28d

图 5.5　不同温度工况的 P-δ 曲线

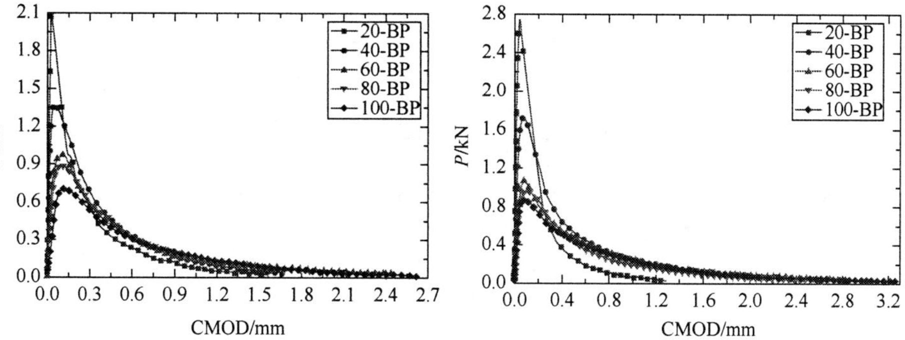

(a) 3d　　(b) 28d

图 5.6　不同温度工况的 P-CMOD 曲线

由图 5.4 可以看出，标准养护环境下的混凝土试件仅出现了一条比较明显的裂缝，且裂缝发展路径与预制裂缝方向基本一致。而在干热环境下的混凝土试件出现了多条肉眼可见的裂缝，且与标准养护环境相比，裂缝发展路径更加曲折。

由图 5.5 和图 5.6 可知，干热环境中混凝土试件的极值荷载 P_{max} 明显小于标准养护环境，且随着温度的增加，混凝土试件的极值荷载逐渐降低。3d 龄期时，与标准养护环境相比，40℃、60℃、80℃和 100℃干热环境中混凝土试件的极值荷载分别降低了 34.2%、53.1%、57.2%和 66.0%。28d 龄期时，与标准养护环境相比，40℃、60℃、80℃和 100℃干热环境中混凝土试件的极值荷载分别降低了 37.3%、61.1%、65.1%和 68.5%。另外，相对于 3d 龄期，28d 龄期时各温度工况试件的极值荷载均有所提高。其中，20℃和 100℃温度工况的混凝土 28d 龄期时的极值荷载比 3d 龄期分别提高了 32.7%和 23.2%。

5.2　混凝土断裂性能参数

5.2.1　断裂能

断裂能 G_F 表示裂缝扩展单位面积所需的能量，对于三点弯曲切口梁，应考虑外荷载做的功（P-δ 曲线下的面积）和支座间试件重力做的功。断裂能的计算公式为

$$G_F = \frac{W_0 + mg\delta_{max}}{A_{lig}} \tag{5.1}$$

其中，W_0 为外荷载 P 所做的功；m 为两支撑点间试件的质量，本书为 12.49kg；g 为重力加速度，本书取 9.81m/s^2；δ_{max} 为跨中最大挠度；A_{lig} 为断裂韧带的面积，$A_{lig} = t(h - a_0)$，t 为试件厚度，h 为试件高度，a_0 为预制的初始裂缝长度。

利用试验得到的 P-δ 曲线，根据式（5.1）可计算得到混凝土梁的断裂能，3d 龄期和 28d 龄期混凝土试件的断裂能与温度（T）的关系如图 5.7 所示。

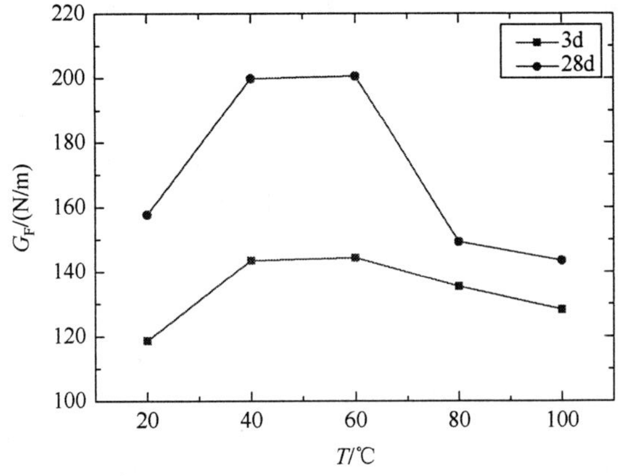

图 5.7　不同温度工况的断裂能

由图 5.7 可知，随着温度的升高，3d 和 28d 龄期混凝土试件的断裂能均呈现先增大后减小的趋势，且两个龄期的断裂能均在 60℃时出现最大值。这是由于在干热环境中混凝土快速升温与失水导致较大的干缩变形，混凝土内部产生较多细微裂缝，加载过程中这些细微裂缝的扩展同样消耗能量，使得断裂能增大。但在 80℃和 100℃干热环境中，温度过高，混凝土损伤过大，且混凝土水分散失过多，水泥不能充分水化，虽然细微裂缝数量增多，但裂缝宽度较大，混凝土的断裂能反而下降。3d 龄期时 20℃和 100℃温度工况的断裂能比 60℃分别减小了 17.8%和 11.1%，28d 龄期时 20℃和 100℃温度工况的断裂能比 60℃分别减小了 21.4%和 28.5%。此外，各温度工况 28d 龄期的断裂能相比 3d 龄期均有一定提高，其中 60℃时 28d 龄期的断裂能比 3d 龄期提高了 39.0%。

5.2.2　断裂韧度

试验观测表明混凝土裂缝的扩展需要经历三个阶段：裂缝起裂、稳定扩展和失稳扩展。基于此，Xu 和 Reinhardt[3]提出了包含起裂韧度 K_{Ic}^{ini} 和失稳韧度 K_{Ic}^{un} 两个关键控制参数的双 K 断裂模型，混凝土裂缝的开展过程可通过这两个参数进行描述。$K = K_{Ic}^{\text{ini}}$ 对应裂缝起裂阶段，$K_{Ic}^{\text{ini}} < K < K_{Ic}^{\text{un}}$ 对应裂缝稳定扩展阶段，$K \geqslant K_{Ic}^{\text{un}}$ 对应裂缝失稳扩展阶段。双 K 断裂模型有以下两个前提假说。

（1）荷载-裂缝口张开位移（P-CMOD）曲线的非线性由裂缝前端的虚拟裂缝引起。

（2）等效裂缝由两部分组成：等效弹性自由裂缝和等效弹性虚拟裂缝。

在上述假说的基础上，双 K 断裂模型引入了线性渐进叠加假定。假设有初始裂缝长度为 a_0 的试件，其线弹性点为 A 点，若在非线性的 B 点卸载至 0 后再加载，其整体 P-CMOD 曲线如图 5.8（a）所示。B 处裂缝口张开位移 CMOD_b 由弹性部分 CMOD_b^{e} 和非弹性部分 CMOD_b^{p} 组成，而包含虚拟裂缝扩展的等效裂缝长度 a_b 由 CMOD_b^{e} 和 CMOD_b^{p} 共同影响，即 a_b 对应 CMOD_b。假设 B 点的卸载轨迹归于原点，则 B 点状态下的试件可看作初始缝长为 a_b 的另一试件，如图 5.8（b）所示。B 点是新试件的线弹性点，P_b、CMOD_b 和 a_b 仍满足线弹性断裂力学公式。依次类推，P-CMOD 曲线是一系列具有相同材料、相同尺寸、不同初始裂缝长度的试件的线弹性点组成的外包络线，如图 5.8（c）所示。至此，一个完整考虑非线性特征的断裂过程可以采用线弹性方法加以描述。P-CMOD 曲线上各点的等效裂缝长度均可由线弹性断裂力学的柔度计算公式获得。

Xu 和 Reinhardt[4]根据线性渐进叠加假定引入线弹性断裂力学（linear elastic fracture mechanics，LEFM）的方法计算双 K 断裂参数。对于三点弯曲切口梁，弹性模量 E 可由式（5.2）计算：

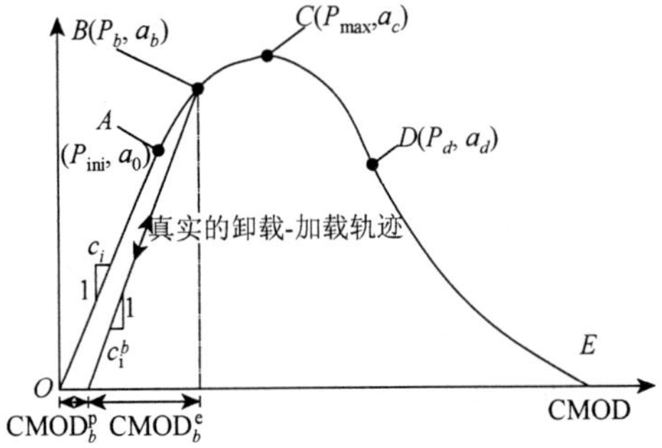

(a) 真实的卸载-加载轨迹

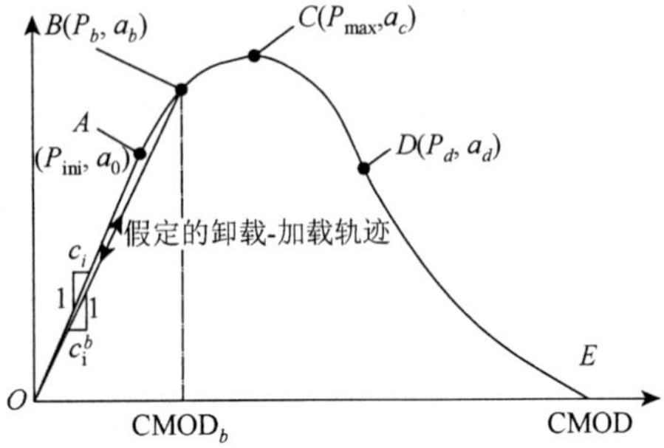

(b) 假定的卸载-加载轨迹

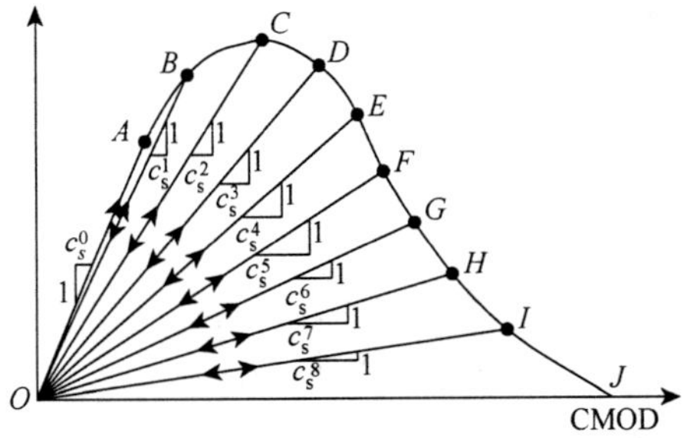

(c) 线性渐进叠加假定示意图

图 5.8　线性渐进叠加假定

c_i^b 为 B 点对应的卸载曲线柔度；c_s^i 为对应点的割线柔度（$i = 1, 2, \cdots, 8$）

$$E = \frac{1}{tc_i}\left[3.70 + 32.60\tan^2\left(\frac{\pi}{2}\alpha_h\right)\right] \tag{5.2}$$

其中，c_i 为 P-CMOD 曲线初始直线段的柔度；$\alpha_h = (a_0 + h_0)/(h + h_0)$，$h_0$ 为安装引伸计的薄钢板厚度，本试验为 5mm。

则有效裂缝长度可通过式（5.3）计算：

$$a = \frac{2}{\pi}(h + h_0)\arctan\sqrt{\frac{Et}{32.6P}\mathrm{CMOD} - 0.1135} - h_0 \tag{5.3}$$

将试验得到的极值荷载 $P_{\max}$ 及此时的临界裂缝口张开位移 $\mathrm{CMOD_c}$ 代入式（5.3）可得临界有效裂缝长度 a_c。

对于三点弯曲切口梁，外荷载引起的应力强度因子可由式（5.4）计算[5]：

$$K_P = \frac{1.5(P + 0.5mg)s}{th^2}\sqrt{a}F(\alpha) \tag{5.4}$$

其中，s 为梁的跨度；$F(\alpha) = \dfrac{1.99 - \alpha(1-\alpha)(2.15 - 3.93\alpha + 2.7\alpha^2)}{(1 + 2\alpha)(1-\alpha)^{3/2}}$，$\alpha = a/h$；取

$P=P_{\rm ini}$， $a=a_0$ 则可以得到起裂韧度 $K_{Ic}^{\rm ini}$，取 $P=P_{\max}$， $a=a_{\rm c}$，则可得失稳韧度 $K_{Ic}^{\rm un}$。

本书采用应变片测量混凝土梁的起裂荷载，加载开始后随着荷载增加，裂缝前端混凝土的能量不断聚集，应变值逐渐增长，当试件开始起裂时，混凝土聚集的能量得到释放，应变回缩，此时的荷载即为起裂荷载。图 5.9 给出了各温度工况混凝土试件起裂荷载的测量结果。

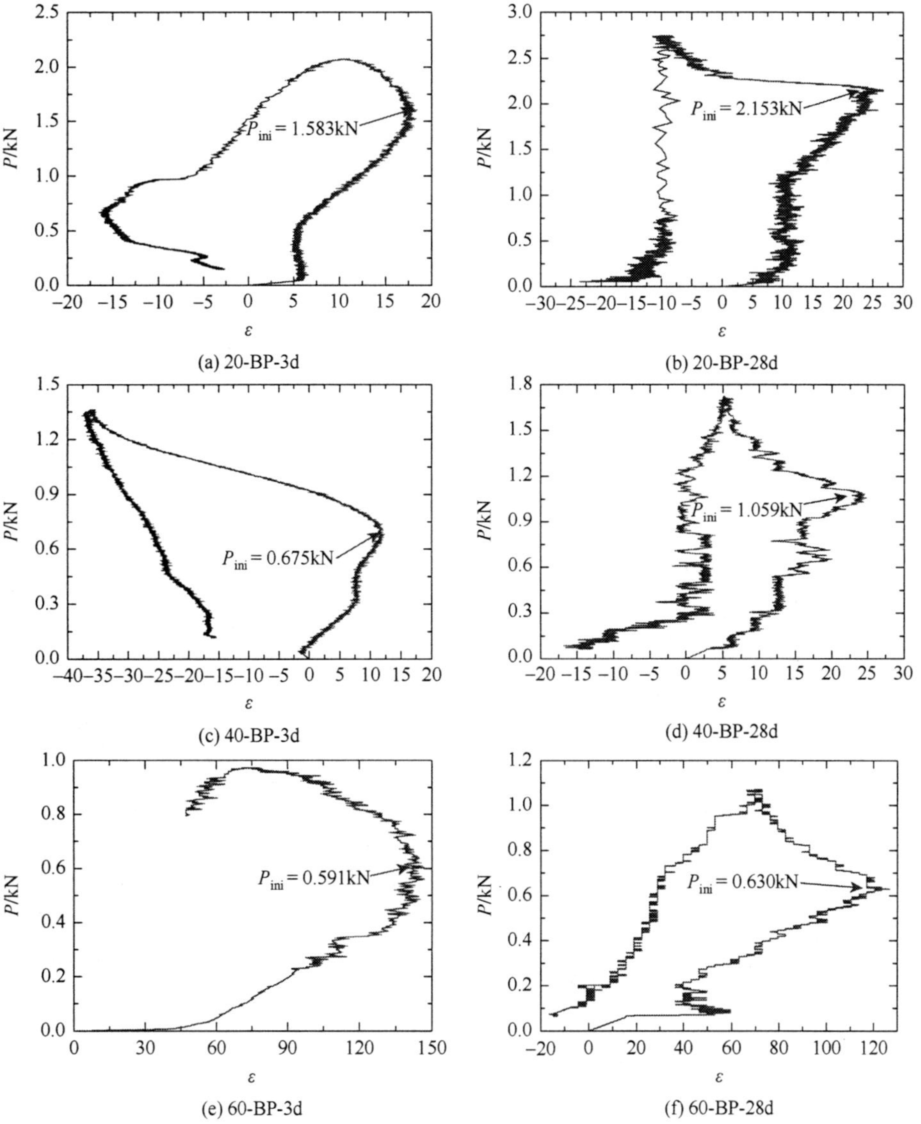

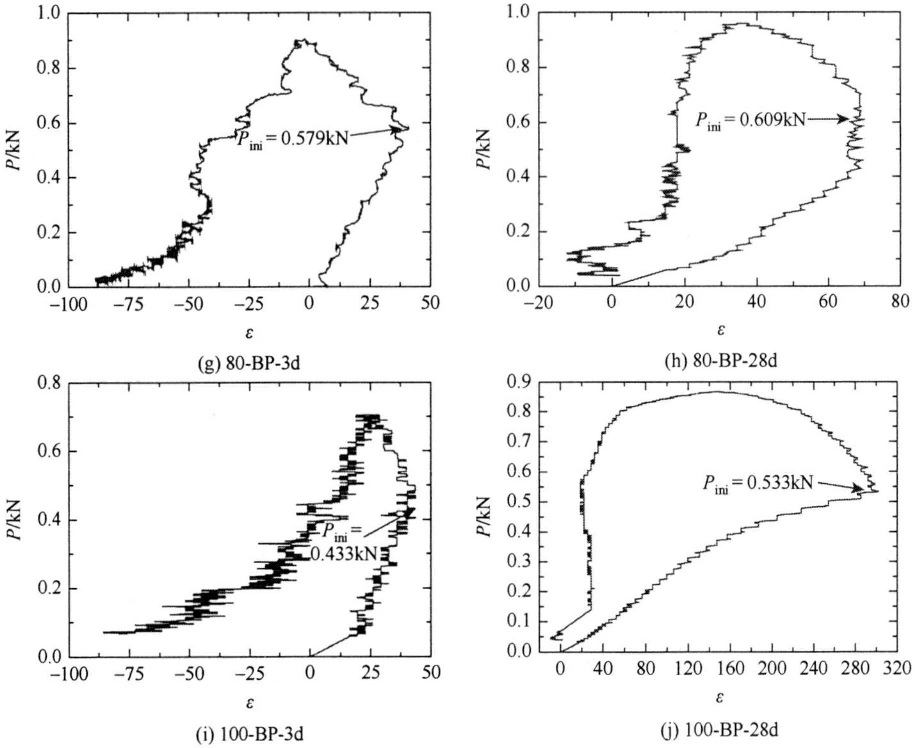

图 5.9　各温度工况的起裂荷载

根据试验测得的 P-CMOD 曲线及起裂荷载，通过式（5.2）～式（5.4）即可得到各温度工况混凝土的起裂韧度和失稳韧度，计算过程中的各参数如表 5.1 所示，计算结果如图 5.10 和图 5.11 所示。

表 5.1　各温度工况的双 K 断裂参数

工况	龄期/d	P_{ini} /kN	P_{max} /kN	$CMOD_c$ /μm	E /GPa	a_c /m	K_{Ic}^{ini} /(MPa·m$^{1/2}$)	K_{Ic}^{un} /(MPa·m$^{1/2}$)
20-BP	3	1.583	2.073	26.1	28.24	0.0471	0.412	0.658
	28	2.153	2.750	42.2	30.02	0.0519	0.555	1.006
40-BP	3	0.675	1.362	49.1	16.58	0.0564	0.185	0.595
	28	1.059	1.723	74.6	16.94	0.0599	0.281	0.848
60-BP	3	0.591	0.972	111.3	7.73	0.0629	0.164	0.519
	28	0.630	1.070	83.1	10.19	0.0611	0.173	0.564
80-BP	3	0.579	0.887	99.0	4.83	0.0547	0.161	0.373
	28	0.609	0.960	105.1	6.76	0.0600	0.168	0.488
100-BP	3	0.433	0.704	119.5	2.67	0.0516	0.124	0.271
	28	0.533	0.867	81.6	4.99	0.0522	0.149	0.336

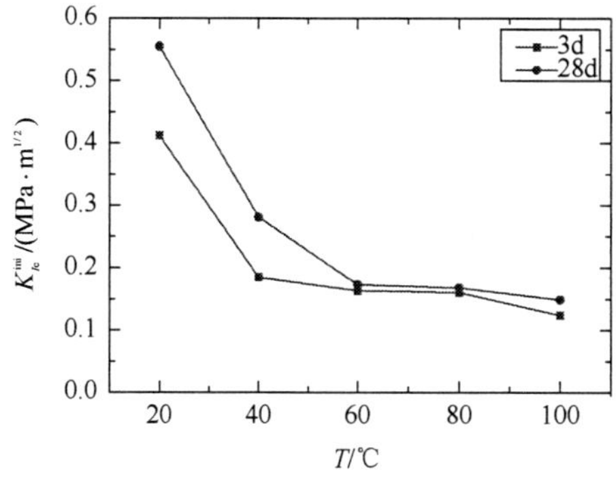

图 5.10　不同温度工况的起裂韧度

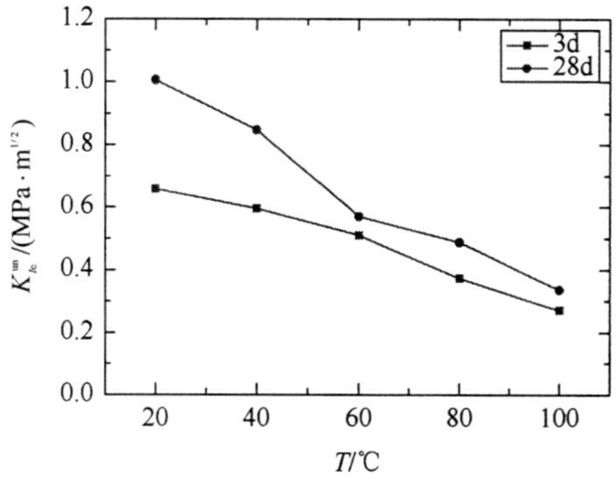

图 5.11　不同温度工况的失稳韧度

由图 5.10 可知，干热环境下混凝土的起裂韧度明显低于标准养护环境，随着温度的升高，起裂韧度逐渐降低，且在温度低于 60℃时降幅更加明显。与标准养护环境相比，40℃、60℃、80℃和 100℃干热环境的起裂韧度在 3d 龄期时分别降低了 55.1%、60.2%、60.9%和 69.9%，在 28d 龄期时分别降低了 49.4%、68.8%、69.7%和 73.2%。各温度工况 28d 龄期的起裂韧度均大于 3d 龄期，其中 20℃和 100℃的 28d 龄期起裂韧度分别比 3d 龄期提高了 34.7%和 20.2%。

由图 5.11 可知，干热环境下混凝土的失稳韧度均低于标准养护环境，且随着温度的升高，失稳韧度不断降低。3d 龄期时，与标准养护环境相比，40℃、60℃、80℃和 100℃干热环境的失稳韧度分别降低了 9.6%、21.1%、43.4%和 58.8%。28d 龄期时，与标准养护环境相比，40℃、60℃、80℃和 100℃干热环境的失稳韧度分别降低了 15.8%、43.9%、51.5%和 66.6%。各温度工况 28d 龄期的失稳韧度相比 3d 龄期均有所提高，其中 20℃和 100℃的 28d 龄期失稳韧度分别比 3d 龄期提高了 52.9%和 24.0%。

5.2.3　裂缝扩展阻力

裂缝扩展阻力表示在外荷载的作用下混凝土对裂缝扩展的抵抗能力，它由两部分组成[6, 7]：一部分是材料本身固有的韧度，未达到起裂点前，材料仍表现为线弹性，主裂缝仍未扩展，则扩展阻力由起裂韧度承担；另一部分是在主裂缝扩展过程中，由分布在断裂过程区上的黏聚力所贡献的扩展阻力，这部分阻力与混凝土的抗拉强度、裂缝扩展长度及断裂过程区（FPZ）上的黏聚力分布有关。因此，裂缝扩展阻力可表示为

$$K_R(\Delta a) = K_{Ic}^{\text{ini}} + K^{\text{c}}(\Delta a) \tag{5.5}$$

其中，Δa 为裂缝扩展长度，即 $\Delta a = a - a_0$。

黏聚力产生的应力强度因子可根据式（5.6）计算[4]：

$$K^{c} = \int_{a_0}^{a} \frac{2}{\sqrt{\pi a}} \sigma(x) F(u,v) \mathrm{d}x \tag{5.6}$$

其中，

$$F(u,v) = \frac{3.52(1-u)}{(1-v)^{3/2}} - \frac{4.35-5.28u}{(1-v)^{1/2}} + \left[\frac{1.3-0.3u^{3/2}}{(1-u^2)^{1/2}} + 0.83 - 1.76u\right] \cdot [1-(1-u)]$$

$u = x/a$，$v = a/h$；$\sigma(x)$ 是裂缝长度 x 处的黏聚力。

本书采用图 5.12 所示的双线性软化本构曲线，图中 σ 为黏聚力，w 为裂缝张开位移，f_{t} 为混凝土的抗拉强度，w_0 为黏聚力为零时的裂缝张开位移，(w_s, σ_s) 为软化本构曲线的转折点坐标。双线性软化本构曲线的表达式为

$$\begin{cases} \sigma = f_{\mathrm{t}} - (f_{\mathrm{t}} - \sigma_s) w / w_s, & 0 \leqslant w < w_s \\ \sigma = \sigma_s (w_0 - w)/(w_0 - w_s), & w_s < w \leqslant w_0 \\ \sigma = 0, & w > w_0 \end{cases} \tag{5.7}$$

式（5.7）中，w_s、σ_s 和 w_0 的取值不同，软化本构曲线的形状也将不同，本书采用 Xu 和 Reinhardt[6]提出的软化本构参数，如式（5.8）所示：

$$\begin{cases} \sigma_s = f_{\mathrm{t}}(2 - f_{\mathrm{t}} w_s / G_{\mathrm{F}}) / \alpha_F \\ w_s = \mathrm{CTOD_c} \\ w_0 = \alpha_F G_{\mathrm{F}} / f_{\mathrm{t}} \\ \alpha_F = \lambda - d_{\max} / 8 \end{cases} \tag{5.8}$$

其中，$\mathrm{CTOD_c}$ 为初始裂缝尖端临界张开位移；$d_{\max}$ 为最大骨料粒径，本书中 $d_{\max} = 10\mathrm{mm}$；α_F 为与最大骨料粒径有关的参数；λ 为与混凝土变形特性相关的校正系数，一般取 5～10，本书中取 $\lambda = 8$。

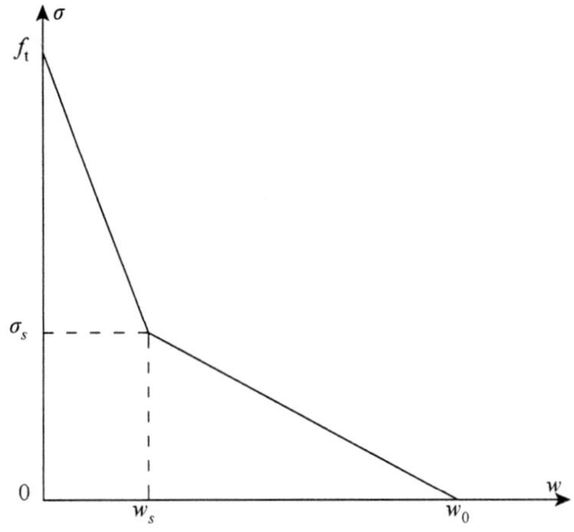

图 5.12　双线性软化本构关系

断裂过程区上裂缝长度 x 处的张开位移可由式（5.9）计算[8]：

$$w(x)=\text{CMOD}\sqrt{(1-x/a)^2+(1.081-1.149a/h)[x/a-(x/a)^2]} \tag{5.9}$$

Xu 和 Reinhardt[6]将断裂过程区上的黏聚力分布分为 4 个阶段，且假定当完整的断裂过程区形成后（即初始裂缝尖端张开位移 CTOD 大于 w_0），断裂过程区长度以及断裂过程区上的黏聚力分布将保持不变。断裂过程区上的黏聚力采用双线性分布形式，则断裂过程区上的黏聚力分布有以下 4 个阶段。

（1）当 $a=a_0$ 时，试件处于弹性阶段，裂缝尚未扩展，故无黏聚力存在。

$$\sigma(x)=0,\quad a=a_0 \tag{5.10}$$

（2）当 $a_0<a\leqslant a_c$ 时，随着荷载增加，试件呈现非弹性特征，裂缝开始稳定扩展。断裂过程区上的黏聚力分布如图 5.13（a）所示，图中 $\sigma(w)$ 为初始裂缝尖端的黏聚力，该阶段的黏聚力分布函数为

$$\sigma(x)=\sigma(w)+\frac{[f_t-\sigma(w)](x-a_0)}{a-a_0},\quad a_0<x\leqslant a_c \tag{5.11}$$

（3）当 $a_c<a\leqslant a_{w_0}$ 时，黏聚力分布如图 5.13（b）所示。a_{w_0} 是一个特征长度，即初始裂缝尖端张开位移为 w_0 时的等效裂缝长度，则 $a_{w_0}-a_0$ 为最大的虚拟裂缝长度。该阶段的黏聚力分布函数为

$$\sigma(x)=\begin{cases}\sigma_1(x)=\sigma(w)+\dfrac{[\sigma_s-\sigma(w)](x-a_0)}{a-(a_0+\Delta a_c)}, & a_0\leqslant x\leqslant(a-\Delta a_c)\\[2ex] \sigma_2(x)=\sigma_s+\dfrac{(f_t-\sigma_s)(x-a+\Delta a_c)}{\Delta a_c}, & (a-\Delta a_c)<x\leqslant a\end{cases} \tag{5.12}$$

其中，$\Delta a_c=a_c-a_0$。

（4）当 $a>a_{w_0}$ 时，一个完整的断裂过程区已经形成，黏聚力分布如图 5.13（c）所示，该阶段的黏聚力分布函数为

$$\sigma(x)=\begin{cases}\sigma_1(x)=0, & a_0\leqslant x\leqslant(a-a_{w_0}+a_0)\\[1ex] \sigma_2(x)=\dfrac{\sigma_s(x-a-a_0+a_{w_0})}{a_{w_0}-a_c}, & (a-a_{w_0}+a_0)<x\leqslant(a-\Delta a_c)\\[2ex] \sigma_3(x)=\sigma_s+\dfrac{(f_t-\sigma_s)(x-a+\Delta a_c)}{\Delta a_c}, & (a-\Delta a_c)<x\leqslant a\end{cases} \tag{5.13}$$

对于三点弯曲梁，测出试件在外荷载作用下的 P-CMOD 曲线便可由式（5.5）～式（5.13）确定试件从起裂到破坏全过程的裂缝扩展阻力曲线。

上述 K_R 阻力曲线模型认为当初始裂缝尖端张开位移 CTOD 超过 w_0 后，断裂过程区长度不再随裂缝的扩展而变化，并保持不变地向前平移。而一些研究[9-11]

认为断裂过程区长度随着裂缝扩展是不断变化的，当CTOD超过 w_0 后，a_{w_0} 须重新确定。

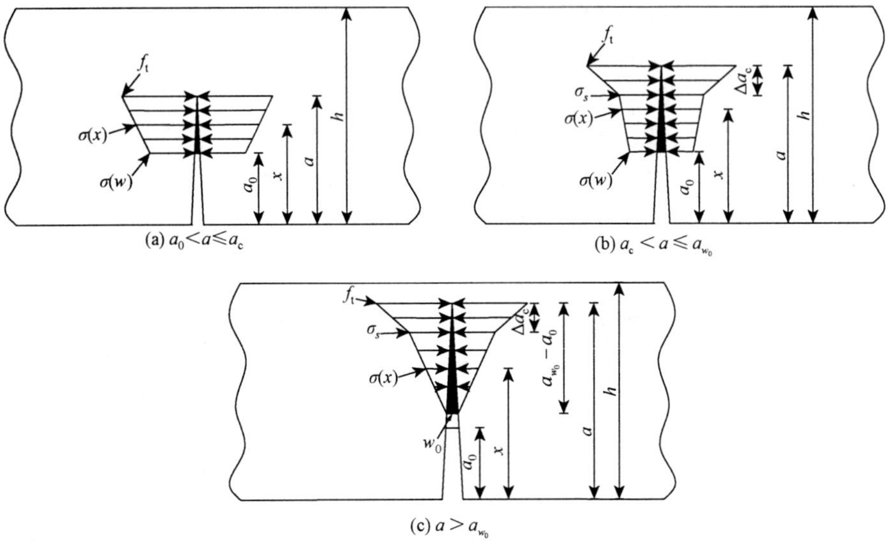

图 5.13　黏聚力在不同裂缝扩展阶段的分布

考虑断裂过程区长度变化时，计算黏聚力引起的扩展阻力同样分为4个阶段，且前两个阶段的黏聚力分布与上述未考虑断裂过程区长度变化时相同。即当 $a = a_0$ 时，无黏聚力存在；当 $a_0 < a \leqslant a_c$ 时，黏聚力分布如图5.13（a）所示，黏聚力分布函数如式（5.11）所示。后两个阶段的黏聚力分布与未考虑断裂过程区长度变化的情况不同，具体如下。

当 $a_c < a \leqslant a_{w_0}$ 时，黏聚力分布如图5.14（a）所示，图中 a_s 为黏聚力转折点的位置，将 $w(x) = w_s$ 代入式（5.9）便可求解得到 $x = a_s$。该阶段的黏聚力分布函数为

$$\sigma(x) = \begin{cases} \sigma_1(x) = \sigma(w) + \dfrac{[\sigma_s - \sigma(w)](x - a_0)}{a_s - a_0}, & a_0 \leqslant x \leqslant a_s \\ \sigma_2(x) = \sigma_s + \dfrac{(f_t - \sigma_s)(x - a_s)}{a - a_s}, & a_s < x \leqslant a \end{cases} \tag{5.14}$$

当 $a > a_{w_0}$ 时，黏聚力分布如图5.14（b）所示，将 $w(x) = w_0$ 代入式（5.9）可得到断裂过程区上裂缝张开为 w_0 的位置，记为 $x = a'_{w_0}$。该阶段的黏聚力分布函数如式（5.15）所示。此外，该阶段断裂过程区的长度为 $a - a'_{w_0}$，而在前三个阶段，即 $a \leqslant a_{w_0}$ 时断裂过程区的长度均为 $a - a_0$。

$$\sigma(x)=\begin{cases}\sigma_1(x)=0, & a_0 \leqslant x \leqslant a'_{w_0} \\ \sigma_2(x)=\dfrac{\sigma_s(x-a'_{w_0})}{a_s-a'_{w_0}}, & a'_{w_0} < x \leqslant a_s \\ \sigma_3(x)=\sigma_s+\dfrac{(f_t-\sigma_s)(x-a_s)}{a-a_s}, & a_s < x \leqslant a\end{cases} \tag{5.15}$$

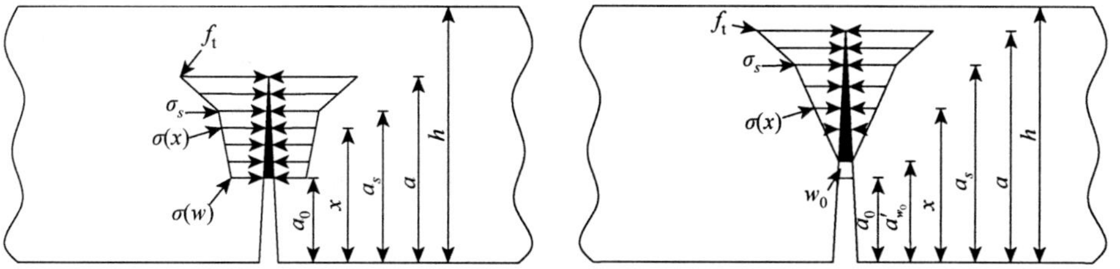

(a) $a_c < a \leqslant a_{w_0}$　　(b) $a > a_{w_0}$

图 5.14　考虑断裂过程区长度变化时的黏聚力分布

以 20-BP 和 100-BP 工况为例，分别采用未考虑和考虑断裂过程区长度变化两种方法计算 K_R 阻力曲线，计算结果如图 5.15 所示。从图中可以看出，在 $a \leqslant a_c$ 时两种方法得到的 K_R 阻力曲线完全相同，而在 $a > a_c$ 后两条曲线开始分叉，考虑断裂过程区长度变化时的 K_R 阻力值略低于未考虑时的 K_R 阻力值。为方便分析，下面计算 K_R 阻力曲线时统一采用考虑断裂过程区长度变化的方法。

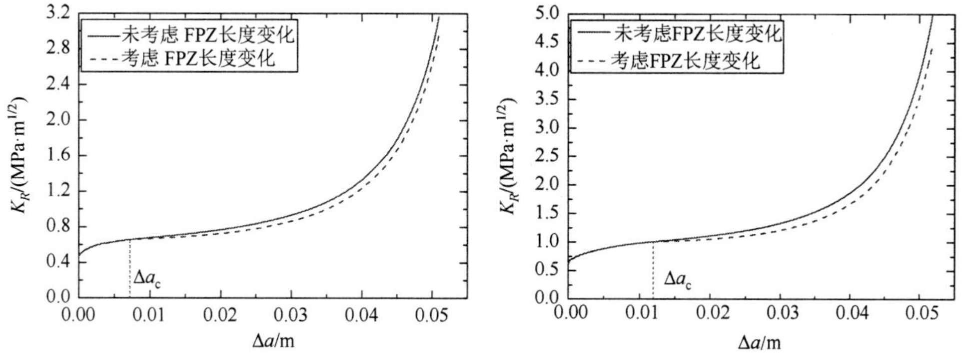

(a) 20-BP-3d　　(b) 20-BP-28d

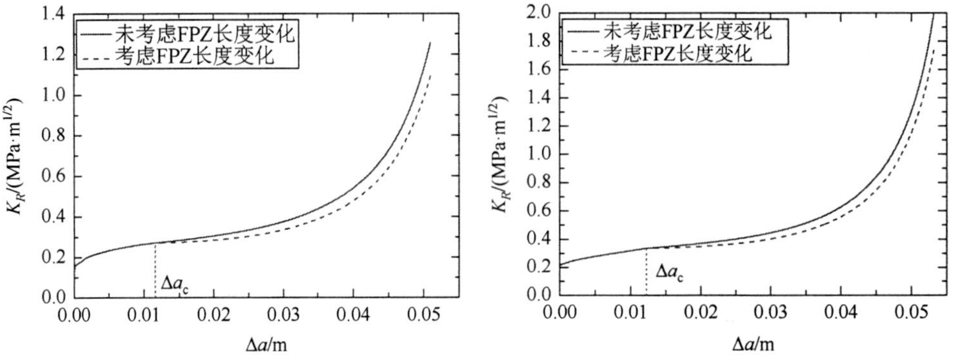

(c) 100-BP-3d　　(d) 100-BP-28d

图 5.15　考虑与未考虑断裂过程区长度变化的 K_R 阻力曲线

为便于分析各温度工况下裂缝扩展阻力 K_R 与外荷载引起的应力强度因子 K_P 的关系，将 K_R 阻力曲线、K_P 曲线及外荷载 P 与裂缝扩展长度 Δa 的关系放置于一张图上进行讨论，如图 5.16 所示。为了研究温度对 K_R 阻力曲线的影响规律，图 5.17 给出了 3d 和 28d 龄期各温度工况的 K_R 阻力曲线。另外，图 5.18 给出了裂缝扩展过程中各温度工况的断裂过程区长度变化情况。

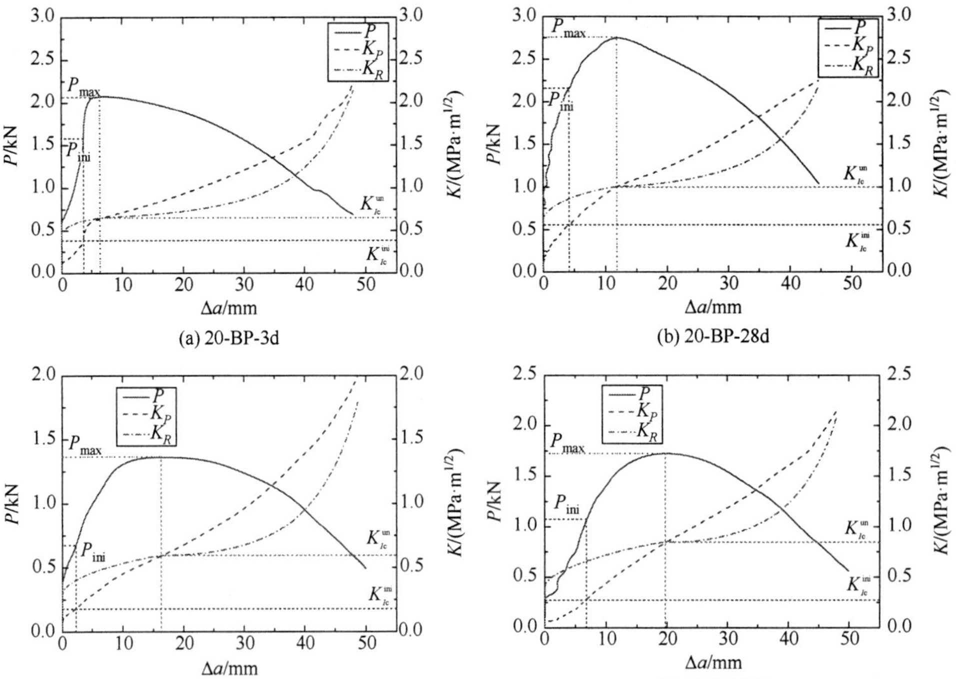

(a) 20-BP-3d　　(b) 20-BP-28d

(c) 40-BP-3d　　(d) 40-BP-28d

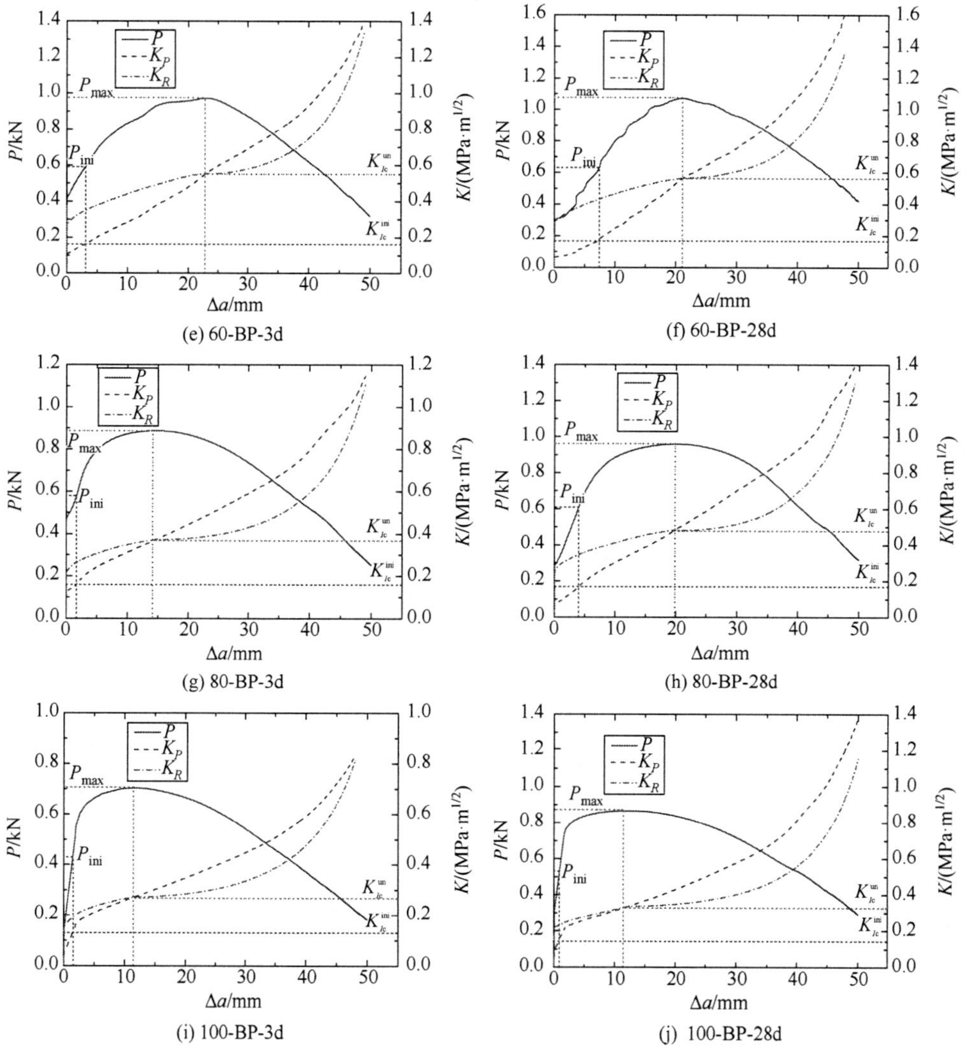

图 5.16　不同温度环境混凝土裂缝扩展的稳定性分析

由图 5.16 可以看出，各温度干热环境中三点弯曲梁混凝土试件的裂缝扩展稳定性呈现出与标准养护环境相同的规律，即当 $\Delta a < a_c - a_0$ 时，P-Δa 曲线不断上升，应力强度因子 K_P 曲线均低于 K_R 阻力曲线，此时混凝土的裂缝处于稳定扩展阶段。相应的，当 $\Delta a > a_c - a_0$ 时，P-Δa 曲线逐渐下降，K_P 曲线高于 K_R 阻力曲线，此时混凝土的裂缝处于失稳扩展阶段。K_P 曲线与 K_R 阻力曲线的交叉点位于极值荷载 P_{max} 处，此时 $K_P = K_R$ 即为失稳韧度 K_{Ic}^{un}。另外，还可以看出 K_R 阻力曲线的起点即为起裂韧度 K_{Ic}^{ini}。K_R 曲线裂缝扩展准则在基本原理上等同于双 K 断裂准则，起裂韧度 K_{Ic}^{ini} 和失稳韧度 K_{Ic}^{un} 是 K_R 阻力曲线上的两个关键控制点。

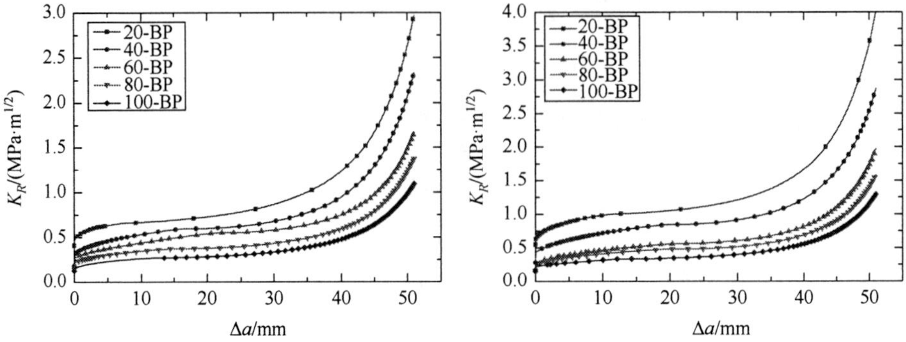

(a) 3d　　(b) 28d

图 5.17　不同温度环境的 K_R 阻力曲线对比

由图 5.17 可知，无论标准养护环境还是干热环境，随着混凝土裂缝扩展长度的增大，裂缝扩展阻力 K_R 不断增大。在干热环境下混凝土的裂缝扩展阻力明显低于标准养护环境，且环境温度越高，裂缝扩展阻力越低。表明在干热环境中，随着围岩温度的升高，混凝土的性能劣化越来越严重，混凝土抵抗裂缝扩展的能力越来越弱。

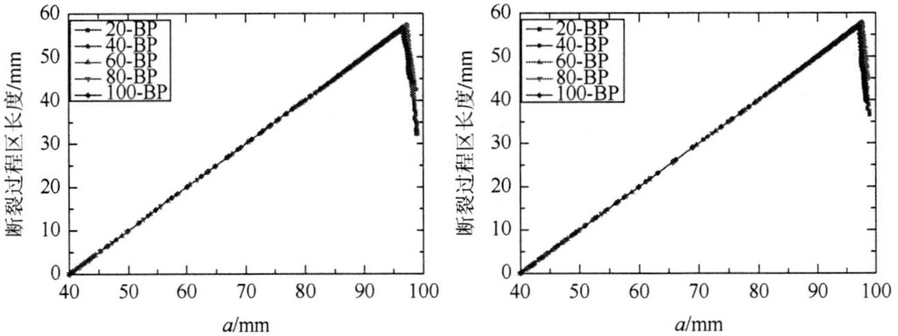

(a) 3d　　(b) 28d

图 5.18　不同温度环境的断裂过程区长度变化

由图 5.18 可知，随着有效裂缝长度 a 的增大，断裂过程区长度先线性增大然后又逐渐减小，当 $a = a_{w_0}$ 时断裂过程区长度达到最大值。各温度工况的最大断裂过程区长度比较接近，均在 57mm 左右。其中，100℃干热环境下混凝土的最大断裂过程区长度最小，其在 3d 和 28d 龄期的最大断裂过程区长度分别为 56.6mm 和 57.1mm。

5.3　干热环境混凝土断裂性能改善

本节针对 100℃干热环境，研究了端钩型钢纤维和玄武岩纤维对干热环境混凝土断裂性能的改善效果。同样采用三点弯曲梁测试纤维混凝土的断裂性能参数，并与 100-BP 工况进行对比，混凝土试件的荷载-挠度曲线和荷载-裂缝口张开位移曲线分别如图 5.19 和图 5.20 所示。

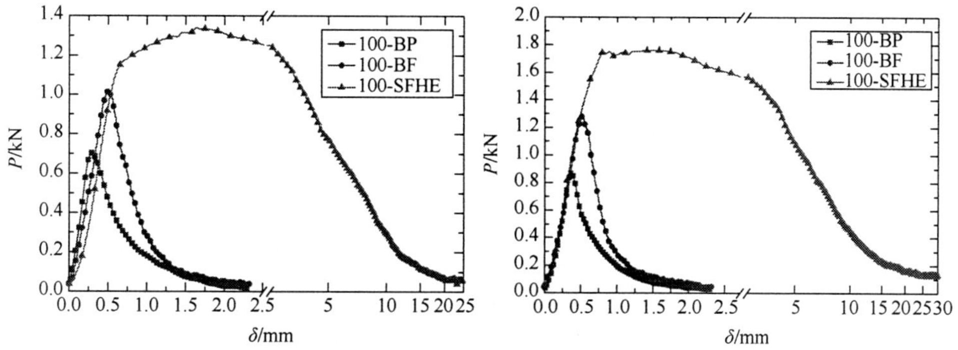

(a) 3d　(b) 28d

图 5.19　100℃干热环境的 P-δ 曲线

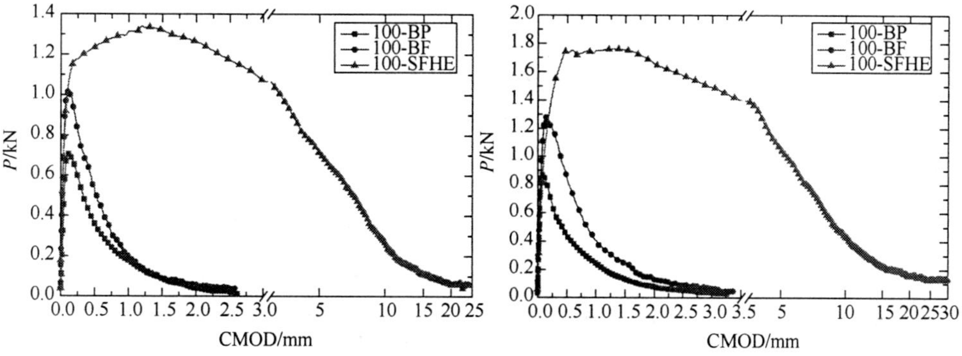

(a) 3d　(b) 28d

图 5.20　100℃干热环境的 P-CMOD 曲线

由图 5.19 和图 5.20 可以看出，在 100℃干热环境中玄武岩纤维和端钩型钢纤维的掺加均能明显提高混凝土断裂的极值荷载，且钢纤维的提高效果更明显。与 100-BP 工况相比，掺加玄武岩纤维后混凝土的极值荷载在 3d 和 28d 龄期时分别提高了 45.7%和 48.4%，掺加端钩型钢纤维后混凝土的极值荷载在 3d 和 28d 龄期时分别提高了 90.2%和 103.1%。另外，100-SFHE 工况在 3d 和 28d 龄期时的 P-δ 和 P-CMOD 曲线在达到极值荷载前均存在一个明显的平缓段，这是由于混凝土基体开裂后钢纤维的桥连作用使荷载不会立即下降甚至会继续上升，待钢纤维被拔出后荷载才开始下降。由于钢纤维的桥连作用，100-SFHE 工况混凝土试件的破坏过程需要更久的时间，完全破坏时的 δ 和 CMOD 均明显大于 100-BP 和 100-BF 工况。

基于上述 P-δ 曲线，根据式（5.1）可计算得到混凝土梁的断裂能，100-SFHE、100-BF 和 100-BP 工况 3d 和 28d 龄期的断裂能如图 5.21 所示。

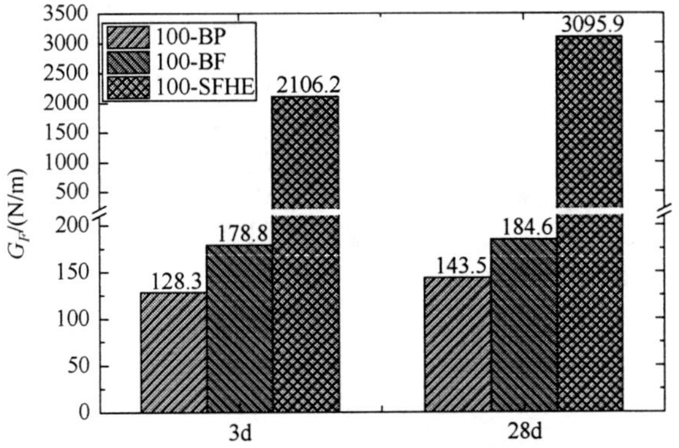

图 5.21 100℃干热环境的断裂能

由图 5.21 可知，干热环境中玄武岩纤维的掺加可以在一定程度上增大混凝土的断裂能，与 100-BP 相比，100-BF 的断裂能在 3d 和 28d 龄期分别提高了 39.4% 和 28.6%。端钩型钢纤维的掺加可以极大地提高混凝土的断裂能，3d 和 28d 龄期的断裂能分别比 100-BP 提高了 15.4 倍和 20.6 倍。另外，各工况 28d 龄期时的断裂能比 3d 龄期均有一定提高，其中 100-SFHE 提高最多，为 47.0%。

根据式（5.2）～式（5.4），利用试验获得的 P-CMOD 曲线，便可得到 100-SFHE 和 100-BF 工况混凝土的起裂韧度和失稳韧度，计算过程中的各参数如表 5.2 所示，并与 100-BP 工况进行对比，结果如图 5.22 和图 5.23 所示。

表 5.2 掺加纤维材料后的双 K 断裂参数

工况	龄期/d	P_{ini} /kN	P_{max} /kN	$CMOD_c$ /μm	E/GPa	a_c /m	K_{Ic}^{ini} /(MPa·m$^{1/2}$)	K_{Ic}^{un} /(MPa·m$^{1/2}$)
100-BF	3	0.441	1.026	118.8	7.86	0.0628	0.126	0.570
	28	0.543	1.287	113.0	7.85	0.0589	0.151	0.616
100-SFHE	3	0.446	1.339	1200.0	6.22	0.0841	0.127	2.705
	28	0.544	1.761	1290.0	5.43	0.0813	0.152	2.752

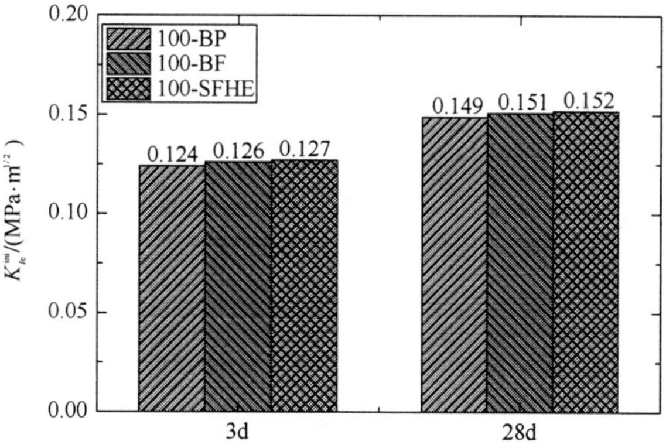

图 5.22　100℃干热环境的起裂韧度

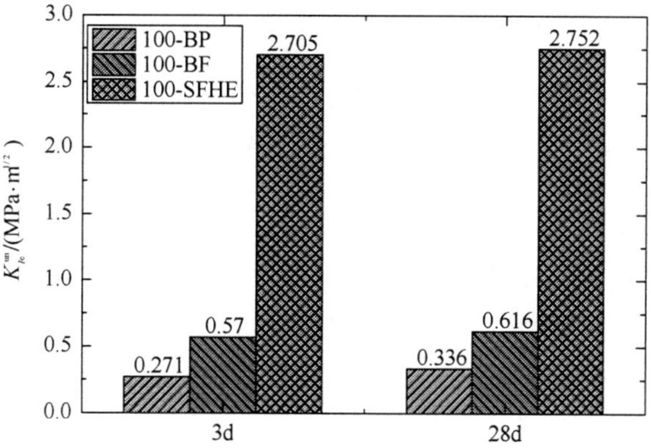

图 5.23　100℃干热环境的失稳韧度

由图 5.22 可知，在 100℃干热环境中，混凝土掺加玄武岩纤维和端钩型钢纤维后其起裂韧度几乎没有变化，说明在该环境中起裂韧度主要与混凝土的基材有关。由图 5.23 可知，在 100℃干热环境中，玄武岩纤维和端钩型钢纤维的掺加均可以提高混凝土的失稳韧度，且钢纤维的提高效果更加明显。这表明混凝土的失稳韧度不仅与混凝土基材的黏聚力有关，还受纤维材料桥连作用的影响。与 100-BP 相比，100-BF 的失稳韧度在 3d 和 28d 龄期时分别提高了 110.3%和 83.3%，100-SFHE 的失稳韧度在 3d 和 28d 龄期时分别增大了 9.0 倍和 7.2 倍。

5.4　混凝土断裂过程数值计算

5.4.1　计算方法

吴智敏等[12]基于线性叠加原理提出了混凝土 I 型裂缝的扩展准则，认为当外荷载引起的裂缝尖端应力强度因子 K_{IP} 与黏聚力引起的裂缝尖端应力强度因子 $K^{\rm c}$ 的差值达到起裂韧度 $K_{I\rm c}^{\rm ini}$ 时裂缝开始扩展，即

$$K_{IP} - K^{\rm c} = K_{I\rm c}^{\rm ini} \tag{5.16}$$

文献[13]和[14]应用该准则对室温下混凝土 I 型裂缝的扩展进行了数值模拟，得到了较好的模拟结果。本节也采用该准则并基于 Paris 位移公式推导三点弯曲梁断裂过程区上的张开位移表达式，从而对各温度工况下基准配合比混凝土的裂缝扩展全过程进行数值计算，具体过程如下。

如图 5.24 所示的三点弯曲梁在裂缝长度 x 处引入一对虚拟力 F，外荷载 P 在裂缝尖端产生的应力强度因子 K_{IP} 由式（5.4）可以得到，虚拟力 F 产生的应力强度因子 K_{IF} 可由应力强度因子手册[5]中无限窄条的应力强度因子近似计算，如式（5.17）所示：

$$K_{IF} = \frac{2F}{\sqrt{\pi a}} T(x/a, a/h) \tag{5.17}$$

其中，$T(x/a,a/h) = \dfrac{G(u,v)}{(1-v)^{3/2}\sqrt{1-u^2}}$，$u = x/a$，$v = a/h$；

$G(u,v) = g_1(v) + g_2(v)\cdot u + g_3(v)\cdot u^2 + g_4(v)\cdot u^3$；

$g_1(v) = 0.46 + 3.06v + 0.84(1-v)^5 + 0.66v^2(1-v)^2$；

$g_2(v) = -3.25v^2$；

$g_3(v) = 6.17 - 28.22v + 34.54v^2 - 14.39v^3 - (1-v)^{3/2} - 5.88(1-v)^5 - 2.64v^2(1-v)^2$；

$g_4(v) = -6.63 + 25.16v - 31.04v^2 + 14.41v^3 + 2(1-v)^{3/2} + 5.04(1-v)^5 + 1.98v^2(1-v)^2$。

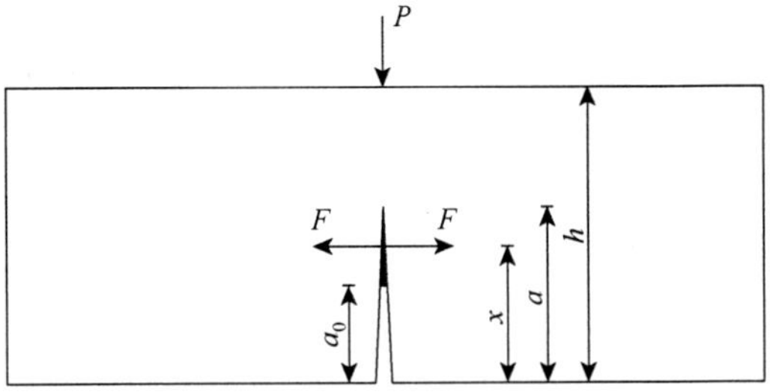

图 5.24　三点弯曲梁受力示意图

本节数值计算采用非线性软化本构关系表示黏聚力 $\sigma(w)$ 与裂缝张开位移 w 的关系，如式（5.18）所示：

$$\sigma(w)/f_{\rm t} = [1 + (c_1 w/w_0)^3]\exp(-c_2 w/w_0) - (w/w_0)(1+c_1^3)\exp(-c_2) \tag{5.18}$$

其中，$f_{\rm t}$ 为混凝土的抗拉强度；c_1 和 c_2 为材料参数；w_0 为黏聚力为零时的裂缝张开位移，本书取 c_1=3，c_2=7.6，w_0=$5G_{\rm F}/f_{\rm t}$。

断裂过程区上裂缝长度 x 处的张开位移可根据式（5.9）计算。裂缝扩展过程的黏聚力分布如图 5.25 所示，图中 a_{w_0} 是一个特征长度，即初始裂缝尖端张开位移为 w_0 时的等效裂缝长度，$a_{\sigma=0}$ 是断裂过程区上裂缝张开为 w_0 的位置。则黏聚力产生的裂缝尖端应力强度因子可由式（5.19）计算：

$$K^{c}=\int_{a'}^{a}\frac{2\sigma(\xi)}{\sqrt{\pi a}}T(\xi/a,a/h)\mathrm{d}\xi \tag{5.19}$$

其中，当 $a_0 \leqslant a \leqslant a_{w_0}$ 时，$a'=a_0$；当 $a > a_{w_0}$ 时，$a'=a_{\sigma=0}$；ξ 为积分变量。

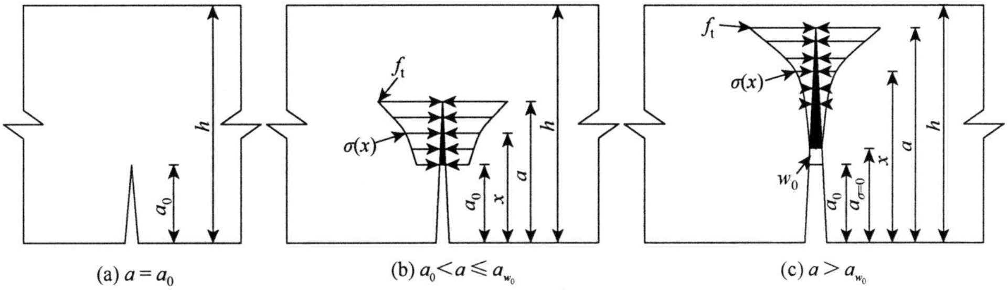

图 5.25　断裂过程区上的黏聚力分布

如图 5.26 所示，一个单位厚板受外力 P 的作用，沿裂缝两侧的两点 A_1、A_2 方向引入一对虚拟力 F，Tada 等[5]基于断裂力学原理指出 A_1、A_2 两点沿其连线方向的相对位移 ΔF 可由式（5.20）计算：

$$\Delta F=\frac{2}{E'}\int_{a_F}^{a_c}K_{IP}\frac{\partial K_{IF}}{\partial F}\mathrm{d}a \tag{5.20}$$

其中，K_{IP} 和 K_{IF} 分别为力 P 和力 F 产生的应力强度因子；本节按平面应力考虑，取 $E'=E$，E 为弹性模量。

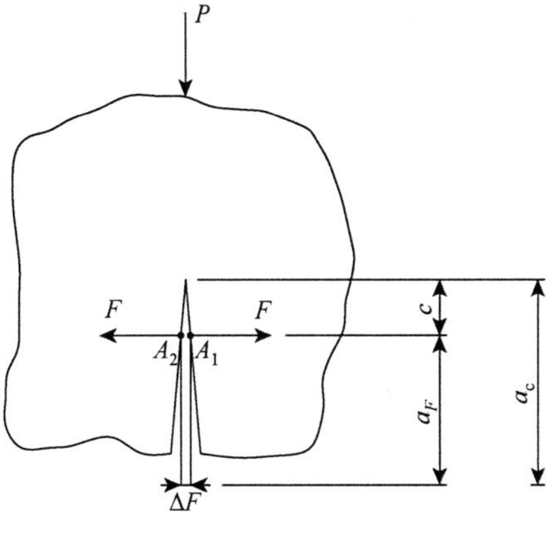

图 5.26　虚拟力及其相对位移示意图

将式（5.4）和式（5.17）代入式（5.20）可得由外荷载产生的裂缝张开位移，如式（5.21）所示，将式（5.17）、式（5.19）代入式（5.20）可得由黏聚力产生的裂缝张开位移，如式（5.22）所示，则断裂过程区任一点的裂缝张开位移可由式（5.23）得到：

$$\delta_1(x)=\frac{2}{E'}\int_x^a\frac{1.5(P+0.5mg)s}{th^2}\sqrt{\xi}F(\xi/h)\times\frac{2}{\sqrt{\pi\xi}}T(x/\xi,\xi/h)\mathrm{d}\xi \quad (5.21)$$

$$\delta_2(x)=-\frac{2}{E'}\int_x^a\int_{a'}^{\xi}\frac{2\sigma(\eta)}{\sqrt{\pi\xi}}T(\eta/\xi,\xi/h)\times\frac{2}{\sqrt{\pi\xi}}T(x/\xi,\xi/h)\mathrm{d}\eta\mathrm{d}\xi \quad (5.22)$$

$$\delta(x)=\delta_1(x)+\delta_2(x) \quad (5.23)$$

其中，ξ 和 η 均为积分变量。

将混凝土的断裂过程分为两个阶段，起裂前以荷载作为控制方式，起裂后以裂缝扩展长度作为控制方式。通过计算每一步的荷载及其对应的裂缝口张开位移，就可得到试件完整的 P-CMOD 曲线。具体步骤如下：

（1）起裂前，荷载从 0 开始以 ΔP 的增量增大到 P_{ini}，由式（5.21）计算每一荷载步的裂缝口张开位移；

（2）起裂后，裂缝从 a_0 开始以 Δa 的扩展长度向前发展，以上一步的裂缝口张开位移 $\text{CMOD}(i-1)$ 作为初始值，假定断裂过程区上的裂缝张开位移满足式（5.9），则可得到相应的初始裂缝尖端张开位移 $\text{CTOD}(i-1)$；

（3）由式（5.18）和式（5.19）可得到黏聚力产生的应力强度因子 K^{c}，进而由式（5.4）和式（5.16）可得该计算步的外荷载 $P(i)$；

（4）将 $\text{CMOD}(i-1)$ 和 $P(i)$ 代入式（5.23）则可得到该计算步的初始裂缝尖端张开位移 $\text{CTOD}(i)$，进一步可得到该计算步的裂缝口张开位移 $\text{CMOD}(i)$。若计算得到的初始裂缝尖端张开位移不满足收敛条件：$\left|\left(\text{CTOD}(i)-\text{CTOD}(i-1)\right)/\text{CTOD}(i)\right|\leqslant\varepsilon$，则将 $\text{CMOD}(i)$ 作为初始值重复步骤（3）和（4），直到满足收敛条件，并记录裂缝口张开位移和对应的外荷载；

（5）重复步骤（2）～（4），直至满足 $a=h$ 或 $P\leqslant 0$ 时计算结束。

5.4.2 计算结果

基于 5.4.1 节的数值计算方法，编写相应的计算程序，并计算得到了各工况的 P-CMOD 曲线。计算结果（即模拟曲线）与试验曲线的对比如图 5.27 所示。由图 5.27 可知，各温度工况数值模拟得到的 P-CMOD 曲线与试验所得曲线总体上吻合较好，表明该数值方法具有较好的模拟效果。

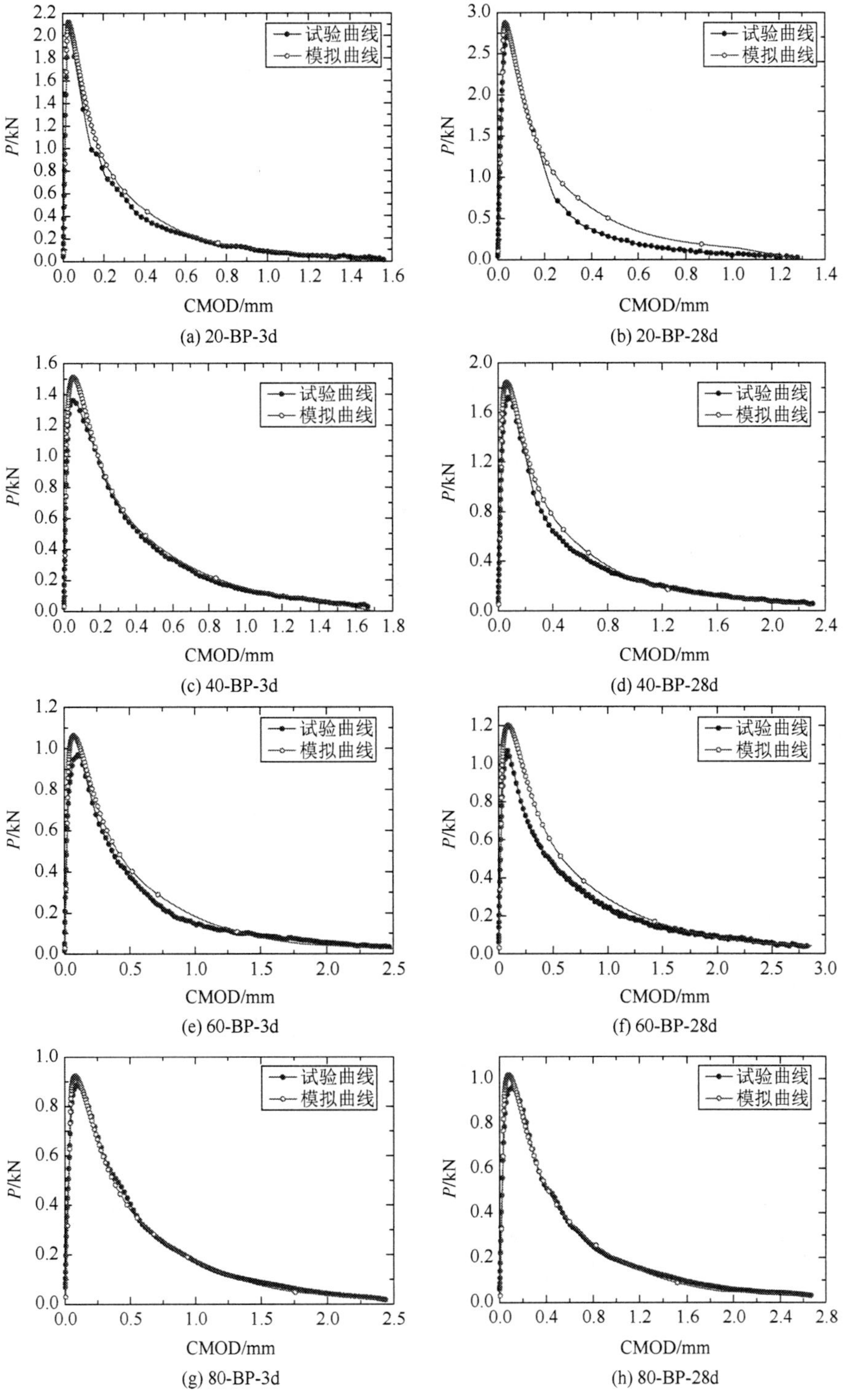

(a) 20-BP-3d　(b) 20-BP-28d

(c) 40-BP-3d　(d) 40-BP-28d

(e) 60-BP-3d　(f) 60-BP-28d

(g) 80-BP-3d　(h) 80-BP-28d

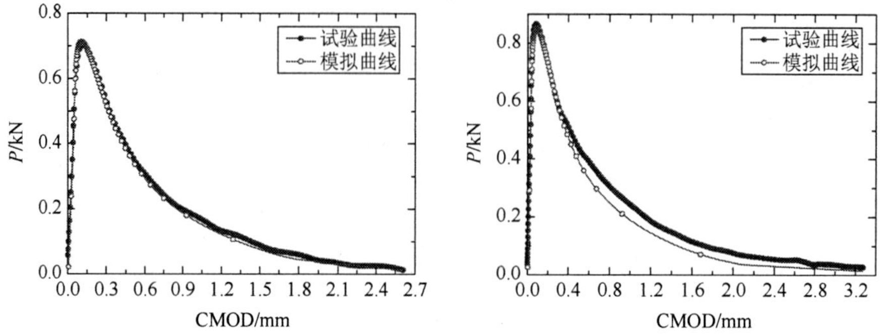

(i) 100-BP-3d (j) 100-BP-28d

图 5.27 数值模拟与试验的 P-CMOD 曲线对比

为研究标准养护环境及干热环境中初始缝高比（a_0/h）和试件高度（h）对混凝土断裂过程的影响，选用 3d 龄期时 20-BP 和 100-BP 的材料参数，保持 h 为 100mm 不变，计算得到了 a_0/h 为 0.2、0.3、0.4、0.5 和 0.6 时的 P-CMOD 曲线，如图 5.28 所示；保持 a_0/h 为 0.2 不变，计算得到了 h 分别为 100mm、150mm、200mm、250mm 和 300mm 时的 P-CMOD 曲线，如图 5.29 所示。混凝土试件在各初始缝高比及试件高度时的 FPZ 长度曲线如图 5.30 和图 5.31 所示。图 5.32 和图 5.33 给出了极值荷载（P_{max}）和最大 FPZ 长度（$l_{FPZ_{max}}$）与初始缝高比及试件高度的关系。

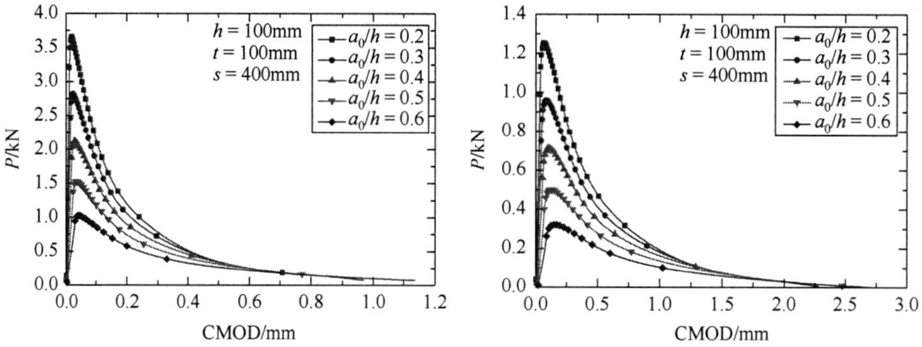

(a) 20-BP (b) 100-BP

图 5.28 不同 a_0/h 的 P-CMOD 曲线

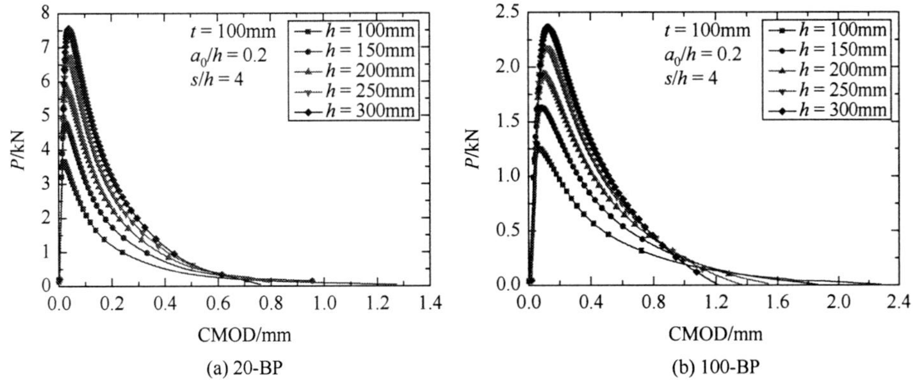

图 5.29　不同 h 的 P-CMOD 曲线

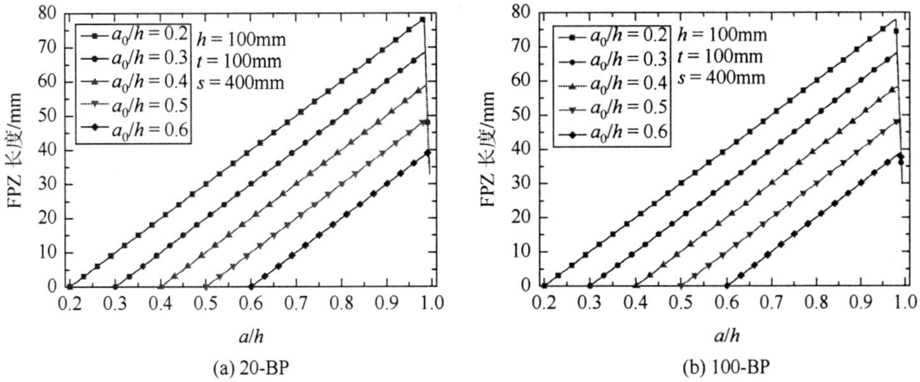

图 5.30　不同 a_0/h 的 FPZ 长度

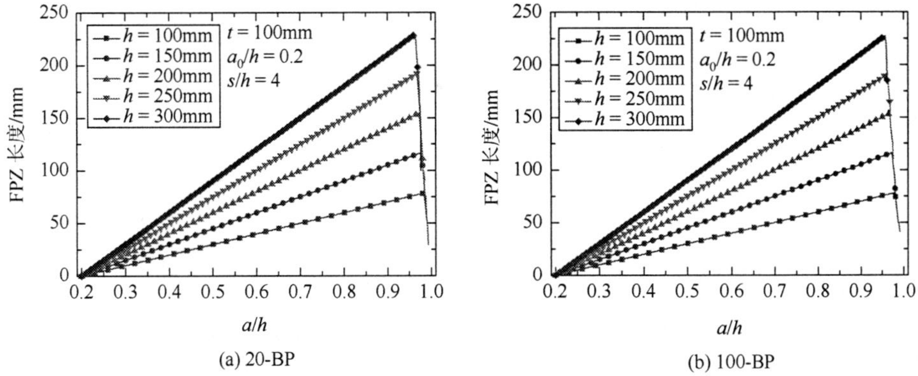

图 5.31　不同 h 的 FPZ 长度

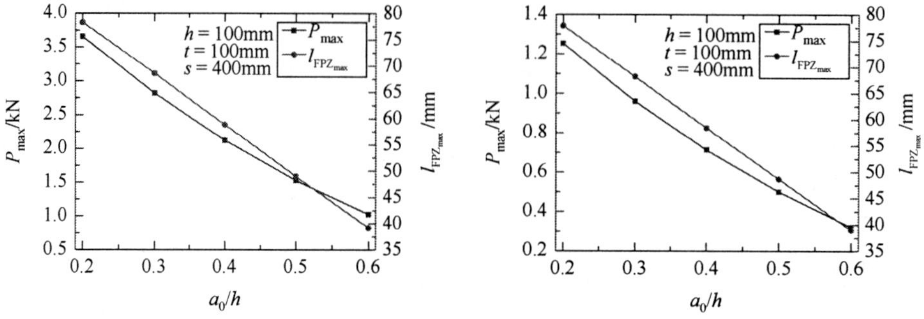

(a) 20-BP　　　　　　　　　　　　(b) 100-BP

图 5.32　不同 a_0/h 的极值荷载和最大 FPZ 长度

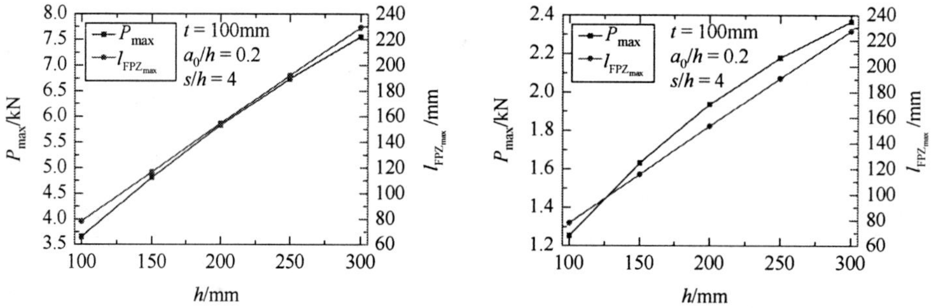

(a) 20-BP　　　　　　　　　　　　(b) 100-BP

图 5.33　不同 h 的极值荷载和最大 FPZ 长度

图 5.34 给出了不同初始缝高比下的失稳韧度，图 5.35 给出了不同试件高度下的失稳韧度，为更全面地研究断裂韧度的尺寸效应，此处将试件高度的计算范围扩大为 100～500mm。

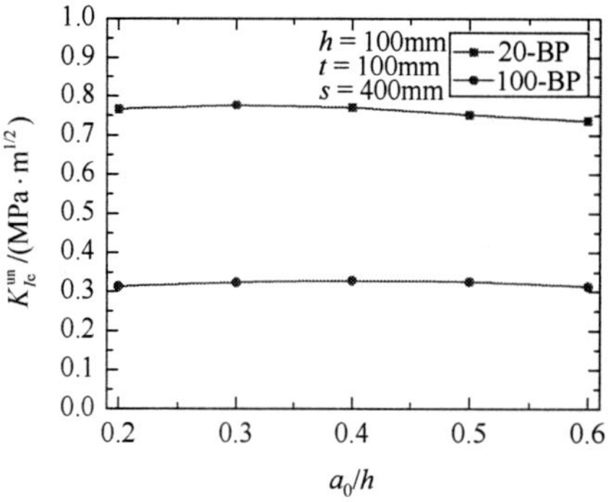

图 5.34　不同 a_0/h 的失稳韧度

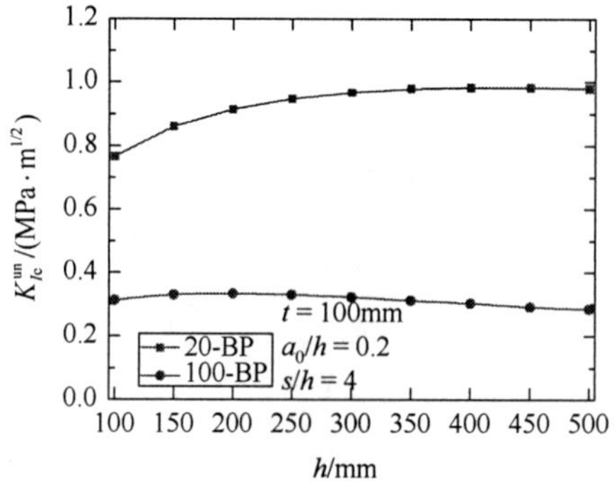

图 5.35　不同 h 的失稳韧度

由图 5.32 可知，干热环境与标准养护环境呈现相同的规律，即随着初始缝高比 a_0/h 的增加，试件的极值荷载逐渐减小，但其减幅逐渐降低。由图 5.33 可知，试件的极值荷载随着试件高度 h 的增加而增大，但增幅不断变小。

由图 5.30～图 5.33 可知，在 $a < a_{w_0}$ 时，随着裂缝长度的增长，FPZ 长度先呈线性增长，此时的 FPZ 长度即为裂缝扩展长度。当 $a = a_{w_0}$ 时，FPZ 长度达到最大值，此后 FPZ 长度开始急剧下降。随着初始缝高比 a_0/h 的增加，试件的最大 FPZ 长度呈减小趋势。在 300mm 的试件高度范围内，随着试件高度 h 的增加，试件的最大 FPZ 长度呈增大趋势。另外，FPZ 长度达到最大值时的裂缝长度与试件高度的比值 a_{w0}/h 随着初始缝高比的增加逐渐增大，随着试件高度的增加逐渐减小。

由图 5.34 可知，无论标准养护环境还是干热环境，当混凝土试件尺寸相同时，其失稳韧度基本不受初始缝高比变化的影响，20-BP 的失稳韧度均在 0.7～0.8，100-BP 的失稳韧度均在 0.3～0.35。由图 5.35 可知，在同一初始缝高比下，100-BP 工况的失稳韧度受试件尺寸影响很小，均在 0.25～0.35，基本不存在尺寸效应。而对于 20-BP 工况，在试件高度小于 200mm 时，其失稳韧度随着 h 的增大有较明显的增长，但在 h 达到 200mm 后增幅明显变缓，失稳韧度基本稳定在 0.9～1.0。这说明标准养护环境下混凝土试件的高度在 200mm 以上时，失稳韧度基本不存在尺寸效应。

参 考 文 献

[1] 张廷毅，高丹盈. 纤维高强混凝土断裂性能研究[M]. 北京：中国建筑工业出版社，2010.

[2] 贾艳东. 不同粗骨料及强度等级混凝土的断裂性能及其实验方法研究[D]. 大连：大连理工大学，2003.

[3] Xu S L, Reinhardt H W. Determination of double-K criterion for crack propagation in quasi-brittle fracture, Part I: Experimental investigation of crack propagation[J]. International Journal of Fracture，1999，98（2）：111-149.

[4] Xu S L，Reinhardt H W. Determination of double-K criterion for crack propagation in quasi-brittle fracture，Part II：Analytical evaluating and practical measuring methods for three-point bending notched beams[J]. International Journal of Fracture，1999，98（2）：151-177.

[5] Tada H，Paris P C，Irwin G R. The Stress Analysis of Cracks Handbook[M]. 3rd ed. New York：ASME Press，2000.

[6] Xu S L，Reinhardt H W. Crack extension resistance and fracture properties of quasi-brittle softening materials like concrete based on the complete process of fracture[J]. International Journal of Fracture，1998，92（1）：71-99.

[7] Reinhardt H W，Xu S L. Crack extension resistance based on the cohesive force in concrete[J]. Engineering Fracture Mechanics，1999，64（5）：563-587.

[8] Jenq Y，Shah S P. Two parameter fracture model for concrete[J]. Journal of Engineering Mechanics，1985，111（10）：1227-1241.

[9] Wecharatana M，Shah S P. Predictions of nonlinear fracture process zone in concrete[J]. Journal of Engineering Mechanics，1983，109（5）：1231-1246.

[10] Hu X Z，Wittmann F H. An analytical method to determine the bridging stress transferred within the fracture process zone：I，general theory[J]. Cement and Concrete Research，1991，21（6）：1118-1128.

[11] Xu F，Wu Z M，Zheng J J，et al. Crack extension resistance curve of concrete considering variation of FPZ length[J]. Journal of Materials in Civil Engineering，2011，23（5）：703-710.

[12] 吴智敏，董伟，刘康，等. 混凝土Ⅰ型裂缝扩展准则及裂缝扩展全过程的数值模拟[J]. 水利学报，2007，38（12）：1453-1459.

[13] 董伟，肖魁，何化南，等. 全级配混凝土Ⅰ型裂缝扩展全过程数值模拟[J]. 工程力学，2013，30（4）：228-234.

[14] 管俊峰，卿龙邦，赵顺波. 混凝土三点弯曲梁裂缝断裂全过程数值模拟研究[J]. 计算力学学报，2013，30（1）：143-148，155.

第6章　干热环境岩石-混凝土界面断裂性能

隧道喷射混凝土与岩石黏结面处容易存在缺陷且强度通常较低，是结构的薄弱部位，在围岩压力等荷载作用下很容易产生界面裂缝，裂缝的扩展会降低支护结构的承载能力，严重时甚至会导致混凝土脱落而丧失支护作用。界面两侧材料的性质差异导致裂缝尖端存在振荡应力奇异性，因此岩石与混凝土黏结面的断裂性能需借助界面力学理论进行研究。本章采用楔入劈拉法进行混凝土与岩石黏结面的断裂性能试验，分析围岩温度对界面断裂性能的影响规律。根据试验得到的P_h-CMOD曲线计算岩石-混凝土界面的断裂能，利用数字图像相关技术观测界面断裂过程区的演化过程，研究界面区裂缝的产生和发展规律。结合试验数据建立岩石-混凝土试件的有限元模型，计算黏结面的起裂韧度。根据试验观测的裂缝长度并以临界裂缝口张开位移为目标值，采用遗传算法得到断裂过程区的黏聚力分布，并由此计算得到岩石-混凝土界面的失稳韧度。

6.1　岩石-混凝土界面的断裂性能试验方法

6.1.1　试件制作

本试验采用一半为岩石，另一半为混凝土的楔入劈拉复合试件，试件尺寸如图6.1所示。为了使岩石与混凝土界面黏结良好，采用人工切槽的方式对岩石表面进行处理，通过岩石凹凸的表面提高黏结面的机械咬合力。分别采用9条深3mm

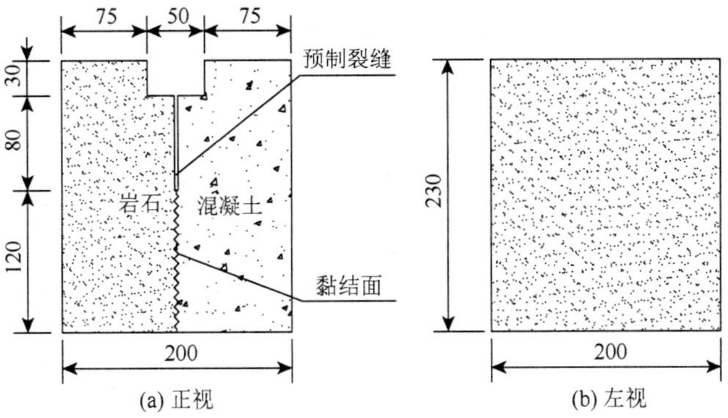

图6.1　楔入劈拉复合试件尺寸（单位：mm）

的横向和竖向切槽将岩石表面等分为 10×10 的小方格，如图 6.2 所示。本试验混凝土原材料性质及配合比与第 3 章相同，岩石选用花岗岩，力学性能参数如表 6.1 所示。

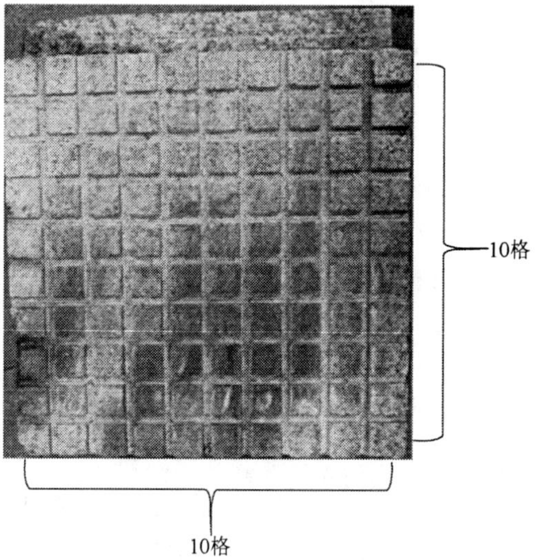

图 6.2　岩石切槽表面

表 6.1　花岗岩力学性能参数

密度/（kg/m^3）	弹性模量/GPa	泊松比	抗压强度/MPa
2641	61.09	0.19	129.8

为了保证各试件界面的粗糙度相同，采用灌砂法对岩石表面进行粗糙度评定。粗糙度用灌砂后转换的平均深度 R_a 表示，用细密的石英砂填充于岩石表面切槽并处理平整，如图 6.3 所示。利用量筒测量灌砂体积，则粗糙度可根据式（6.1）进行计算，通过测量计算，各试件的粗糙度均保持在 1.0～1.15mm。

$$R_a = \frac{V}{A} \tag{6.1}$$

其中，V 为灌砂体积，mm^3；A 为试件横截面面积，mm^2。

拼装试模时将岩石放在试模底部，然后将固定于木条上的刀口薄钢板（图 6.4）放于岩石上方用以制作混凝土的缺口和预制裂缝，拼装好的试模如图 6.5（a）所示。混凝土浇筑前将装有岩石的试模置于恒温干燥箱预热到特定温度（标准养护环境将岩石表面润湿），试件浇筑成型后立刻放于相应的养护环境，5h 后拆除试模继续养护。本试验的养护龄期为 3d 和 28d，试件的成型过程如图 6.5 所示。

图 6.3　灌砂法测试岩石表面粗糙度

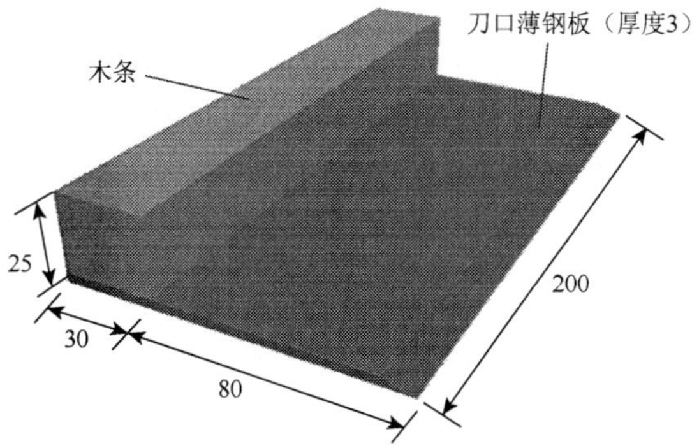

图 6.4　刀口薄钢板尺寸（单位：mm）

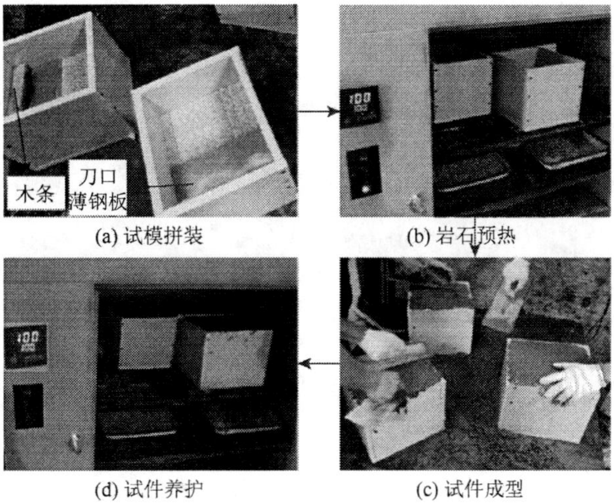

图 6.5　楔入劈拉试件的成型

6.1.2 DIC 测试

1. 测试原理

数字图像相关（digital image correlation，DIC）测试法是最早由 Yamaguchi[1]、Peters 和 Ranson[2]及 Chu 等[3]于 20 世纪提出的一种基于计算机视觉原理和数字图像处理的变形测试技术。该方法具有精度高、非接触、抗干扰能力强、仪器简单、操作方便、能够全场测量等优点，现已广泛应用于混凝土的裂缝发展观测[4-8]。DIC 测试法的基本原理是通过对被测物体变形前后的散斑图像进行模数转换得到其灰度场，并通过相关运算对两幅图像的灰度场进行模数识别，从而获得物体表面的位移场和应变场。

在 DIC 测试时，首先要采集物体变形前后的散斑图像，变形前的散斑图像称为参考图像，表示为 $f(x,y)$，变形后的散斑图像称为目标图像，表示为 $g(x',y')$，如图 6.6 所示。DIC 计算的基本思想是在参考图像 $f(x,y)$ 中选取一个矩形子区作为参考子区，利用参考子区中的散斑灰度信息在目标图像 $g(x',y')$ 中寻找与其对应的目标子区，从而获得参考子区的位置和形状变化。所以，需要找出一组合适的变量用以表征参考子区和目标子区的位移与变形，并建立一个衡量图像相似程度的标准，据此判断目标图像 $g(x',y')$ 中的某一子区域是否与参考子区对应。

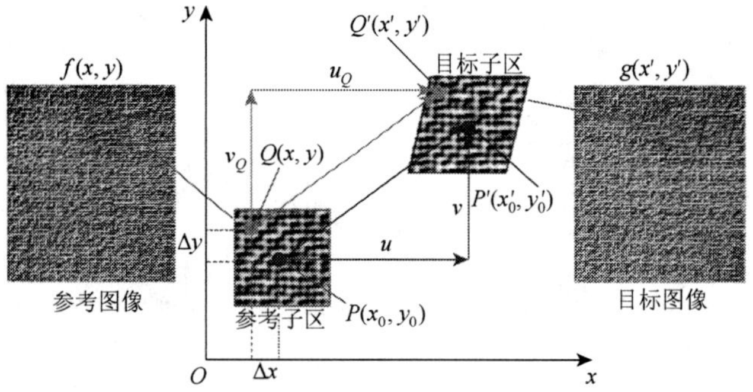

图 6.6　DIC 测试原理示意图

如图 6.6 所示，以像素点 $P(x_0,y_0)$ 为中心的参考子区在变形后移动到点 $P'(x'_0,y'_0)$ 附近，点 P 与 P' 在 x 和 y 方向的位移分别为 u 和 v，则两点间的关系为

$$\begin{cases} x'_0 = x_0 + u \\ y'_0 = y_0 + v \end{cases} \tag{6.2}$$

参考子区中的任意一点 $Q(x,y)$ 与中心点 $P(x_0,y_0)$ 有如下关系：

$$\begin{cases} x = x_0 + \Delta x \\ y = y_0 + \Delta y \end{cases} \tag{6.3}$$

其中，Δx 和 Δy 分别为点 Q 与点 P 在 x 和 y 方向的距离。设点 Q 变形后移动到点 $Q'(x',y')$，点 Q 与 Q' 在 x 和 y 方向的位移分别为 u_Q 和 v_Q，则

$$\begin{cases} x' = x + u_Q \\ y' = y + v_Q \end{cases} \tag{6.4}$$

考虑到变形过程中的拉伸与剪切，当 Δx 和 Δy 足够小时，基于连续介质力学理论将位移表征为泰勒展开形式，用点 P 的位移和位移的一阶导数将 Q 点的位移 u_Q 和 v_Q 近似表示为

$$\begin{cases} u_Q = u + \dfrac{\partial u}{\partial x}\Delta x + \dfrac{\partial u}{\partial y}\Delta y \\ v_Q = v + \dfrac{\partial v}{\partial x}\Delta x + \dfrac{\partial v}{\partial y}\Delta y \end{cases} \tag{6.5}$$

将式（6.5）代入式（6.4）可得

$$\begin{cases} x' = x + u + \dfrac{\partial u}{\partial x}\Delta x + \dfrac{\partial u}{\partial y}\Delta y \\ y' = y + v + \dfrac{\partial v}{\partial x}\Delta x + \dfrac{\partial v}{\partial y}\Delta y \end{cases} \tag{6.6}$$

由式（6.6）可看出，参考子区的位移和变形完全可以通过中心点 P 的位移 u、v 和 4 个偏导数 $\dfrac{\partial u}{\partial x}$、$\dfrac{\partial u}{\partial y}$、$\dfrac{\partial v}{\partial x}$、$\dfrac{\partial v}{\partial y}$ 进行描述。

参考子区和目标子区的匹配通过相关函数的全局极值实现，采用十字相关系数 C 作为衡量两个子区相似程度的判别标准，其函数形式为

$$C = \frac{\sum f(x,y)\cdot g(x',y')}{\sqrt{\sum f^2(x,y)\cdot g^2(x',y')}} \tag{6.7}$$

当 $C=1$ 时，表示两个子区完全相关，当 $C=0$ 时，表示两个子区完全不相关。在实际应用中，通常采用相关因子 S 进行优化计算并寻找极小值，其表达式为

$$S = 1 - C = 1 - \frac{\sum f(x,y)\cdot g(x',y')}{\sqrt{\sum f^2(x,y)\cdot g^2(x',y')}} \tag{6.8}$$

用向量 $P=(p_1,p_2,p_3,p_4,p_5,p_6)=\left(u,v,\frac{\partial u}{\partial x},\frac{\partial u}{\partial y},\frac{\partial v}{\partial x},\frac{\partial v}{\partial y}\right)$ 来表征参考子区的变形，则相关运算可归结为求 S 的最小值问题，即

$$\min S(p_1,p_2,p_3,p_4,p_5,p_6) \tag{6.9}$$

显然，式（6.9）是以 S 为目标函数的无约束多元优化问题，即搜索 S 的极小值点。S 取最小值的必要条件为

$$\frac{\partial S}{p_i}=0,\quad i=1,2,\cdots,6 \tag{6.10}$$

利用牛顿迭代法求解式（6.10）便可以求得子区的变形向量 P，然后通过局部最小二乘拟合可以求得应变场，如式（6.11）所示：

$$\begin{cases}\varepsilon_x=\dfrac{\partial u}{\partial x}\\ \varepsilon_y=\dfrac{\partial v}{\partial y}\\ \tau_{xy}=\dfrac{\partial u}{\partial y}+\dfrac{\partial v}{\partial x}\end{cases} \tag{6.11}$$

2. 散斑场制作

通过分层喷白色和黑色哑光漆制作混凝土试件表面的散斑场是目前最常用的方法，但这种方法需要一定的喷漆技术，往往需要反复尝试，散斑的粒径大小也不易控制，且很难保证每次制作的散斑场相同，而散斑场的质量对 DIC 的测量结果有一定影响[9]。基于上述问题，一些学者提出了新的方法，Chen 等[10, 11]采用水转印技术将数字散斑场转印到金属拉伸试件和混凝土梁表面上，制作的散斑质量高，可重复且操作简便。本章同样采用水转印技术，制作岩石-混凝土楔入劈拉试件的数字散斑场。

在相同条件下，当一个散斑的粒径占图像的 3～5 个像素点时，可以获得最高的测量精度[12, 13]。根据试件尺寸，本试验选用直径为 1mm 的黑色圆形散斑，通过 MATLAB 生成数字散斑场。具体方法为：首先，将整个散斑场区域划分为 $M\times N$ 个网格，并将网格的中心点在 x 和 y 方向随机移动一个距离，得到散斑的圆心坐标。然后，根据散斑的直径 d 和散斑在网格中的占空比 ρ（本书取 0.45）便可以计算出网格的边长 a，如式（6.12）所示：

$$a=\frac{d}{2}\sqrt{\frac{\pi}{\rho}} \tag{6.12}$$

则散斑的圆心坐标 (x_i,y_j) 为

$$\begin{cases} x_i = a(i-0.5)+0.5af(r), & i\in[1,M] \\ y_j = a(j-0.5)+0.5af(r), & j\in[1,N] \end{cases} \tag{6.13}$$

其中，r 为随机度因子，本书取 0.3；$f(r)$ 为区间在 $(-r,r)$ 上的伪随机函数。

结合试件尺寸和观测需求，本试验取 $M=75$，$N=98$，生成的数字散斑场如图 6.7 所示。散斑场生成后，利用激光打印机将其打印到 A4 大小的水转印贴纸上，每张水转印贴纸可打印 2 幅散斑图像。

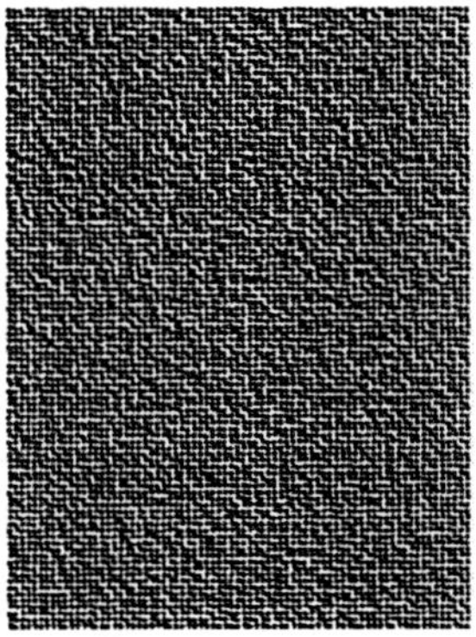

图 6.7　MATLAB 生成的数字散斑场

由于混凝土表面比较粗糙，为保证粘贴效果，需要先用砂纸将试件表面打磨光滑。然后，将白色哑光漆均匀地喷在打磨好的试件表面，以便提高对比度，获得高反差的散斑场，如图 6.8 所示。粘贴时首先将裁剪好的水转印散斑场浸泡在清水中 30～60s 使基纸与水转印膜分离，然后将其贴到试件表面的选定区域并缓慢拉开基纸，用基纸轻轻擦拭水转印膜使其平整无气泡，最后用吹风机加热使其粘贴牢固，粘贴完成的水转印数字散斑场如图 6.9 所示。

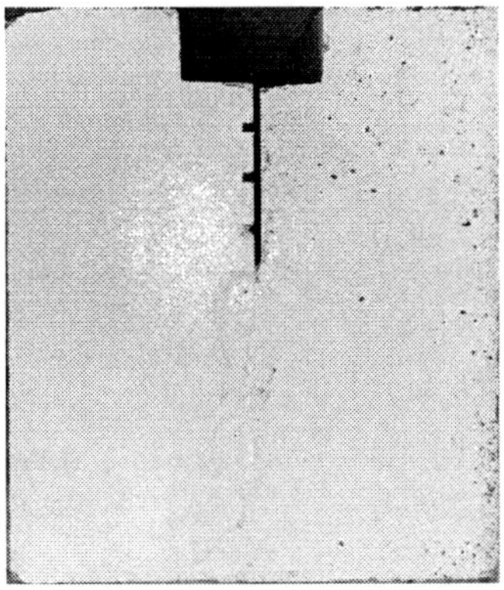

图 6.8　试件表面喷漆

图 6.9　在试件表面粘贴散斑场

3. 测试装置

本试验 DIC 测试装置包括白色光源 2 个、三脚架 1 个、CCD（charge coupled device，电荷耦合器件）工业相机 1 部、计算机 1 台，如图 6.10 所示。其中，CCD 工业相机的像素为 500 万，最大分辨率为 2592pixel×1944pixel，最大采集频率为 15 帧/秒，镜头焦距为 16mm。

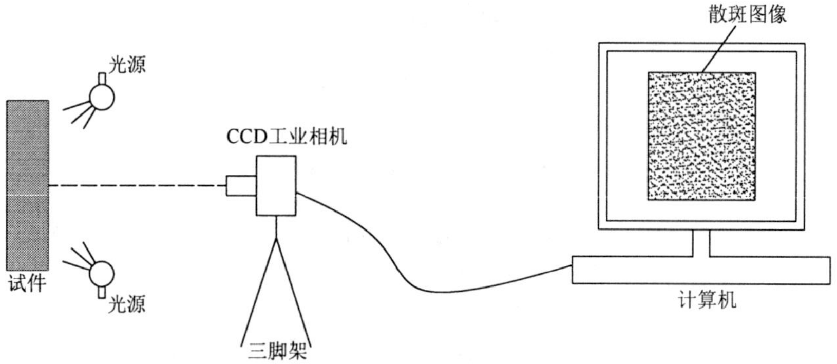

图 6.10　DIC 测试系统示意图

开始试验测试前，将 CCD 工业相机安装在三脚架上并与计算机相连，调整三脚架使图像正立。利用计算机上的图像采集软件 S-EYE 设置图像分辨率为 1600pixel×1200pixel，并根据试件上粘贴的自粘刻度尺对图像的像素长度进行标定，移动三脚架位置使采集的图像满足 50pixel/cm。试验加载的同时开始采集图像并将其存储在计算机上，图像采集频率设置为 1 幅/秒。试验结束后，利用 DIC 计算程序对试验采集的图像进行分析处理。

6.1.3　楔入劈拉试验

楔入劈拉试验装置主要包括加载装置、传力装置、测量装置和采集设备等。本试验采用 30kN 的微机电液伺服万能试验机进行加载，加载方式采用位移控制，加载速度为 0.05mm/min。通过 10kN 的荷载传感器采集竖向外荷载 P_V，采用 YYJ-4/10 型夹式引伸计采集裂缝口张开位移 CMOD。

楔入劈拉试验的传力装置包括楔形加载架、传力板和支座三部分。楔形加载架由一根 H 型钢和两块楔形钢板焊接而成，如图 6.11 所示。传力板分为对称的两块，由钢板焊制而成，每块传力板的两端各装一个内嵌轴承的圆轮，圆轮与传力板通过螺栓连接，如图 6.12 所示。支座由两根圆形钢棒和一块方形钢板制成，其中一根钢棒焊在钢板上，另一根钢棒自由滚动，如图 6.13 所示。

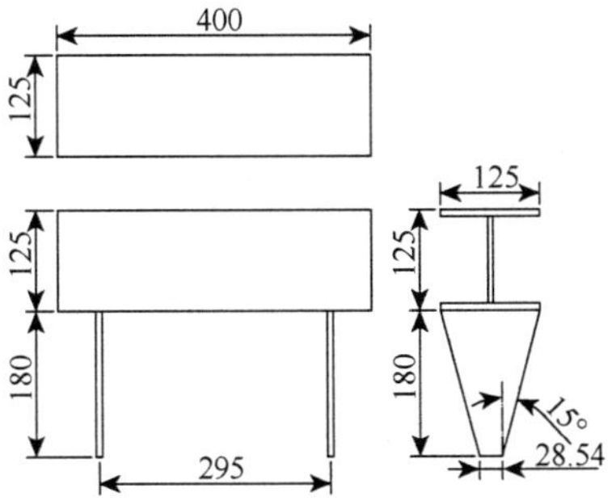

(a) 尺寸图(单位：mm)

(b) 实物图

图 6.11　楔形加载架

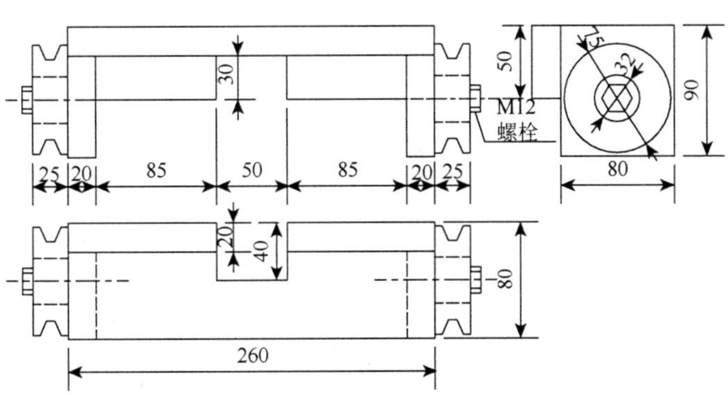

(a) 尺寸图(单位：mm)

(b) 实物图

图 6.12　传力板

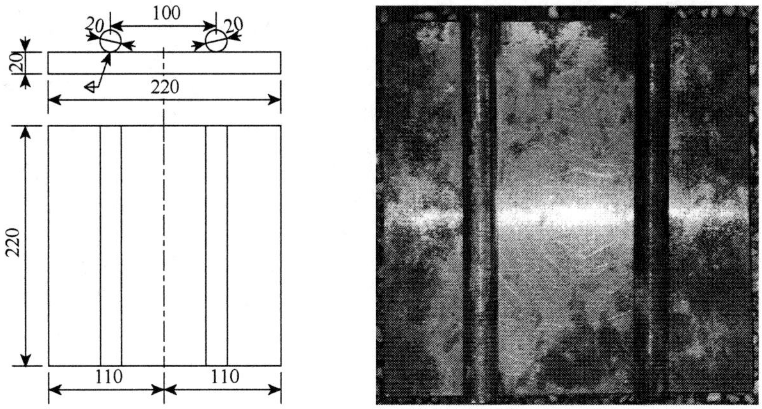

(a) 尺寸图(单位：mm)　　(b) 实物图

图 6.13　支座

岩石-混凝土复合试件的楔入劈拉试验装置示意图及传力过程如图 6.14 所示，整个试验装置的实物图如图 6.15 所示。由图 6.14 可知，经过楔形加载架转化的水平荷载与竖向外荷载的关系如式（6.14）所示：

$$P_{\mathrm{H}} = P_{\mathrm{h}} + P_{\mathrm{h0}} = \frac{P_{\mathrm{V}} + mg}{2\tan\theta} \tag{6.14}$$

其中，P_{H} 为作用在试件上的总水平荷载；P_{V} 为竖向外荷载；m 为楔形加载架的质量，本试验为 11.82kg；g 为重力加速度，本书取 9.81m/s^2；P_{h} 是由竖向外荷载产生

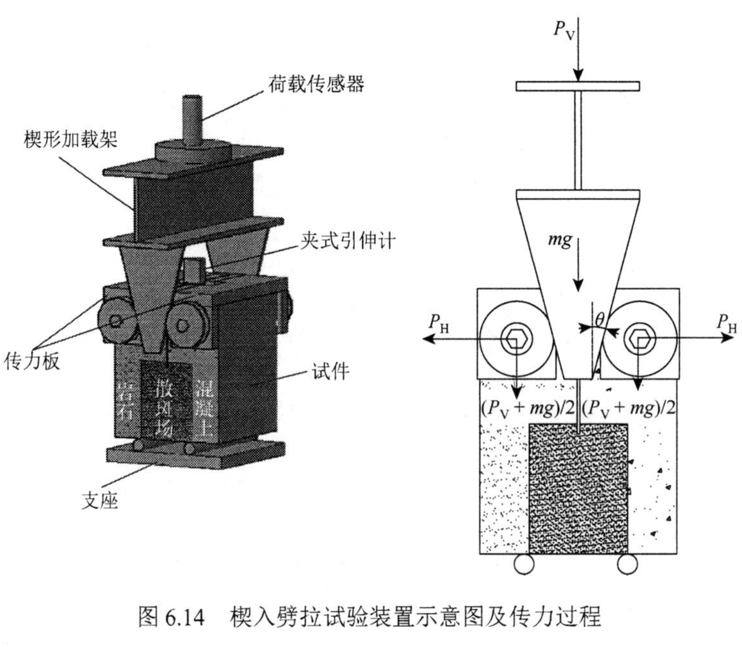

图 6.14　楔入劈拉试验装置示意图及传力过程

的水平荷载，$P_h=\dfrac{P_V}{2\tan\theta}$；$P_{h0}$是由楔形加载架重力产生的水平荷载，$P_{h0}=\dfrac{mg}{2\tan\theta}$；$\theta$为楔形角，本试验为 15°。

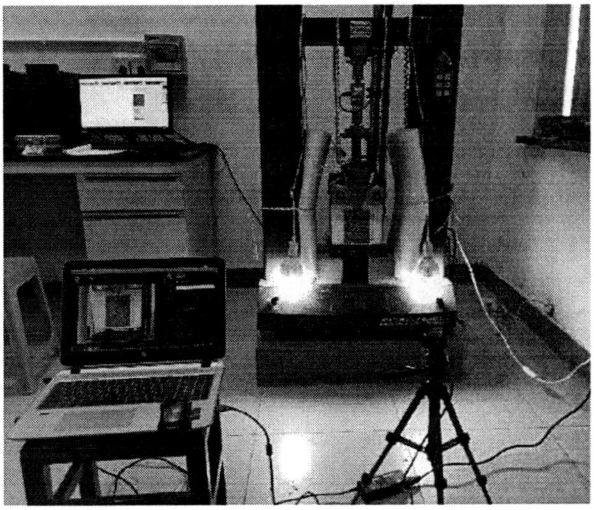

图 6.15　岩石-混凝土界面断裂性能试验装置

6.2　岩石-混凝土试件楔入劈拉试验结果

6.2.1　试件破坏形态

各温度工况基准配合比试件的破坏形态及破坏后典型的界面形式如图 6.16 所示，100℃干热环境掺加端钩型钢纤维改善工况的试件破坏形态如图 6.17 所示。由图 6.16 可知，各工况岩石-混凝土复合试件加载后裂缝均沿界面不断扩展至试件完全破坏，所以各工况试件均为界面破坏。从破坏后的黏结面可以看出，切槽处一部分混凝土从槽内拔出，一部分混凝土被拉断留在岩石凹槽内。另外，由图 6.17 还可以看出，由于钢纤维的桥连作用，在界面产生几毫米宽的裂缝时仍未完全破坏，且破坏后部分钢纤维黏结在岩石界面上。

6.2.2　试验曲线

根据式（6.14）将试验测得的竖向外荷载 P_V 转换为水平荷载 P_h，则各温度工况的水平荷载-裂缝口张开位移（P_h-CMOD）曲线如图 6.18 所示。图 6.19 给出了

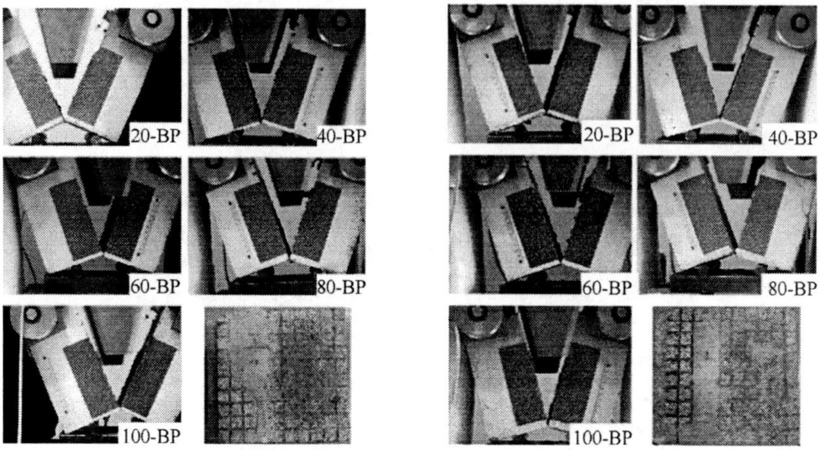

(a) 3d　　(b) 28d

图 6.16　各温度工况试件破坏形态

(a) 3d

(b) 28d

图 6.17　100-SFHE 工况试件破坏形态

100-BP 和 100-SFHE 工况 P_h-CMOD 曲线的对比情况。另外，可以根据 P_h-CMOD 曲线上升段线性到非线性的转折点确定起裂荷载 P_{ini}，如图 6.20 所示。各工况的起裂荷载 P_{ini} 和极值荷载 P_{max} 及其对应的临界裂缝口张开位移 $CMOD_c$ 汇总于表 6.2。

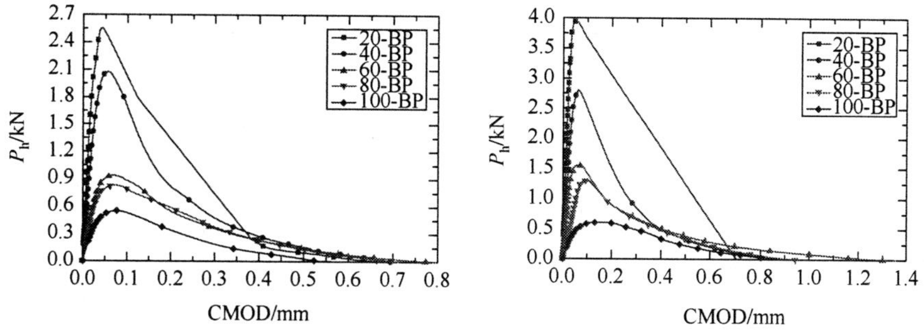

(a) 3d　　(b) 28d

图 6.18　不同温度工况的 P_h-CMOD 曲线

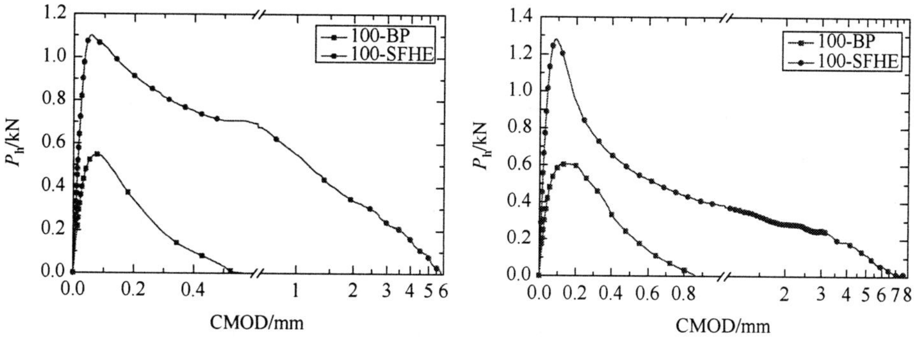

(a) 3d　　(b) 28d

图 6.19　100℃干热环境的 P_h-CMOD 曲线

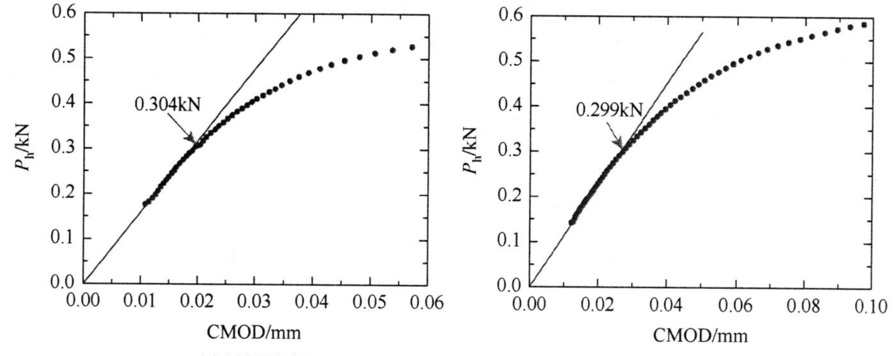

(a) 100-BP-3d　　(b) 100-BP-28d

图 6.20　起裂荷载的确定

表 6.2　各工况的 P_{ini} 和 P_{max} 及 $CMOD_c$

工况	P_{ini}/kN		P_{max}/kN		$CMOD_c$/mm	
	3d	28d	3d	28d	3d	28d
20-BP	1.407	2.519	2.555	3.938	0.0425	0.0554
40-BP	1.396	1.937	2.075	2.802	0.0562	0.0627
60-BP	0.609	1.137	0.938	1.543	0.0686	0.0641
80-BP	0.476	1.030	0.827	1.296	0.0754	0.0993
100-BP	0.304	0.299	0.545	0.603	0.0755	0.1666
100-SFHE	0.469	0.773	1.100	1.279	0.0572	0.0835

由图 6.18 可知，标准养护环境中岩石-混凝土试件加载到极值荷载后，试件迅速破坏，荷载几乎直线下降，难以获得 P_h-CMOD 曲线完整的下降段。而在 40～100℃干热环境中，岩石-混凝土试件的 P_h-CMOD 曲线均具有完整的下降段，且随着温度的升高，P_h-CMOD 曲线的下降段变得更加平缓。

由图 6.19 可知，100-SFHE 工况的 P_h-CMOD 曲线在达到极值荷载后界面裂缝失稳扩展，荷载迅速下降，随后界面上的钢纤维产生桥连作用，曲线存在一个平缓段，待钢纤维被拔出后，荷载又迅速下降至试件完全破坏。另外，由于钢纤维的桥连作用，100-SFHE 工况试件的破坏过程更久，完全破坏时的CMOD 明显大于 100-BP 工况。

由表 6.2 和图 6.18 可知，干热环境中岩石-混凝土复合试件的起裂荷载和极值荷载均明显小于标准养护环境，且随着温度的升高试件的起裂荷载和极值荷载逐渐降低。相对于标准养护环境，100℃干热环境中试件的起裂荷载在 3d 龄期和 28d 龄期时分别降低了 78.4%和 88.0%，极值荷载在 3d 龄期和 28d 龄期时分别降低了 78.7%和 84.7%。另外，与 3d 龄期相比，各工况试件 28d 龄期的极值荷载均有一定提高，其中 20-BP 和 100-BP 工况的 28d 极值荷载分别比 3d 提高了 54.1%和 10.6%。100-BP 工况 28d 龄期试件的起裂荷载略低于 3d 龄期，其余工况 28d 龄期的起裂荷载均高于 3d 龄期，其中 60℃工况 28d 龄期的起裂荷载比 3d 龄期提高了 86.7%。由表 6.2 还可以看出，$CMOD_c$ 随着温度的升高逐渐增大。

由表 6.2 和图 6.19 可知，端钩型钢纤维的掺加能够显著提高岩石-混凝土试件的起裂荷载和极值荷载，与 100-BP 工况相比，掺加端钩型钢纤维后 3d 龄期试件的起裂荷载和极值荷载分别提高了 54.3%和 101.8%，28d 龄期试件的起裂荷载和极值荷载分别提高了 1.59 倍和 1.12 倍。

6.2.3 界面断裂能

界面断裂能 G_F 是指黏聚力在裂缝张开方向单位面积上做功所产生的能量耗散，对于本章的楔入劈拉试件，界面裂缝扩展所需的能量由外荷载和楔形加载架重力做功提供。如图 6.21 所示，试件完全断裂所需做的功 W 为

$$W = W_0 + W_1 + W_2 + W_3 \tag{6.15}$$

其中，W_0 为外荷载所做的功，即 P_h-CMOD 曲线与坐标轴所围面积；W_1、W_2、W_3 为楔形加载架重力所做的功；$W_1=\dfrac{mg\text{CMOD}_0}{2\tan\theta}$，$\text{CMOD}_0$ 为裂缝口最大张开位移；$W_2=\dfrac{m^2g^2}{8k_0\tan^2\theta}$，$k_0$ 为 P_h-CMOD 曲线起始直线段的斜率；W_3 通过尾部拟合曲线与坐标轴所围面积计算，根据本章试验，曲线采用对数函数拟合最为合适。

断裂能 G_F 可通过式（6.16）计算：

$$G_F = \frac{W_0 + W_1 + W_2 + W_3}{A_{\text{lig}}} \tag{6.16}$$

其中，A_{lig} 为断裂韧带的面积，$A_{\text{lig}} = t(h - a_0)$，$t$ 为试件厚度，h 为试件高度，a_0 为预制的初始裂缝长度。

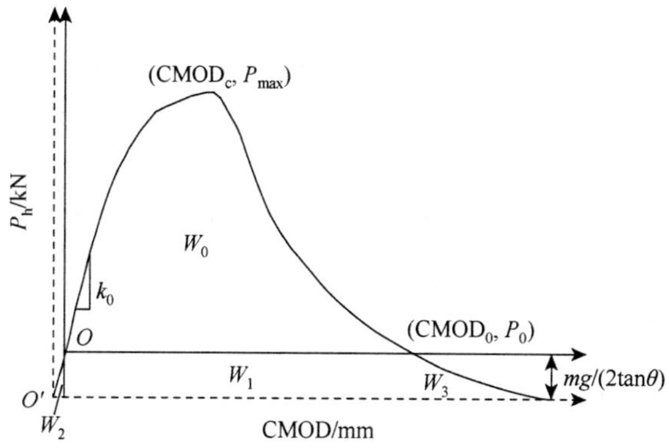

图 6.21　断裂能计算示意图

利用试验得到的 P_h-CMOD 曲线，根据式（6.16）可计算得到岩石-混凝土试件的界面断裂能，各工况试件 3d 和 28d 龄期的界面断裂能如图 6.22 所示。

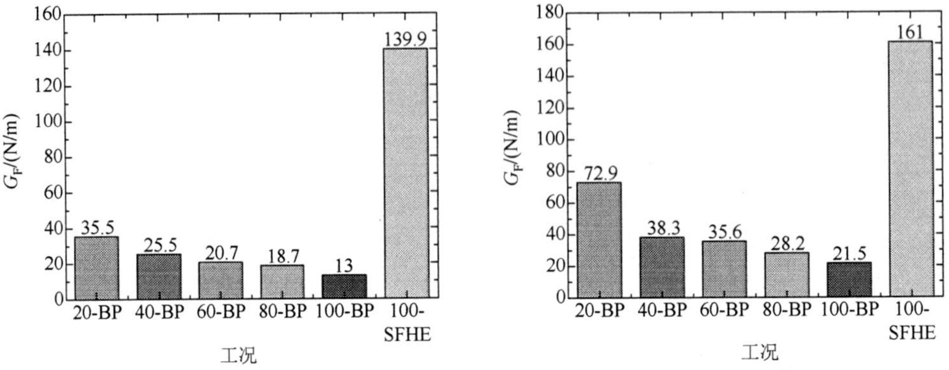

(a) 3d　　(b) 28d

图 6.22　各工况试件的界面断裂能

由图 6.22 可知，各温度干热环境中试件的界面断裂能在 3d 和 28d 龄期均低于标准养护环境，且随着温度的升高，界面断裂能不断降低。与 20-BP 工况相比，40-BP、60-BP、80-BP 和 100-BP 工况试件的界面断裂能在 3d 龄期时分别降低了 28.2%、41.7%、47.3%和 63.4%，在 28d 龄期时分别降低了 47.5%、51.2%、61.3%和 70.5%。端钩型钢纤维的掺加可以极大地提高干热环境中岩石-混凝土界面的断裂能，100-SFHE 工况 3d 和 28d 龄期的界面断裂能分别比 100-BP 工况提高了 9.8 倍和 6.5 倍。此外，各工况试件 28d 龄期的界面断裂能相比 3d 龄期均有一定提高，其中 100-BP 和 100-SFHE 的 28d 龄期界面断裂能分别比 3d 龄期提高了 65.4%和 15.1%。

6.3　岩石-混凝土试件 DIC 测试结果

6.3.1　位移场和应变场

通过 DIC 测试可获得加载过程中各时刻试件表面的位移场和应变场，如图 6.23 所示。本节给出了 3d 龄期各温度工况试件在极值荷载时刻和邻近破坏时刻的位移场和应变场云图，如图 6.24 和图 6.25 所示。

由图 6.24 和图 6.25 可以直观地观察到岩石-混凝土试件在加载过程中的位移和应变分布情况，从应变场中还可以清晰地看出界面裂缝的位置和扩展路径。但是，直接利用位移场或应变场云图获得界面裂缝的尺寸却不易实现。这是由于直接通过位移云图难以进行定量分析，裂缝尺寸的确定受主观判断的影响较大。另外，DIC 测试直接获得的是位移场，通过位移场进一步计算得到的应变场易受噪声和应变标距等因素影响，所以通过应变场获得的裂缝扩展长度和裂缝宽度不够准确。因此，本章利用 DIC 测得的位移场，在 6.3.2 节给出了界面裂缝尺寸的确定方法。

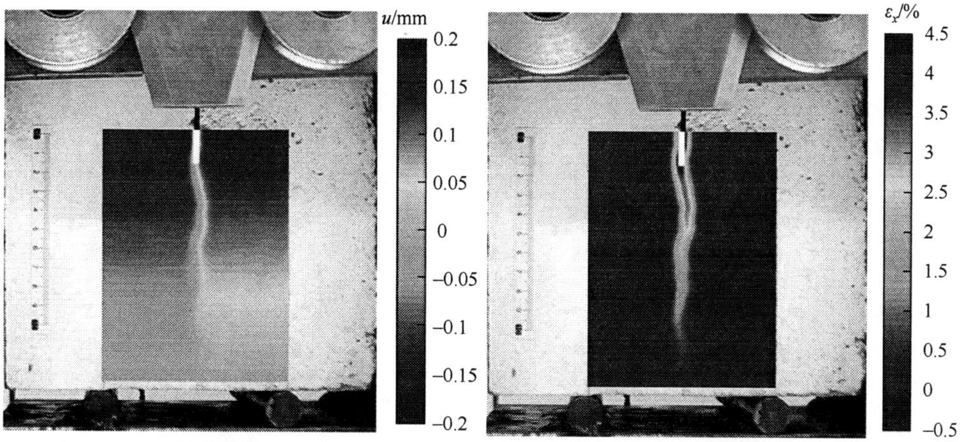

(a) 位移场　　(b) 应变场

图 6.23　岩石-混凝土试件表面的位移场和应变场

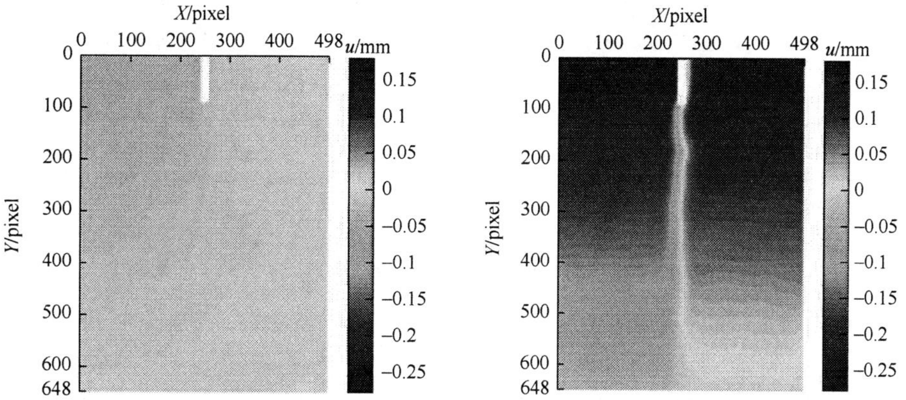

(a) 20-BP极值时刻　　(b) 20-BP破坏时刻

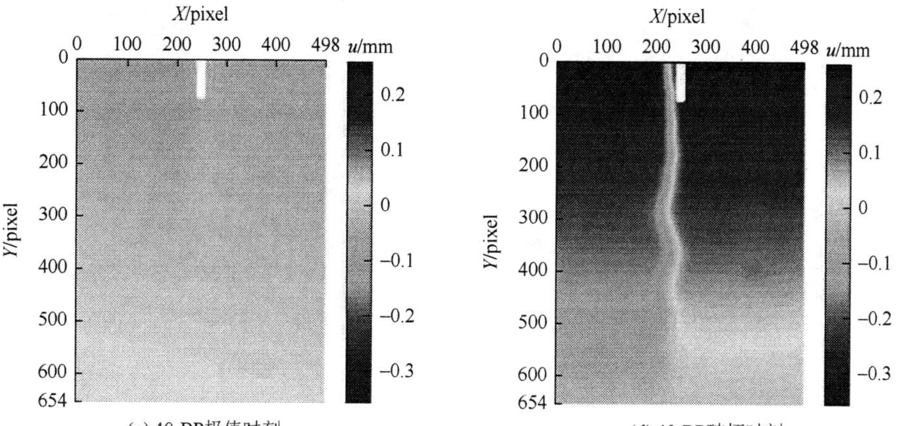

(c) 40-BP极值时刻　　(d) 40-BP破坏时刻

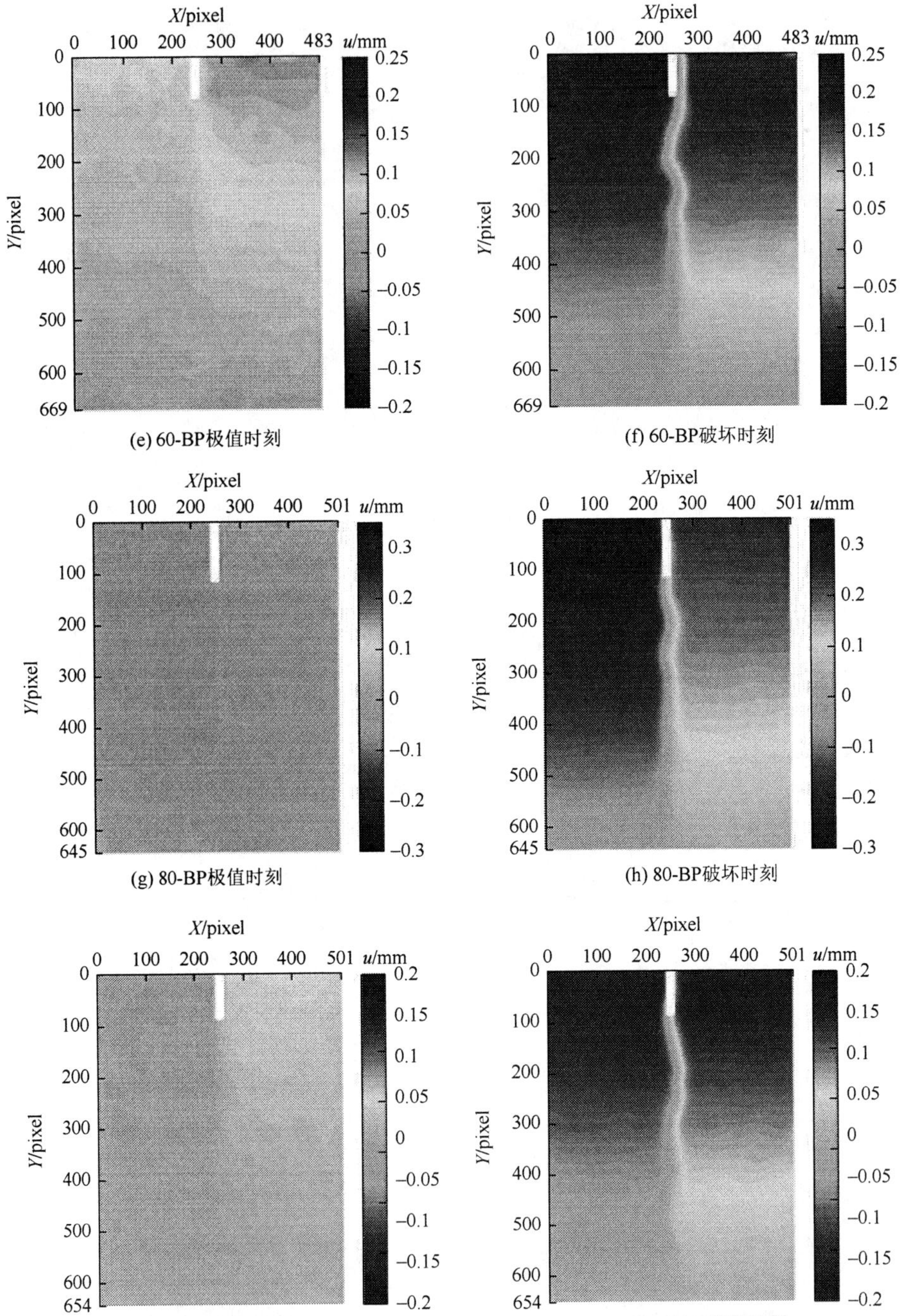

(e) 60-BP极值时刻　(f) 60-BP破坏时刻

(g) 80-BP极值时刻　(h) 80-BP破坏时刻

(i) 100-BP极值时刻　(j) 100-BP破坏时刻

图 6.24　各温度工况试件的位移场云图

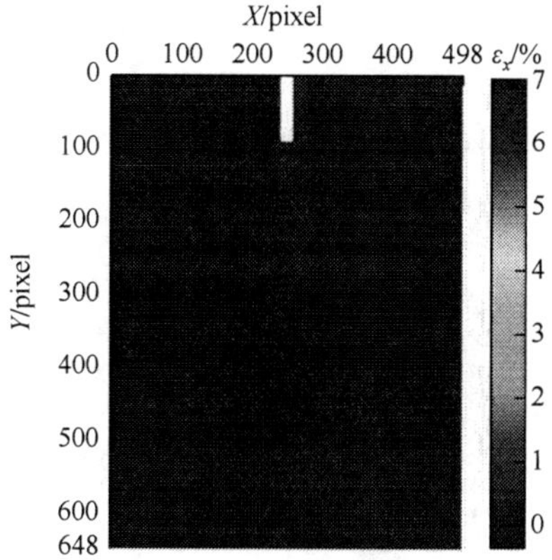

(a) 20-BP极值时刻

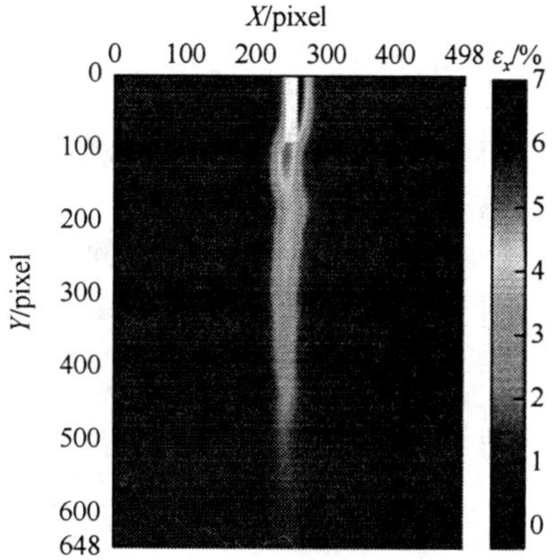

(b) 20-BP破坏时刻

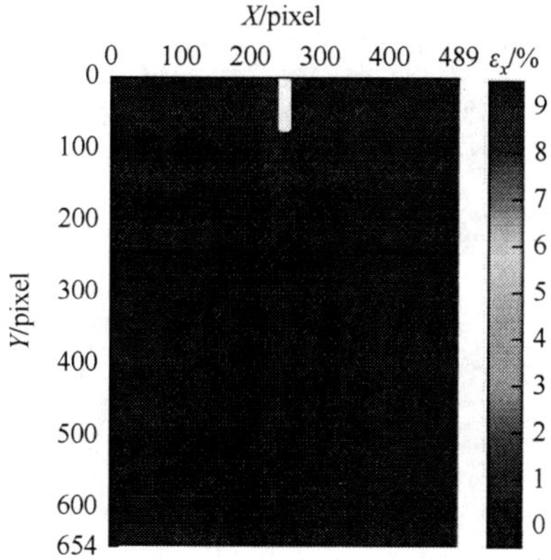

(c) 40-BP极值时刻

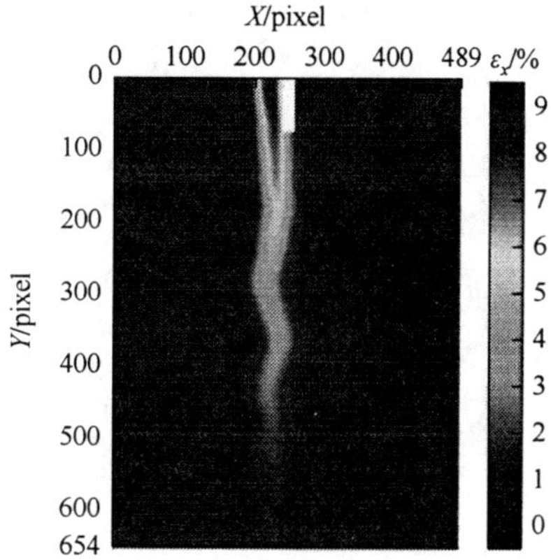

(d) 40-BP破坏时刻

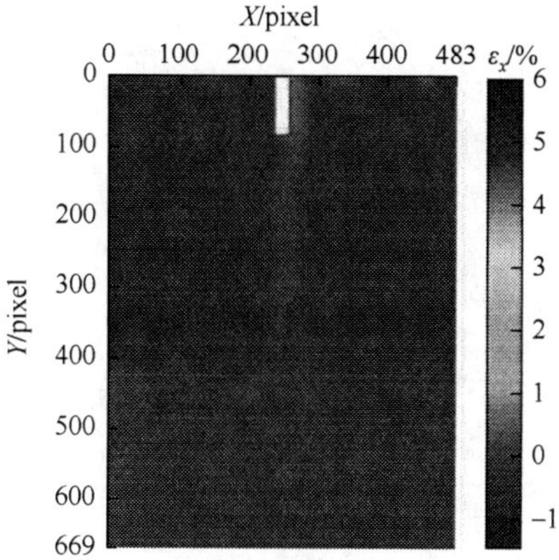

(e) 60-BP极值时刻

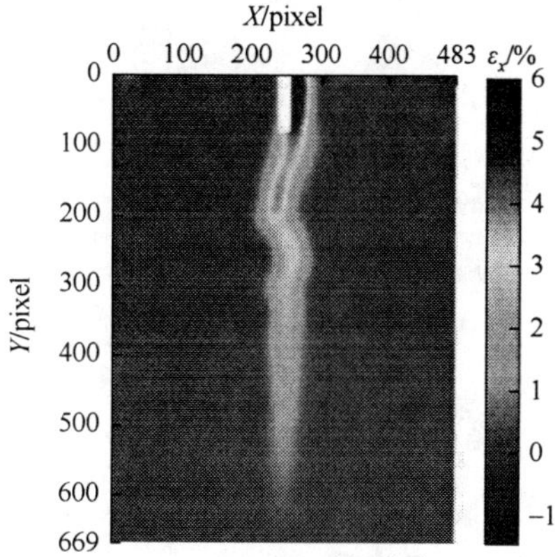

(f) 60-BP破坏时刻

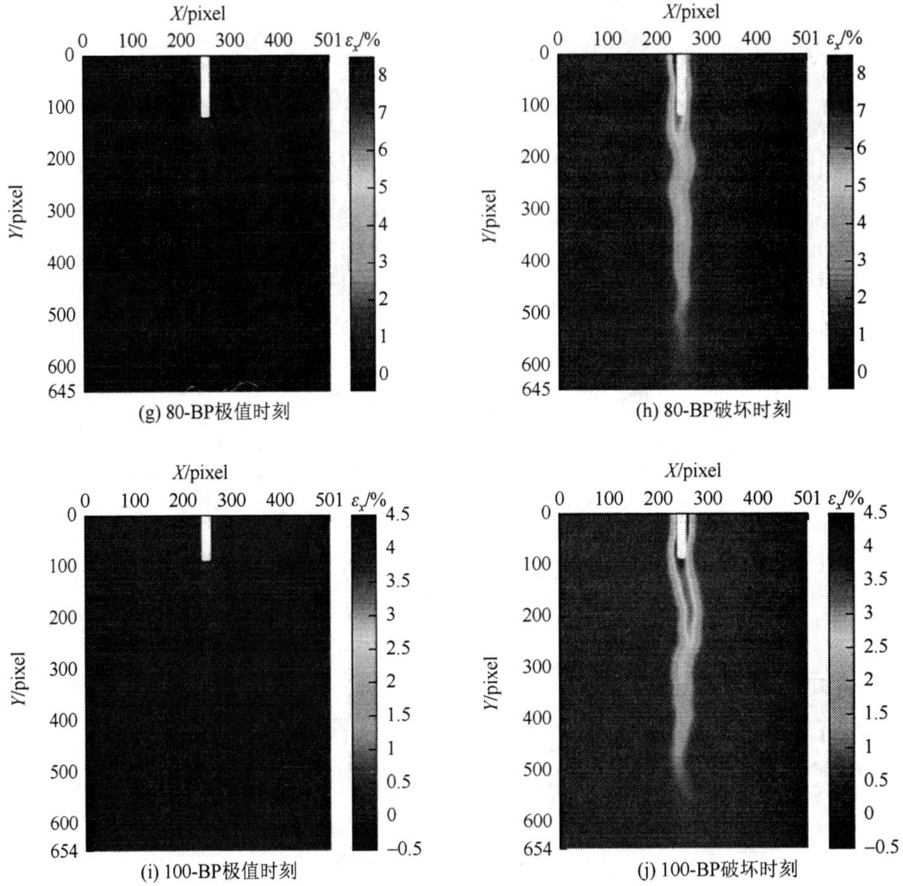

图 6.25　各温度工况试件的应变场云图

6.3.2　界面裂缝尺寸的确定方法

以 100-BP 工况 3d 龄期为例，在试件预制的初始裂缝开口处建立坐标系，并选定合适的计算区域，使其基本包含整个初始韧带长度，如图 6.26 所示。在计算区域内，沿 X 和 Y 方向每隔 3 个像素点选取一个计算点，所选工况试件的计算区域内共包含 36792（168×219）个计算点。依次连接计算区域左右边缘的计算点，则线段 A_1B_1、A_2B_2、…、A_nB_n（本例 $n=219$）均平行于 X 轴。计算区域内各计算点任意荷载时刻的位移值均可通过 DIC 测试获得，由于本章试件主要产生沿界面的张开型断裂破坏，裂缝沿 Y 向的滑开位移（v）很小，所以下面采用沿 X 向的张开位移（u）研究裂缝的发展情况。

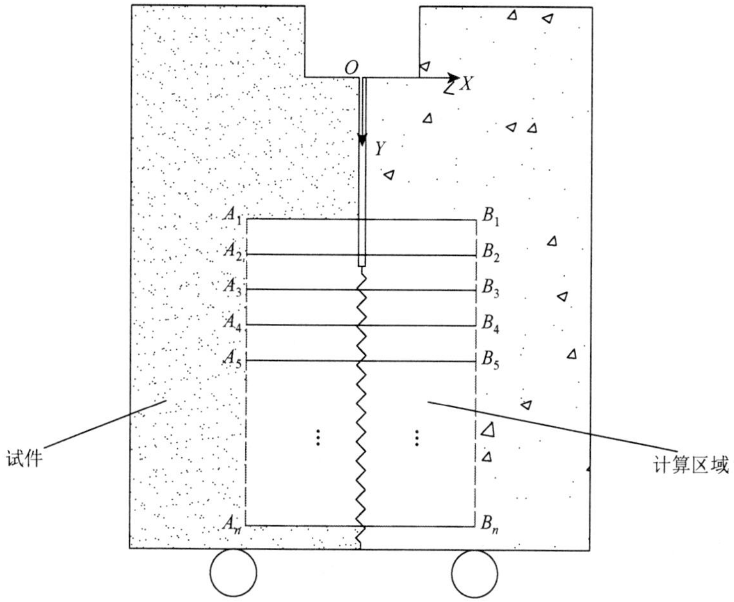

图 6.26　试件计算区域

如图 6.27 所示，在 P_h-CMOD 曲线上选取 5 个荷载时刻，其中 $P_1 = 32.8\% P_{max}$，$P_2 = 72.6\% P_{max}$，$P_3 = P_{max}$，$P_4 = 46.4\% P_{max}$，$P_5 = 5.8\% P_{max}$。图 6.28 给出了线段 $A_{31}B_{31}$（$Y = 80$mm，初始裂缝尖端位置）、$A_{100}B_{100}$ 和 $A_{200}B_{200}$ 中点左右各 10mm 内计算点的位移 u 在 P_1、P_2、P_3、P_4、P_5 荷载时刻的分布情况。

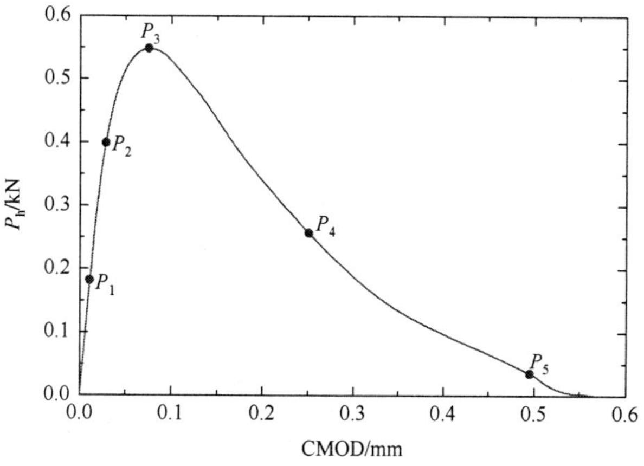

图 6.27　5 个荷载时刻的选取

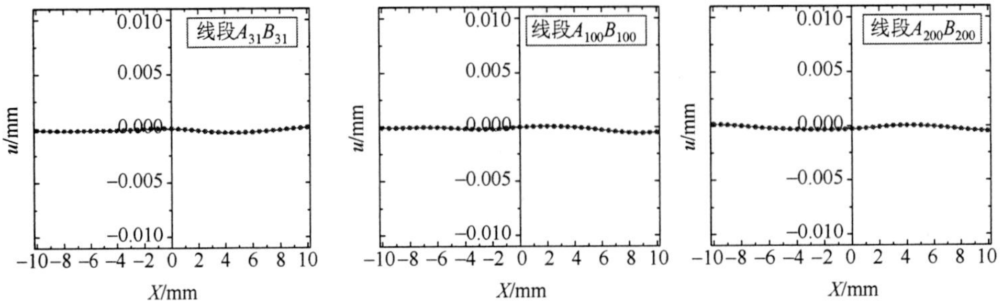

(a) P_1时刻

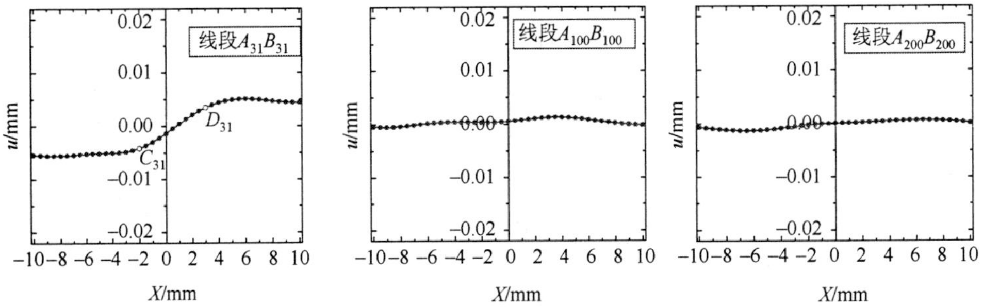

(b) P_2时刻

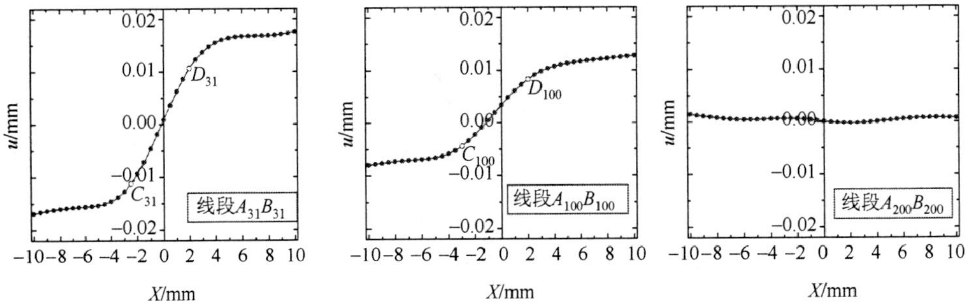

(c) P_3时刻

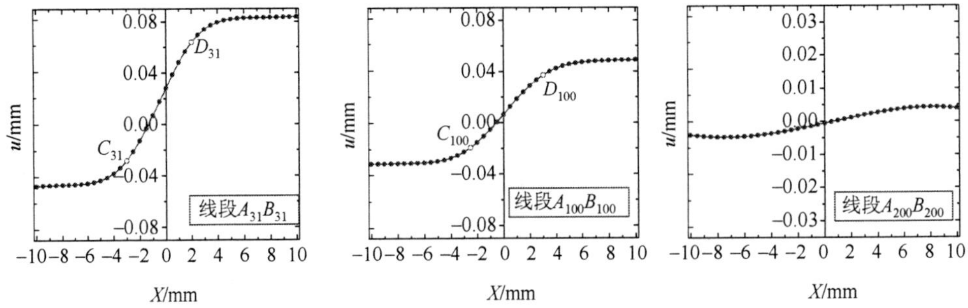

(d) P_4时刻

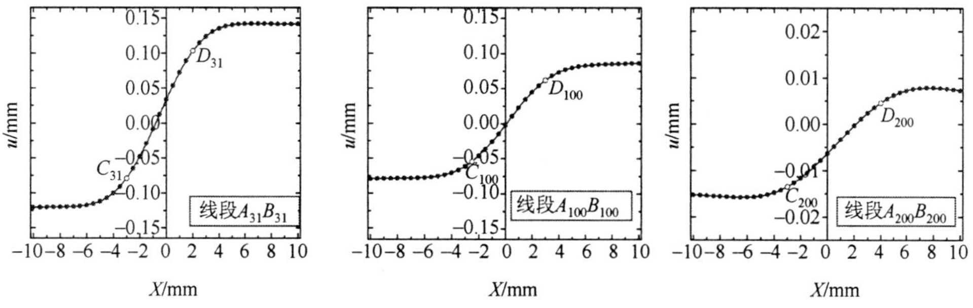

(e) P_5时刻

图 6.28　100-BP-3d 试件在不同荷载时刻的位移分布

由图 6.28 可知，相同荷载水平的不同线段，以及不同荷载水平同一线段上的计算点位移值分布均明显不同。由图 6.28（a）可知，在 P_1 荷载作用时，$A_{31}B_{31}$、$A_{100}B_{100}$ 和 $A_{200}B_{200}$ 三条线段上各计算点的位移值波动均很小，基本呈一条水平线，位移值均在−1～1μm。这表明在 P_1 荷载作用下试件尚处于弹性阶段，变形很小，此时界面裂缝还未形成。另外，图 6.29（a）给出了 P_1 荷载作用时 $A_{31}B_{31}$ 上计算点位移分布曲线的曲率，可以看出该时刻各点的曲率值均在 10^{-4} 以下，无特别突出的峰值，这也说明了试件的初始裂缝尖端尚无微裂纹产生。

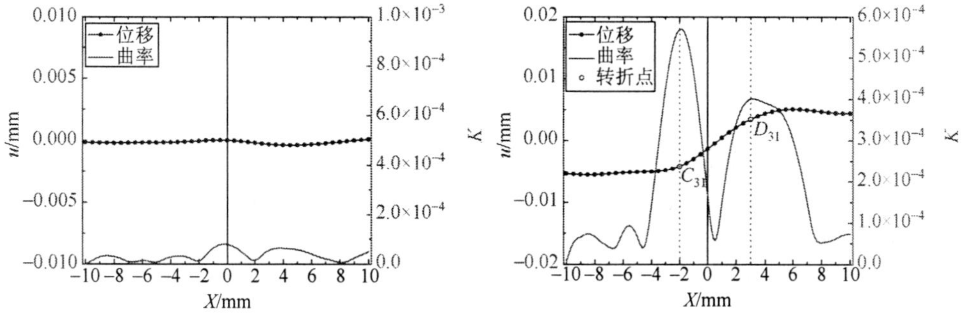

(a) P_1时刻　(b) P_2时刻

图 6.29　线段 $A_{31}B_{31}$ 上计算点的位移分布曲线曲率及转折点

由图 6.28（b）可知，当荷载增加到 P_2 时，$A_{100}B_{100}$ 和 $A_{200}B_{200}$ 上计算点的位移值仍然很小，且基本呈一条水平线分布。而 $A_{31}B_{31}$ 上计算点的位移值明显增大，分布在−6～6μm。此外，可以看到位移值在线段 $A_{31}B_{31}$ 中点附近出现了跳跃现象，这表明在 P_2 荷载作用下初始裂缝尖端已产生了微裂纹，岩石-混凝土界面的断裂过程区已开始扩展。$A_{31}B_{31}$ 上计算点的位移分布曲线在中点左边和右边均存在一

个转折点 C_{31} 和 D_{31}，一般认为 C_{31} 和 D_{31} 即为线段 $A_{31}B_{31}$ 上裂缝的左右边界点[14]。图 6.29（b）给出了 C_{31} 和 D_{31} 位置的确定方法，可以观察到此时位移分布曲线的曲率 K 出现了左右两个明显的峰值，这两个峰值即对应着 C_{31} 和 D_{31} 的位置。此时 C_{31} 和 D_{31} 间的位移差值为 7.2μm，该值即为 P_2 荷载作用下 $A_{31}B_{31}$ 位置的裂缝张开位移。

由图 6.28（c）可知，当荷载增加到极值荷载时，$A_{31}B_{31}$ 和 $A_{100}B_{100}$ 上计算点的位移值均出现了跳跃，且转折点 C_{31} 和 D_{31} 间的位移差也明显增大，而 $A_{200}B_{200}$ 上计算点的位移仍基本呈水平线分布。说明在极值荷载作用时，界面断裂过程区进一步扩展，裂缝已经过 $A_{100}B_{100}$ 位置，但还未扩展至 $A_{200}B_{200}$ 位置。

由图 6.28（d）和（e）可知，当荷载下降至 P_4 和 P_5 荷载时，界面断裂过程区继续扩展，裂缝张开位移进一步增大。在 P_4 荷载作用下，$A_{200}B_{200}$ 上计算点的位移分布有产生跳跃的趋势，说明此时裂缝尖端已接近 $A_{200}B_{200}$ 位置。在 P_5 荷载时刻，$A_{31}B_{31}$、$A_{100}B_{100}$ 和 $A_{200}B_{200}$ 上计算点的位移值均出现了明显跳跃，表明此时裂缝已经超过 $A_{200}B_{200}$ 位置，基本贯穿整个韧带长度，试件即将完全破坏。

以上结果表明，随着试验加载的进行，试件的界面断裂过程区逐渐形成并发展，裂缝沿 Y 轴正向依次经过 A_1B_1、A_2B_2、A_3B_3、…、A_nB_n，并最终扩展至试件边界，试件完全破坏。假设在任意荷载时刻 P_k 作用下，A_1B_1、A_2B_2、A_3B_3、…、A_iB_i 上计算点的位移值均出现了明显的跳跃，而 $A_{i+1}B_{i+1}$ 上计算点的位移值无明显跳跃，基本呈水平线，则可以判断出裂缝尖端的位置恰好在线段 A_iB_i 上。利用位移分布曲线的左右曲率峰值依次确定线段 A_1B_1、A_2B_2、A_3B_3、…、A_iB_i 上裂缝的左右边界点 C_1 与 D_1、C_2 与 D_2、C_3 与 D_3、…、C_i 与 D_i。那么，断裂过程区上任意位置 A_jB_j（$1 \leqslant j \leqslant i$）处裂缝的张开位移 u 和滑开位移 v 可分别由点 C_j 和 D_j 在 X 向和 Y 向的位移差计算得到。依次连接裂缝的左右边界点 C_1 与 D_1、C_2 与 D_2、C_3 与 D_3、…、C_i 与 D_i，则可以获得任意荷载 P_k 作用下的界面裂缝尺寸和扩展路径。

6.3.3 界面断裂过程区演化过程

根据 6.3.2 节的方法编写程序，对 DIC 测得的各工况试件全场位移值进行处理，可以得到各级荷载作用下裂缝的扩展情况，从而得到断裂过程区的整个演化过程。本节给出了各温度工况试件 3d 龄期时在 7 个不同荷载时刻界面断裂过程区（FPZ）的扩展过程及裂缝区的张开位移 u 和滑开位移 v，如图 6.30～图 6.34 所示。

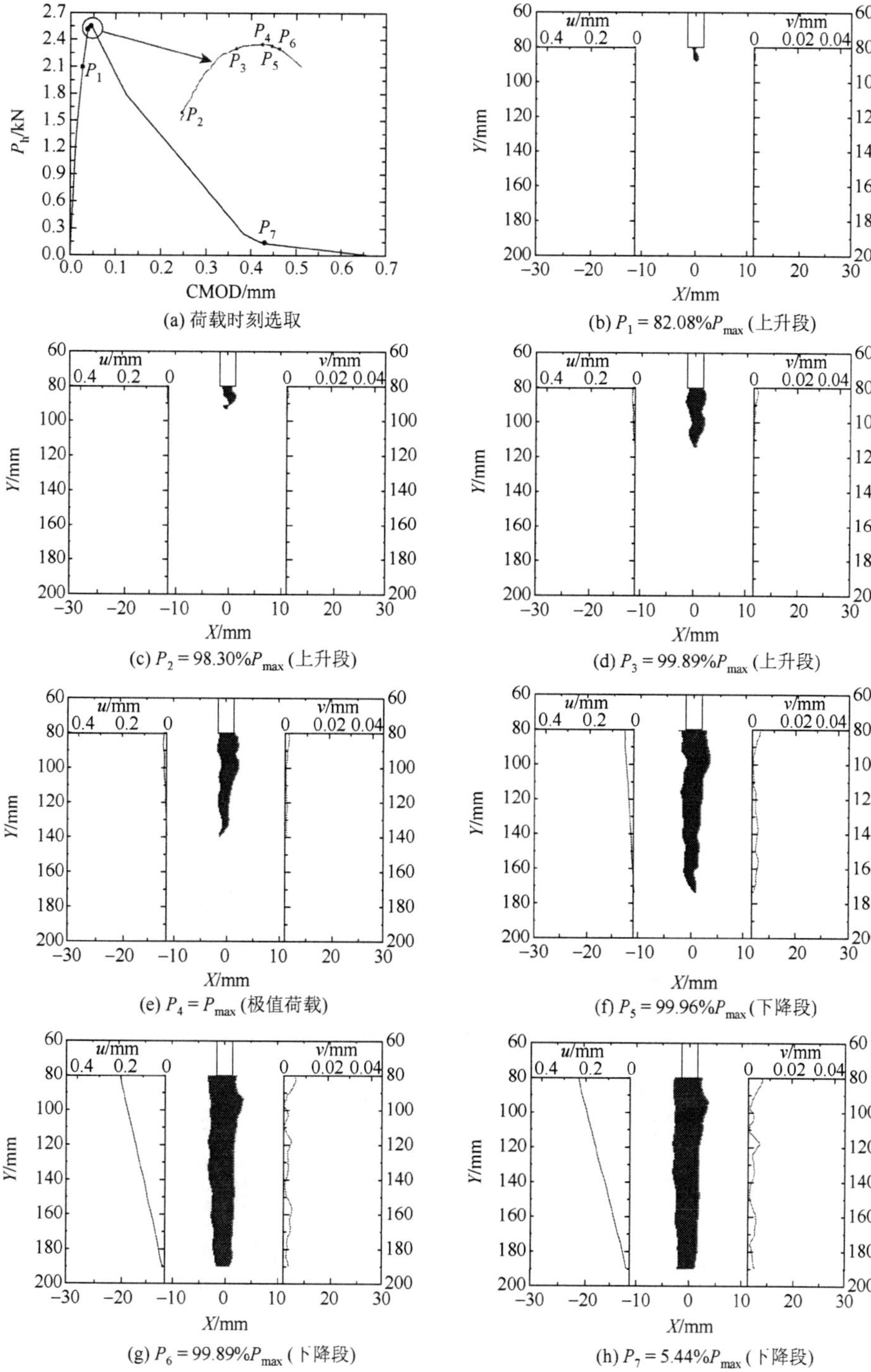

(a) 荷载时刻选取　(b) $P_1 = 82.08\%P_{max}$ (上升段)

(c) $P_2 = 98.30\%P_{max}$ (上升段)　(d) $P_3 = 99.89\%P_{max}$ (上升段)

(e) $P_4 = P_{max}$ (极值荷载)　(f) $P_5 = 99.96\%P_{max}$ (下降段)

(g) $P_6 = 99.89\%P_{max}$ (下降段)　(h) $P_7 = 5.44\%P_{max}$ (下降段)

图 6.30　不同荷载时刻 20-BP-3d 试件的 FPZ 扩展过程及裂缝区位移

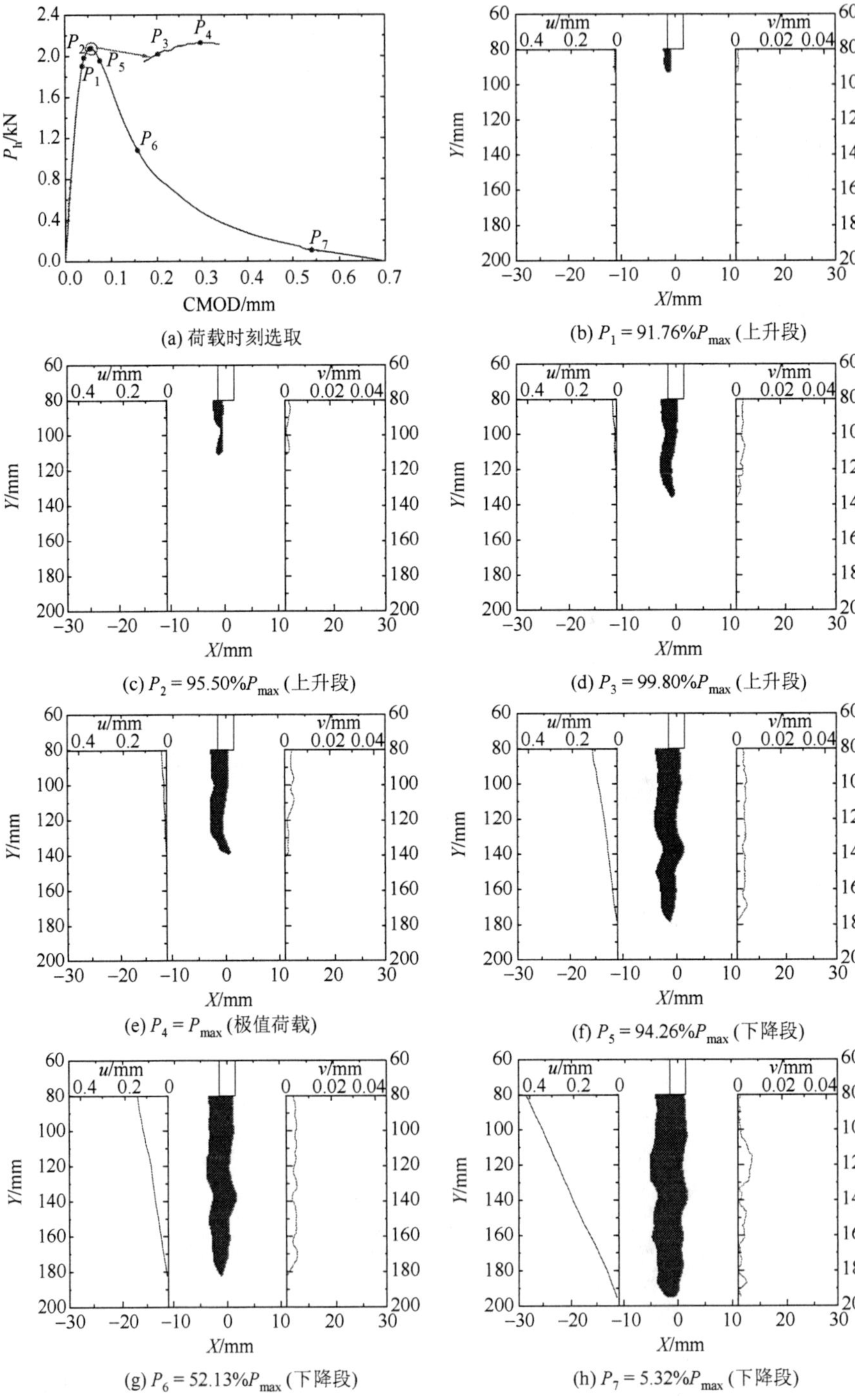

(a) 荷载时刻选取

(b) $P_1 = 91.76\%P_{max}$ (上升段)

(c) $P_2 = 95.50\%P_{max}$ (上升段)

(d) $P_3 = 99.80\%P_{max}$ (上升段)

(e) $P_4 = P_{max}$ (极值荷载)

(f) $P_5 = 94.26\%P_{max}$ (下降段)

(g) $P_6 = 52.13\%P_{max}$ (下降段)

(h) $P_7 = 5.32\%P_{max}$ (下降段)

图 6.31　不同荷载时刻 40-BP-3d 试件的 FPZ 扩展过程及裂缝区位移

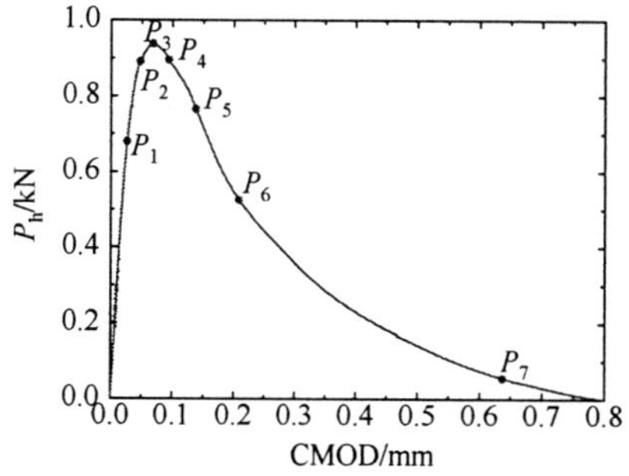

(a) 荷载时刻选取

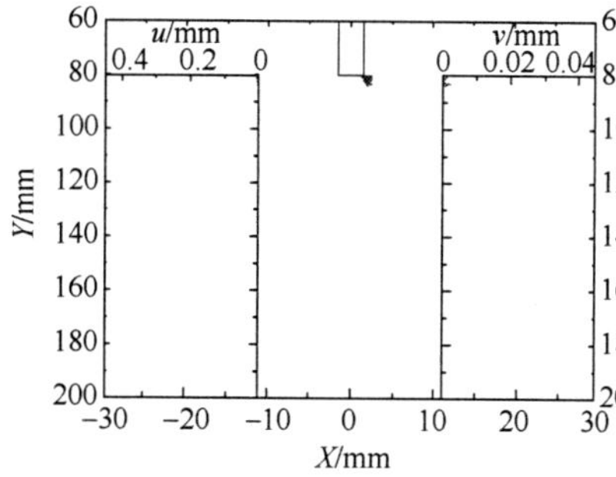

(b) $P_1 = 72.45\%P_{max}$ (上升段)

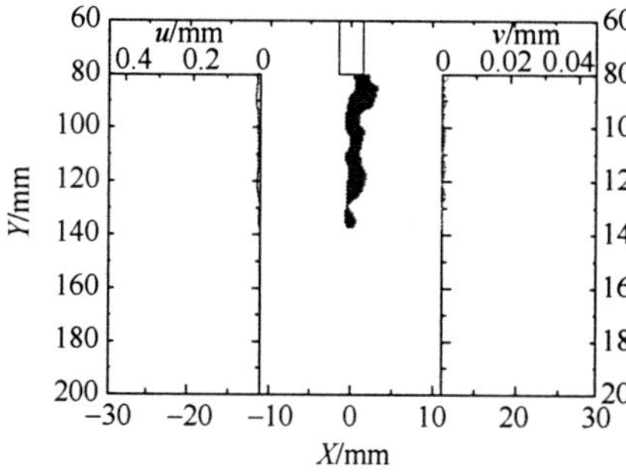

(c) $P_2 = 94.91\%P_{max}$ (上升段)

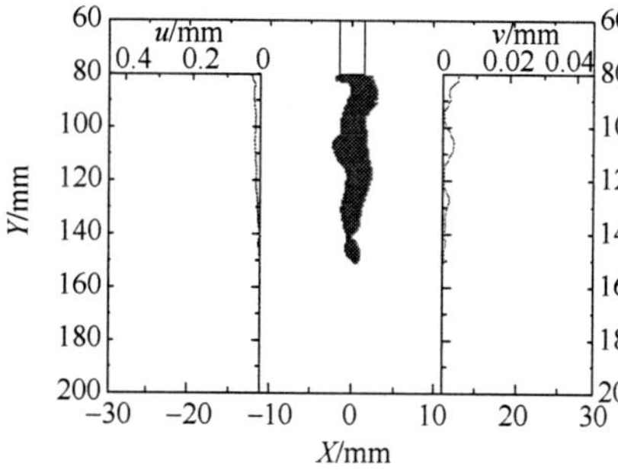

(d) $P_3 = P_{max}$ (极值荷载)

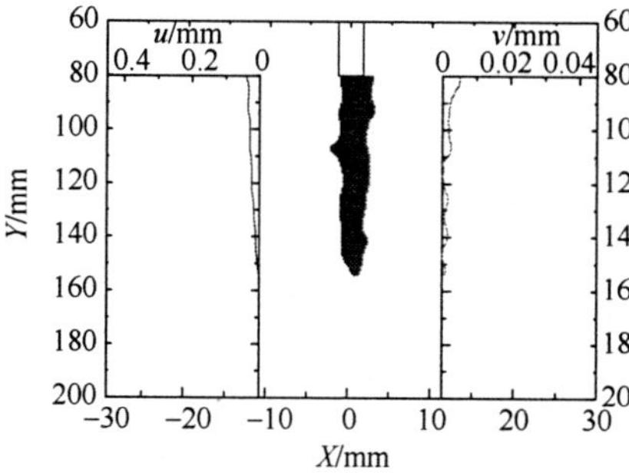

(e) $P_4 = 95.44\%P_{max}$ (下降段)

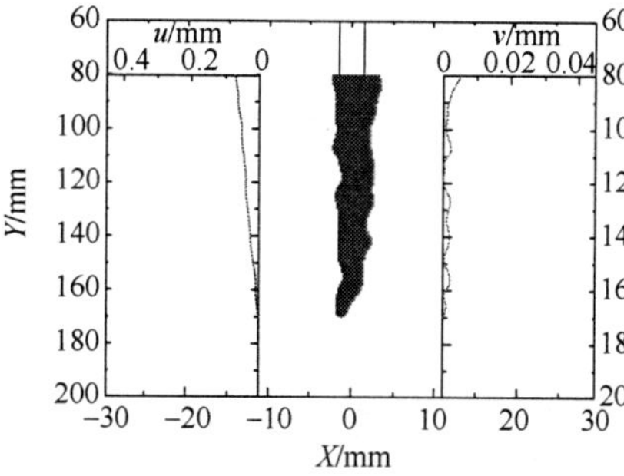

(f) $P_5 = 81.64\%P_{max}$ (下降段)

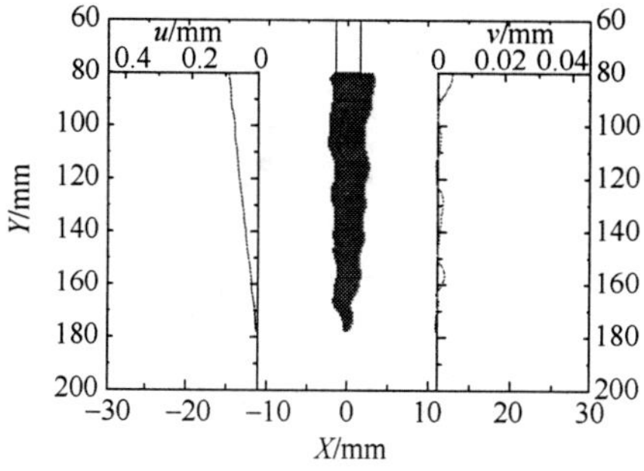

(g) $P_6 = 56.06\%P_{max}$ (下降段)

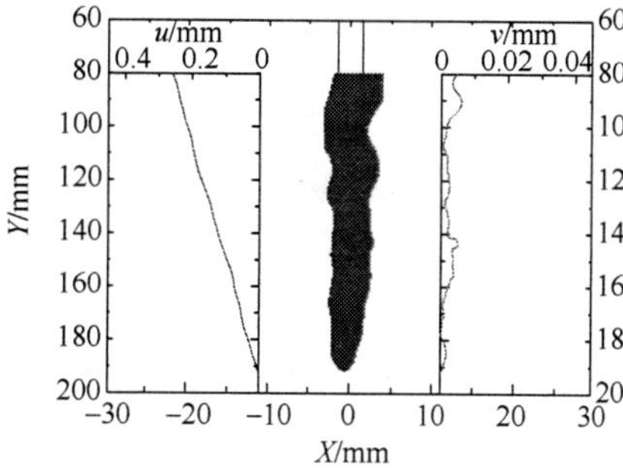

(h) $P_7 = 5.93\%P_{max}$ (下降段)

图 6.32　不同荷载时刻 60-BP-3d 试件的 FPZ 扩展过程及裂缝区位移

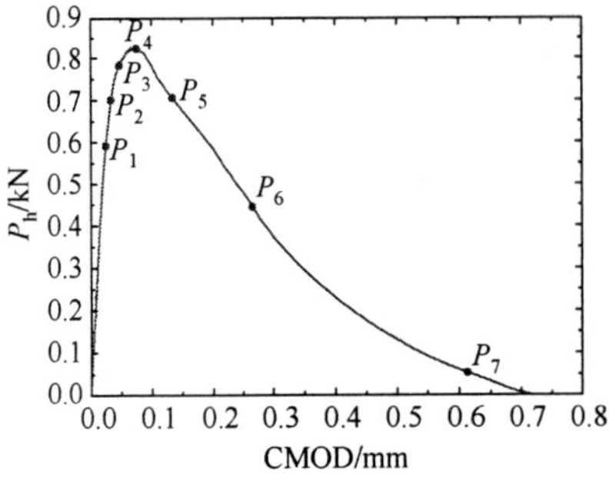

(a) 荷载时刻选取

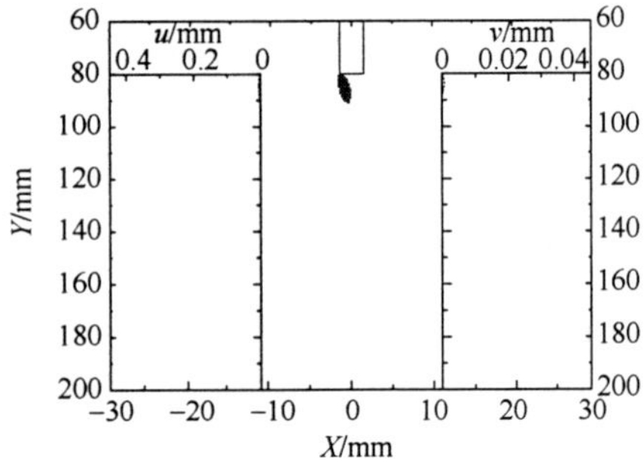

(b) $P_1 = 71.89\%P_{max}$ (上升段)

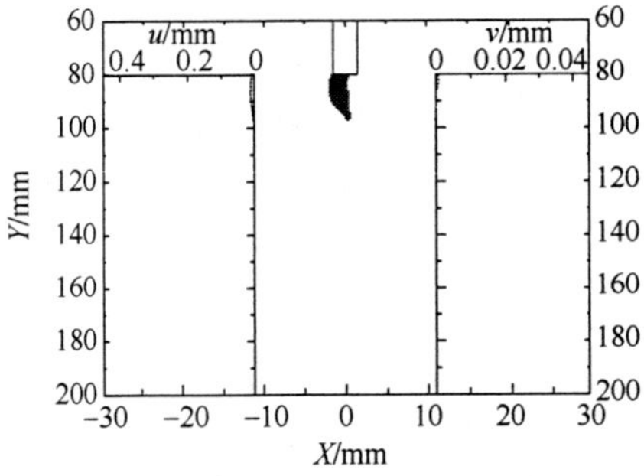

(c) $P_2 = 85.22\%P_{max}$ (上升段)

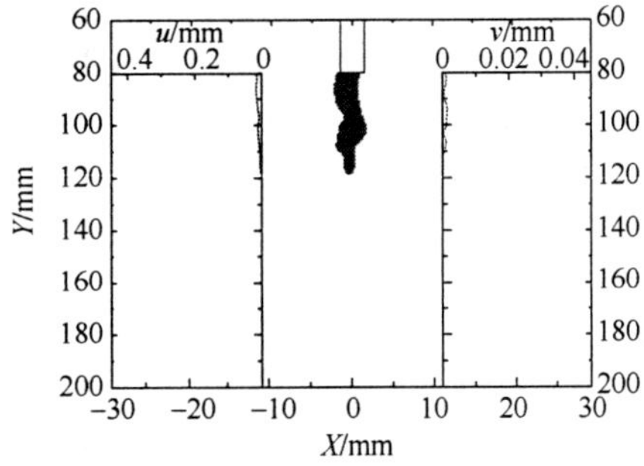

(d) $P_3 = 95.20\%P_{max}$ (上升段)

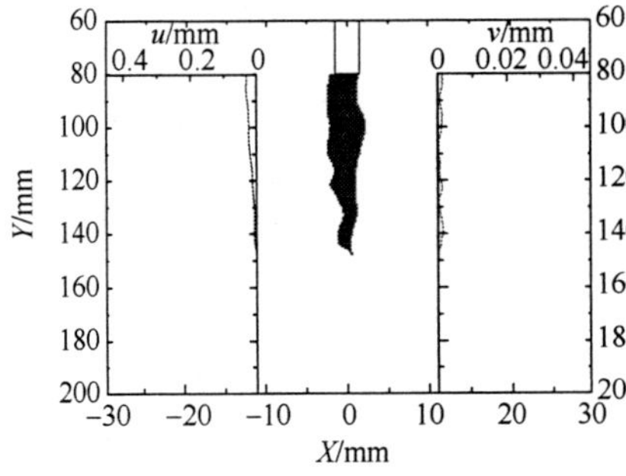

(e) $P_4 = P_{max}$ (极值荷载)

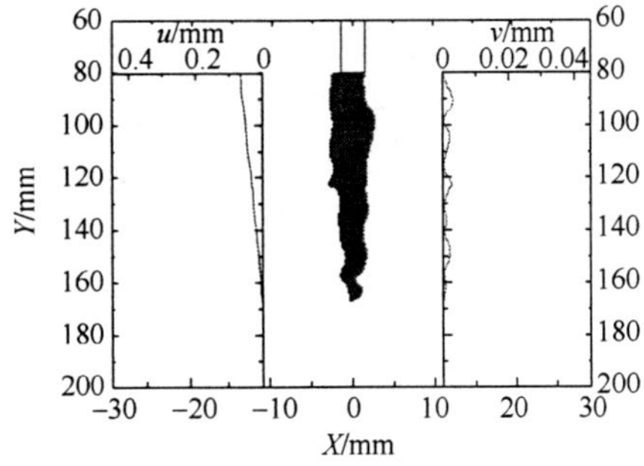

(f) $P_5 = 85.86\%P_{max}$ (下降段)

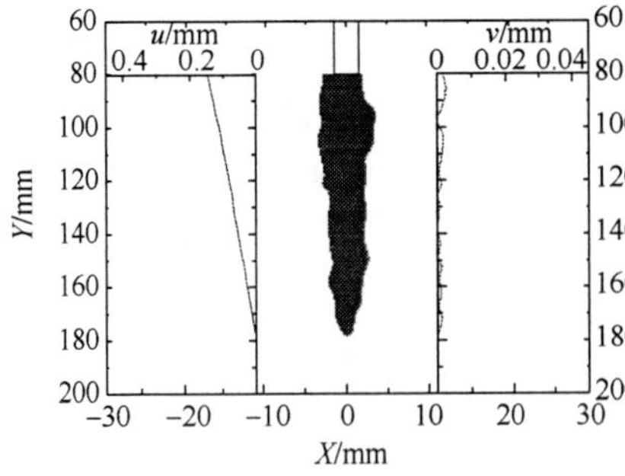

(g) $P_6 = 54.14\%P_{max}$ (下降段)

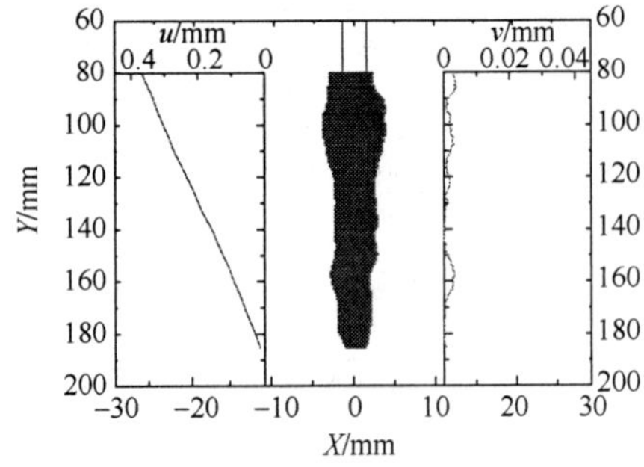

(h) $P_7 = 6.29\%P_{max}$ (下降段)

图 6.33　不同荷载时刻 80-BP-3d 试件的 FPZ 扩展过程及裂缝区位移

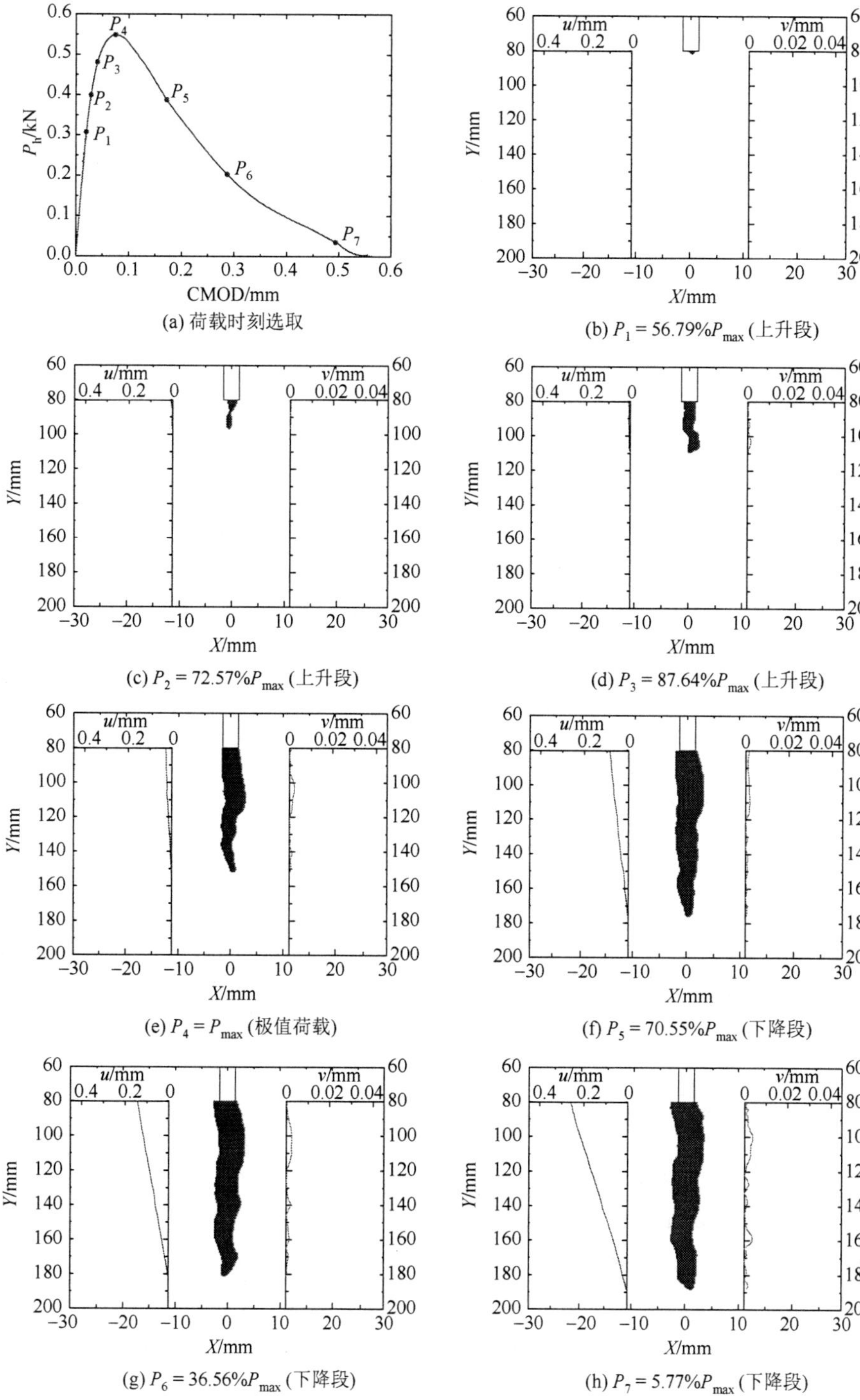

(a) 荷载时刻选取

(b) $P_1 = 56.79\%P_{max}$ (上升段)

(c) $P_2 = 72.57\%P_{max}$ (上升段)

(d) $P_3 = 87.64\%P_{max}$ (上升段)

(e) $P_4 = P_{max}$ (极值荷载)

(f) $P_5 = 70.55\%P_{max}$ (下降段)

(g) $P_6 = 36.56\%P_{max}$ (下降段)

(h) $P_7 = 5.77\%P_{max}$ (下降段)

图 6.34　不同荷载时刻 100-BP-3d 试件的 FPZ 扩展过程及裂缝区位移

由图 6.30～图 6.34 可以直观准确地观察到各工况试件断裂过程区的演化过程。以图 6.34 所示的 100-BP 工况为例对岩石-混凝土试件界面断裂过程区的发展过程进行描述：当 $P_h = 56.79\% P_{max}$ 时，从图 6.34（b）中可以观察到十分微小的裂缝，裂缝扩展长度 Δa 仅有 1.2mm，初始裂缝尖端张开位移 CTOD 仅有 3μm。此时荷载与前面测得的起裂荷载 P_{ini} 基本一致，裂缝刚刚萌生，FPZ 初步形成；随着荷载的增大，FPZ 继续向前扩展，裂缝尺寸不断增大，当 $P_h = 87.64\% P_{max}$ 时，Δa 增大到 29.5mm，CTOD 增大到 9.8μm；当荷载增大到极值荷载 P_{max} 时，FPZ 进一步扩展，其长度达到初始韧带长度的 59.6%。此时的裂缝扩展长度和裂缝尖端张开位移分别记为 Δa_c 和 $CTOD_c$，数值分别为 71.5mm 和 30.1μm。将界面黏聚力为零时的裂缝张开位移记为 w_0，则 $u \geqslant w_0$ 的裂缝区域为无法传递黏聚力的宏观裂缝区，参考文献[15]和[16]，本书取 $w_0 = 7.5 w_s = 7.5 CTOD_c$（$w_s$ 为软化本构曲线转折点处的裂缝张开位移），该工况下 w_0=225.75μm；随后荷载开始下降，FPZ 继续扩展且呈不规则的条状分布，当荷载下降到 70.55% P_{max} 时，Δa 和 CTOD 分别增大为 95.7mm 和 86.9μm，当荷载下降到 36.56% P_{max} 时，Δa 和 CTOD 分别增大为 101mm 和 144.8μm。这两个荷载时刻的 CTOD 均小于 w_0，说明初始裂缝尖端尚未形成宏观裂缝；而当荷载下降到 5.77% P_{max} 时，$CTOD = 261.1\mu m > w_0$，这表明初始裂缝尖端发展为宏观裂缝，完整的 FPZ 已经形成。此时的 Δa 为 108mm，已达到初始韧带长度的 90%，试件邻近破坏。在 $Y = 95.9mm$ 高度处的裂缝张开位移为 w_0，说明在初始裂缝尖端（$Y = 80mm$）到 $Y = 95.9mm$ 范围内形成了无应力区，FPZ 尾部移动到了 $Y = 95.9mm$ 处，此时的 FPZ 长度 $l_{FPZ} = \Delta a - (95.9 - 80) = 92.1mm$。此外，各试验工况观测的 Δa_c 和 $CTOD_c$ 汇总于表 6.3。

表 6.3　各工况的 Δa_c 和 $CTOD_c$

参数	龄期	20-BP	40-BP	60-BP	80-BP	100-BP	100-SFHE
Δa_c /mm	3d	59.7	60.9	70.4	67.3	71.5	64.3
	28d	58.7	59.8	61.9	67.8	108.8	63.5
$CTOD_c$ /μm	3d	16.7	24.0	29.1	31.6	30.1	23.8
	28d	21.5	25.7	25.4	43.6	87.8	35.6

其余工况试件的 FPZ 演化过程与 100-BP 相似，但在同样荷载水平（P_h / P_{max}）下各工况的裂缝尺寸有一定差异。特别是 20-BP 工况，荷载增大到 98.30% P_{max} 时，裂缝扩展长度 Δa 仅为 13.2mm，此后裂缝开始迅速扩展，在极值荷载 P_{max} 时，Δa 达到了 59.7mm。达到 P_{max} 后裂缝失稳急剧扩展，荷载下降到 99.96% P_{max} 时，Δa 为 92.9mm，荷载下降到 99.89% P_{max} 时，Δa 为 113.4mm，此时裂缝扩展长度已达到初始韧带长度的 95%，邻近试件边界，Δa 从 59.7mm 扩展至 113.4mm 仅用了 3s 时间。

为了更清楚地反映不同荷载水平下裂缝的扩展情况，图 6.35 给出了 3d 龄期各工况试件 P_h / P_{max} 与 Δa 的关系曲线。从图中可以看出，在标准养护环境和 40℃干热环境中，荷载水平在 90% P_{max} 以下时，FPZ 扩展量很小，Δa 不足 13mm。40-BP 工况荷载增大到 90% P_{max} 以后，裂缝开始迅速扩展到 90mm 以上，荷载下降到 99% P_{max} 后，裂缝较平缓地扩展至试件边界。标准养护环境的试件则在邻近极值荷载（99% P_{max}）时才开始急剧扩展，并呈直线急速扩展至试件边缘。然而，在 60～100℃干热环境中，在荷载的上升段和下降段裂缝扩展都比较平缓，荷载增大到 90% P_{max} 时 Δa 达到 30mm 以上，极值荷载时裂缝扩展长度约为初始韧带长度的 60%。

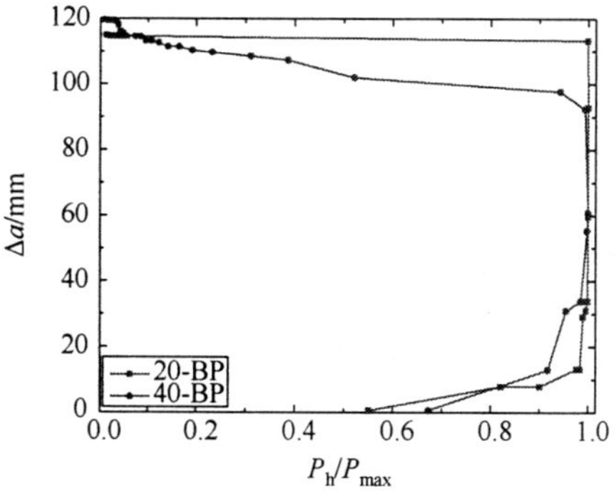

(a) 标准养护环境和40℃干热环境

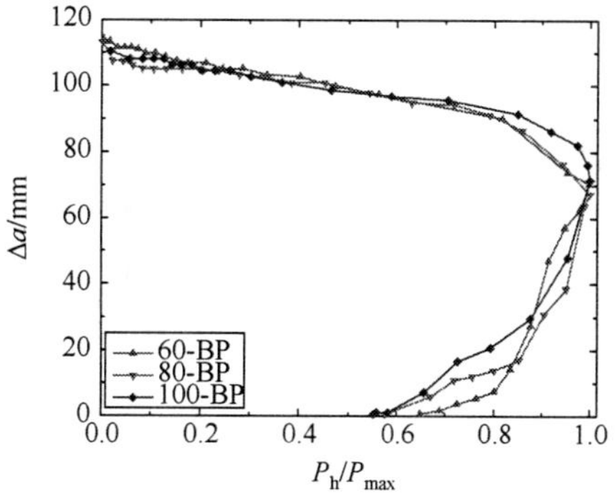

(b) 60～100℃干热环境

图 6.35　各温度工况 P_h/P_{max} 与 Δa 的关系

由图 6.30～图 6.34 还可以看出，裂缝的张开位移 u 沿着试件高度方向（Y 向）基本呈线性分布，而滑开位移 v 无明显的分布规律，且 v 值远小于 u 值。需要说明的是，在图 6.30（g）和（f）中，裂缝最下端有明显的宽度，裂缝张开位移并未接近于 0 且在 10μm 以上。这是由于裂缝已超出了计算区域，该位置并非真正的裂缝尖端，此时可通过线性拟合得到 u 与 Y 的关系式，然后将 $u=0$ 代入关系式便可得到裂缝尖端的位置。另外，由于 u 沿着 Y 向呈线性分布，所以容易得到预制裂缝开口处和尖端处的张开位移 CMOD 与 CTOD 间的关系，如式（6.17）所示：

$$\text{CMOD}=\frac{a_0+h_0+\Delta a}{\Delta a}\text{CTOD} \tag{6.17}$$

其中，a_0 为预制的初始裂缝长度；h_0 为安装夹式引伸计的薄钢板厚度，本试验为 10mm；Δa 为裂缝扩展长度。

将各荷载时刻由 DIC 测试求得的 Δa 和 CTOD 代入式（6.17）便可得到相应的 CMOD 值。图 6.36 给出了 3d 和 28d 龄期 100℃干热环境中，由 DIC 测试获得的 P_h-CMOD 曲线与夹式引伸计测量结果的对比情况。从图 6.36 中可以看出，两种方法得到的试验曲线吻合良好，证明本章由 DIC 测试获得的结果准确性较好。

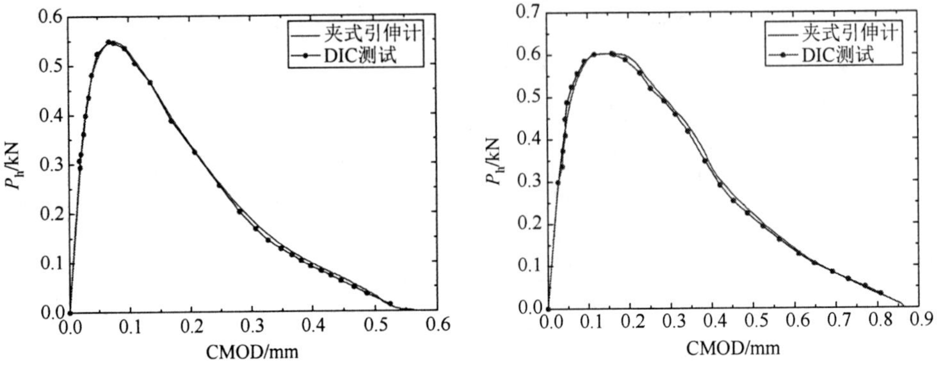

(a) 100-BP-3d　　(b) 100-BP-28d

图 6.36　夹式引伸计与 DIC 测试结果的对比

为观察岩石-混凝土试件界面断裂过程区长度的变化规律，图 6.37 给出了 FPZ 长度随 Δa 的变化曲线。由图 6.37 可知，FPZ 长度先随着裂缝扩展长度线性增大，当 CTOD 增大到 w_0 时，FPZ 长度达到最大值，随后 FPZ 整体向前移动，随着裂缝扩展，FPZ 长度开始不断减小。各温度工况的最大 FPZ 长度均在 90mm 以上，但数值存在一定差异。其中，标准养护环境中岩石-混凝土试件的最大 FPZ 长度最小，其在 3d 和 28d 龄期的数值分别为 92.9mm 和 108.7mm。

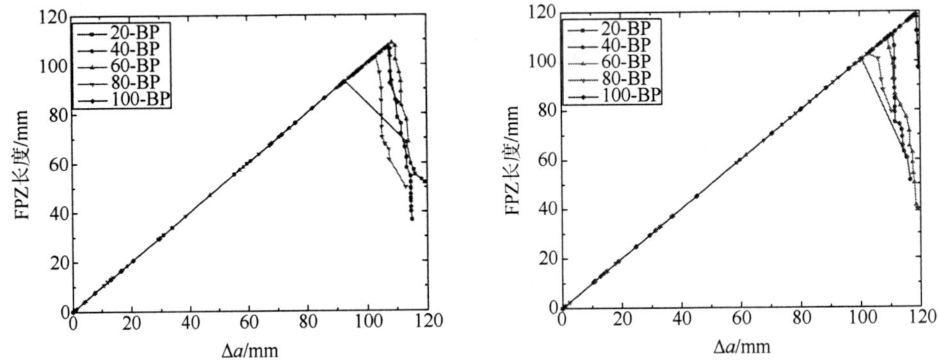

(a) 3d　　(b) 28d

图 6.37　各工况 FPZ 长度变化规律

6.4　岩石-混凝土界面断裂韧度

6.4.1　计算方法

本章采用相互作用积分法计算岩石-混凝土界面的应力强度因子，该方法无须进行精细的网格划分，不用考虑裂缝尖端的复杂应力情况，只需求解远离裂尖某一积分路径上的位移场和应力场，便可计算出裂尖的应力强度因子，且计算精度较高。

Moës 等[17]基于 J 积分理论提出了相互作用积分法。该方法包含两种状态：一种是实际荷载下的真实状态（状态 1），其应力场和位移场为（$\sigma_{ij}^{(1)}$，$\varepsilon_{ij}^{(1)}$，$u_i^{(1)}$）；另一种是辅助场状态（状态 2），其应力场和位移场为（$\sigma_{ij}^{(2)}$，$\varepsilon_{ij}^{(2)}$，$u_i^{(2)}$）。两种状态下的 J 积分可表示为

$$J^{(1+2)}=\int_{\Gamma}\left[\frac{1}{2}\left(\sigma_{ij}^{(1)}+\sigma_{ij}^{(2)}\right)\left(\varepsilon_{ij}^{(1)}+\varepsilon_{ij}^{(2)}\right)\delta_{1j}-\left(\sigma_{ij}^{(1)}+\sigma_{ij}^{(2)}\right)\frac{\partial\left(u_i^{(1)}+u_i^{(2)}\right)}{\partial x_1}\right]n_j\mathrm{d}\Gamma \tag{6.18}$$

其中，Γ 为积分区域的围线；δ_{1j} 为克罗内克符号；n_j 为围线 Γ 的外法线；x_1 为位移场的横向变量。

重新整合式（6.18），并结合 J 积分的定义可得

$$J^{(1+2)}=J^{(1)}+J^{(2)}+I^{(1,2)} \tag{6.19}$$

其中，

$$J^{(1)}=\int_{\Gamma}\left[\frac{1}{2}\sigma_{ij}^{(1)}\varepsilon_{ij}^{(1)}\delta_{1j}-\sigma_{ij}^{(1)}\frac{\partial u_i^{(1)}}{\partial x_1}\right]n_j\mathrm{d}\Gamma \tag{6.20}$$

$$J^{(2)}=\int_{\Gamma}\left[\frac{1}{2}\sigma_{ij}^{(2)}\varepsilon_{ij}^{(2)}\delta_{1j}-\sigma_{ij}^{(2)}\frac{\partial u_i^{(2)}}{\partial x_1}\right]n_j\mathrm{d}\Gamma \tag{6.21}$$

$I^{(1,2)}$ 项即为两种状态下的相互作用积分，$I^{(1,2)}$ 可表示为

$$I^{(1,2)}=\int_{\Gamma}\left[W^{(1,2)}\delta_{1j}-\sigma_{ij}^{(1)}\frac{\partial u_i^{(2)}}{\partial x_1}-\sigma_{ij}^{(2)}\frac{\partial u_i^{(1)}}{\partial x_1}\right]n_j\mathrm{d}\Gamma \tag{6.22}$$

其中，$W^{(1,2)}$ 为相互作用应变能，利用功能互等定理可得

$$W^{(1,2)}=\sigma_{ij}^{(1)}\varepsilon_{ij}^{(2)}=\sigma_{ij}^{(2)}\varepsilon_{ij}^{(1)} \tag{6.23}$$

对于线弹性体，J 积分值与混合开裂模式的应力强度因子间的关系为

$$J=\frac{K_{\mathrm{I}}^2}{E^*}+\frac{K_{\mathrm{II}}^2}{E^*} \tag{6.24}$$

其中，$E^*=\begin{cases}E, & \text{平面应力}\\ \dfrac{E}{1-\nu^2}, & \text{平面应变}\end{cases}$，$E$ 为弹性模量，ν 为泊松比。

由式（6.19）～式（6.24）可得

$$J^{(1+2)}=J^{(1)}+J^{(2)}+\frac{2}{E^*}\left(K_{\mathrm{I}}^{(1)}K_{\mathrm{I}}^{(2)}+K_{\mathrm{II}}^{(1)}K_{\mathrm{II}}^{(2)}\right) \tag{6.25}$$

即

$$I^{(1,2)}=\frac{2}{E^*}\left(K_{\mathrm{I}}^{(1)}K_{\mathrm{I}}^{(2)}+K_{\mathrm{II}}^{(1)}K_{\mathrm{II}}^{(2)}\right) \tag{6.26}$$

适当地选择状态 2 的辅助场，如选择 $K_{\mathrm{I}}^{(2)}=1$ 的辅助解，那么状态 1 的纯 I 型裂缝应力强度因子可表示为

$$K_{\mathrm{I}}^{(1)}=\frac{2}{E^*}I^{(1,2)} \tag{6.27}$$

真实状态的Ⅱ型裂缝应力强度因子 K_{II} 也可以用相同的方法求解。

式（6.22）所表达的围线积分表达式难以直接应用于有限元数值计算中。为了方便应用，需要将式（6.22）乘以一个足够光滑的被积权函数 q，并应用散度定理，把围线积分转换成等效的区域积分。权函数 q 的值在裂缝尖点处为 1，在外部的围线 C_0 上为 0。如图 6.38 所示，假设在围线 C_0、Γ、C_+ 和 C_- 组成的区域 A 上的直线裂缝是自由表面，则相互作用积分可以写为

$$I^{(1,2)}=\int_C\left[W^{(1,2)}\delta_{1j}-\sigma_{ij}^{(1)}\frac{\partial u_i^{(2)}}{\partial x_1}-\sigma_{ij}^{(2)}\frac{\partial u_i^{(1)}}{\partial x_1}\right]qm_j\mathrm{d}\Gamma \tag{6.28}$$

其中，围线 $C=\Gamma+C_++C_-+C_0$；x_1 为位移场的横向变量；m_j 为围线 C_0 的外法线。将围线 Γ 收缩到裂缝尖点处，则二维相互作用积分的表达式可以写成

$$I^{(1,2)}=\int_A\left[\sigma_{ij}^{(1)}\frac{\partial u_i^{(2)}}{\partial x_1}+\sigma_{ij}^{(2)}\frac{\partial u_i^{(1)}}{\partial x_1}-W^{(1,2)}\delta_{1j}\right]\frac{\partial q}{\partial x_j}\mathrm{d}A \tag{6.29}$$

其中，在围线 Γ 上有 $m_j=-n_j$，在围线 C_+ 和 C_- 上有 $m_j=n_j$。

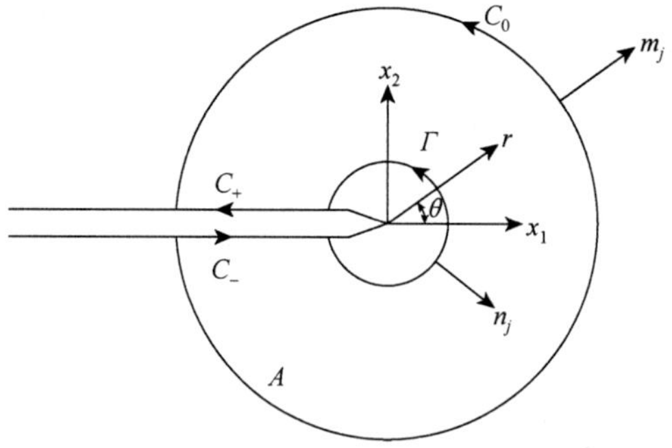

图 6.38　相互作用积分的围线和区域形式示意图

x_2 为位移场的竖向变量

6.4.2　界面起裂韧度

有限元软件 ANSYS 中提供的相互作用积分法可以方便地求解应力强度因子，

广泛适用各类裂缝形式。本节根据楔入劈拉试件的实际尺寸及岩石和混凝土的材料参数，采用 ANSYS 软件建立岩石-混凝土复合试件的有限元模型。由于裂缝尖端的附近区域具有奇异性，裂缝尖端的应力与$1/\sqrt{r}$成正比，为了模拟这种奇异性，裂缝尖端附近区域采用奇异单元，并将裂缝尖端周围的等参数单元各边上的节点移至靠近裂尖的 1/4 边长处。本节采用 8 节点的 Plane183 四边形单元，单元属性设为平面应力。将楔入劈拉试验的约束条件和试件起裂时的总水平荷载P_{H}施加于有限元模型并进行求解，则可得到起裂荷载对应的界面应力强度因子的Ⅰ型和Ⅱ型分量，即界面起裂韧度K_1^{ini}和K_2^{ini}。计算时共取 5 条积分路径，岩石-混凝土试件的有限元模型如图 6.39 所示，20-BP 工况 28d 龄期试件求解后的变形图、位移云图和应力云图如图 6.40 所示。

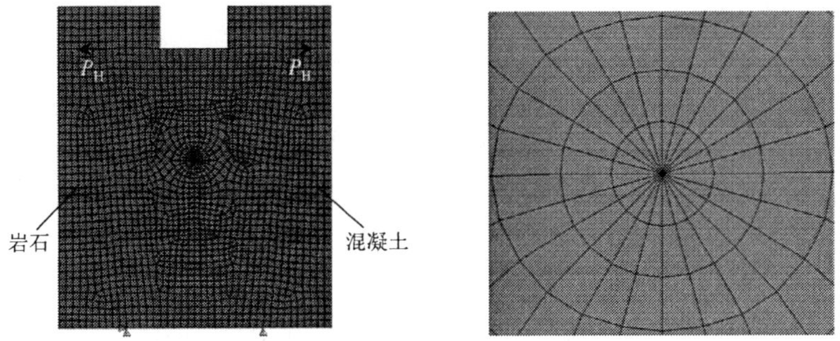

(a) 整体模型　　(b) 裂缝尖端奇异单元

图 6.39　岩石-混凝土试件的有限元模型

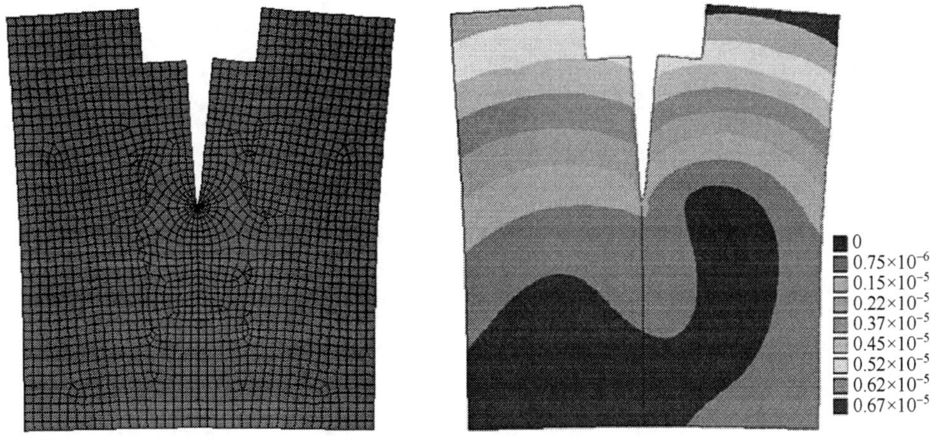

(a) 变形图　　(b) 位移云图(单位：m)

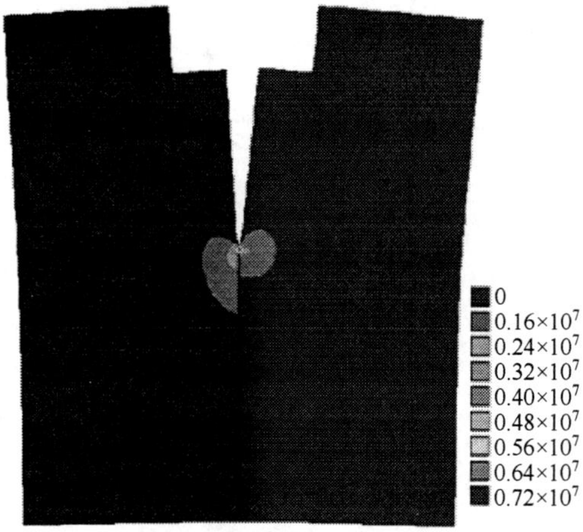

(c) 应力云图(单位：Pa)

图 6.40　起裂荷载作用下的结果图

各工况试件的界面起裂韧度如图 6.41 所示（K_2^{ini} 均为负号），图中同时给出了各工况的复合起裂韧度 $K_i^{\mathrm{ini}}=\sqrt{(K_1^{\mathrm{ini}})^2+(K_2^{\mathrm{ini}})^2}$ 。各工况试件起裂韧度的模态比 $\rho_{\mathrm{ini}}=\left|K_2^{\mathrm{ini}}/K_1^{\mathrm{ini}}\right|$ 与温度的关系如图 6.42 所示。

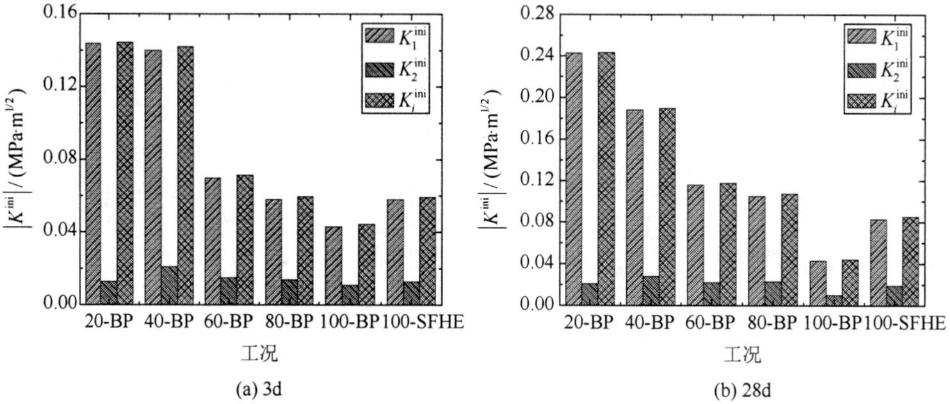

图 6.41　各工况试件的界面起裂韧度

由图 6.41 可知，在起裂荷载作用时，各工况试件界面应力强度因子的 II 型分量明显小于 I 型分量，说明在标准养护环境和 100℃以内的干热环境中，岩石-混凝土试件起裂时的破坏模式以 I 型断裂为主。3d 龄期时，40-BP 的 I 型起裂韧度 K_1^{ini} 与 20-BP 非常接近，仅略有降低，说明在较早龄期 40℃干热环境中岩石-混凝

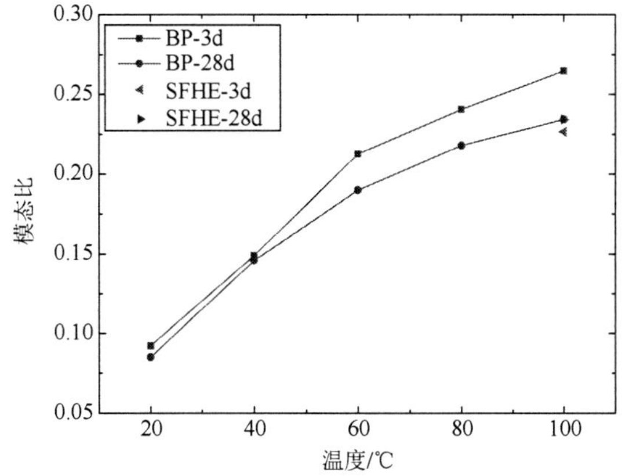

图 6.42　各工况起裂韧度的模态比

土界面的起裂韧度不会明显下降。而在 60℃及以上的干热环境中，试件的 K_1^{ini} 与 20-BP 相比明显降低，且温度越高，降低越明显，其中 100-BP 的 K_1^{ini} 比 20-BP 降低了 70.1%。28d 龄期时，各温度干热环境的 K_1^{ini} 均明显低于标准养护环境，且 K_1^{ini} 随着温度的升高而降低，其中 40-BP 和 100-BP 的 K_1^{ini} 与 20-BP 相比分别降低了 22.6%和 82.2%。对比图 6.41（a）和（b）可看出，20～80℃温度工况 28d 龄期的 K_1^{ini} 相比 3d 龄期均有明显提高，其中 60-BP 工况 28d 龄期的 K_1^{ini} 比 3d 龄期提高了 65.5%。然而，100-BP 在 3d 和 28d 龄期的 K_1^{ini} 基本不变，说明在 100℃干热环境中岩石-混凝土界面劣化十分严重，3d 龄期后 K_1^{ini} 已不再增长。另外，由于起裂时主要为 I 型断裂，所以各工况的复合起裂韧度仅略大于 I 型起裂韧度，二者随温度和龄期的变化规律相同。

从图 6.41 还可看出，试件的 II 型起裂韧度 K_2^{ini} 随温度的变化规律不太显著，3d 和 28d 龄期 40-BP 的 K_2^{ini} 均为最高，而 100-BP 的 K_2^{ini} 均为最低。此外，100℃干热环境中掺加端钩型钢纤维后 K_1^{ini} 和 K_2^{ini} 均有所提高，且随着龄期增长改善效果更加明显，3d 和 28d 龄期时 100-SFHE 的 K_1^{ini} 分别比 100-BP 提高了 34.3%和 92.5%。

由图 6.42 可知，3d 和 28d 龄期时，岩石-混凝土界面起裂韧度的模态比均随温度的升高而增大，说明在起裂荷载作用下，温度越高 II 型断裂所占的比重越大，试件越容易发生剪切型破坏。100-BP 工况 3d 和 28d 龄期起裂韧度的模态比分别是 20-BP 的 2.9 倍和 2.8 倍。另外，100-SFHE 工况起裂韧度的模态比与 100-BP 相比有一定降低。表 6.4 给出了各工况试件起裂韧度的模态角 $\psi_{ini}=\arctan(\rho_{ini})$，从表 6.4 中可以看出，各温度工况起裂韧度的模态角 3d 龄期的变化范围为 5.27°～14.38°，28d 龄期的变化范围为 4.87°～13.44°。

表 6.4 各工况试件起裂韧度的模态角

龄期/d	ψ_{ini} / (°)					
	20-BP	40-BP	60-BP	80-BP	100-BP	100-SFHE
3	5.27	8.47	12.01	13.53	14.83	12.77
28	4.87	8.35	10.88	12.49	13.44	13.19

6.4.3 界面失稳韧度

岩石-混凝土界面的失稳韧度是极值荷载作用时界面应力强度因子的Ⅰ型分量K_1^{un}和Ⅱ型分量K_2^{un}。界面失稳韧度同样利用 ANSYS 建模计算，但在极值荷载作用时界面裂缝已有一定的扩展长度，且在断裂过程区上有黏聚力作用，如图 6.43 所示。因此，建模时需根据表 6.3 的结果考虑裂缝扩展长度，并施加极值荷载对应的总水平荷载以及断裂过程区上的黏聚力。界面裂缝失稳扩展前断裂过程区上的黏聚力按线性分布考虑，σ_1与σ_2一般通过界面软化本构模型确定，由于未对各温度工况的界面拉伸软化关系进行试验测定，故本章拟通过逆推法确定σ_1和σ_2的数值。

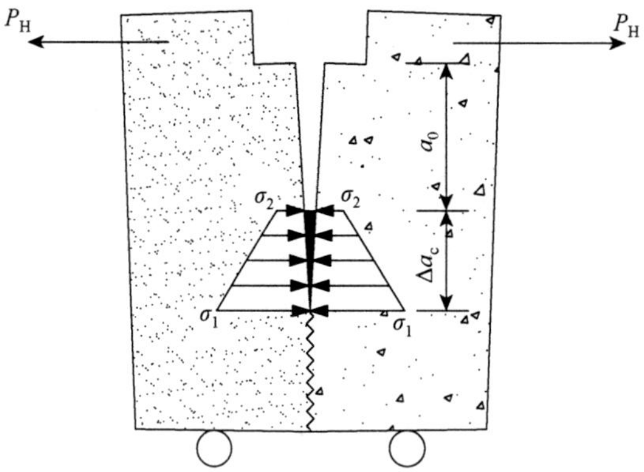

图 6.43 极值荷载下界面断裂过程区上的黏聚力分布

逆推分析以试验测得的极值荷载对应的裂缝口张开位移CMOD_{c}作为目标值。逆推分析的目的是寻找最合适的σ_1和σ_2，使数值计算得到的裂缝口张开位移CMOD'_{c}与试验测得的CMOD_{c}间的误差最小。所以，这是二元函数$f(\sigma_1,\sigma_2)$的最优化问题，本节采用遗传算法解决该问题。以CMOD'_{c}与CMOD_{c}的相对误差作为目标函数，并设置惩罚函数用以保证整个断裂过程区均为张开状态，最终的目标函数 F 如式（6.28）所示：

$$F = \varepsilon \times (1+\varphi) = \frac{\left|\text{CMOD}_c' - \text{CMOD}_c\right|}{\text{CMOD}_c} \times \left(1 + C\frac{\left|w_n - \left|w_n\right|\right|}{2}\right) \tag{6.30}$$

其中，ε 为 CMOD_c' 与 CMOD_c 的相对误差；φ 为惩罚函数；C 为惩罚系数；w_n 为界面裂缝上距裂缝尖端最近节点的张开位移。

采用 MATLAB 编写遗传算法计算程序，并联合 ANSYS 进行有限元模拟，从而实现逆推分析过程。逆推分析具体步骤如下：

（1）设定遗传算法相关参数，本节最大遗传代数 $\text{MG}=10$，种群大小 $\text{NI}=20$，代沟 $\text{GA}=1$，交叉概率 $\text{px}=0.7$，变异概率 $\text{pm}=0.01$；

（2）生成初代种群并对个体进行编码；

（3）根据初代种群相应个体确定 σ_1 和 σ_2 的数值；

（4）调用有限元程序 ANSYS 计算得到不同个体的目标函数值 F，并根据 F 计算本代的适应度值；

（5）根据适应度值分布状况进行选择、交叉和变异运算生成下一代种群，并计算适应度值；

（6）判断该代优化变量是否满足终止条件（达到最大遗传代数），若不满足则转到步骤（3）继续计算；

（7）若满足终止条件则对最后一代种群进行解码并得到最优个体，即为 σ_1 和 σ_2 的最优解。

整个逆推分析的流程如图 6.44 所示，利用该方法计算得到了各工况 σ_1 和 σ_2 的最优解，如表 6.5 所示。图 6.45 给出了 3d 龄期时 20-BP 和 100-BP 工况 σ_1 和 σ_2 最优解的进化过程，可以看出误差均在 1%以内。

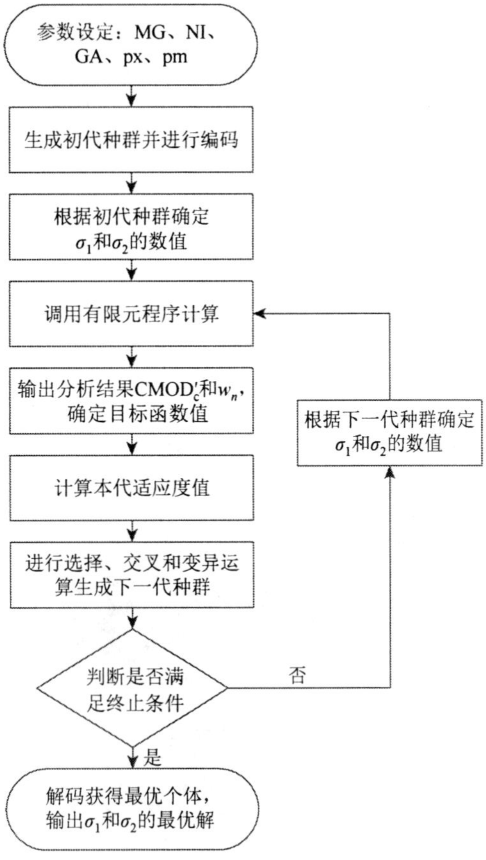

图 6.44　逆推分析流程图

表 6.5　各工况 σ_1 和 σ_2 的最优解

黏聚力/MPa	龄期/d	20-BP	40-BP	60-BP	80-BP	100-BP	100-SFHE
σ_1	3	0.345	0.180	0.155	0.153	0.139	0.210
	28	0.400	0.280	0.175	0.165	0.161	0.310
σ_2	3	0.017	0.018	0.008	0.021	0.072	0.101
	28	0.196	0.109	0.009	0.008	0.092	0.016

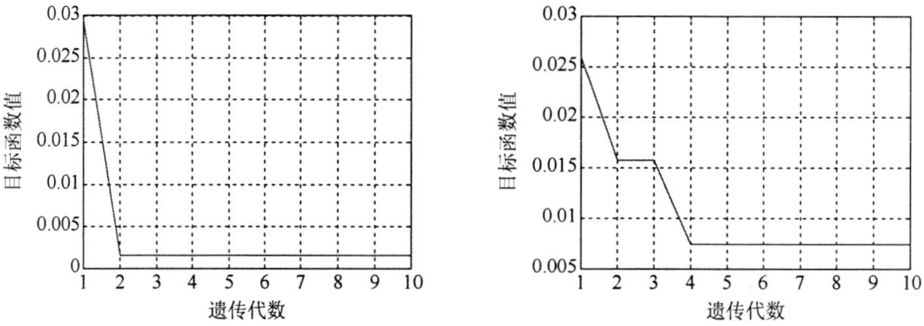

(a) 20-BP　　　　(b) 100-BP

图 6.45　最优解进化过程

根据 σ_1 和 σ_2 的最优解可以得到断裂过程区上的黏聚力分布，进而通过 ANSYS 建立的有限元模型便可计算得到岩石-混凝土界面的失稳韧度 K_1^{un} 和 K_2^{un}，图 6.46 给出了 3d 龄期时 20-BP 和 100-BP 工况试件求解后的变形图。各工况试件的 I 型和 II 型界面失稳韧度及复合失稳韧度 $K_i^{\mathrm{un}}=\sqrt{(K_1^{\mathrm{un}})^2+(K_2^{\mathrm{un}})^2}$ 如图 6.47 所示，失稳韧度的模态比 $\rho_{\mathrm{un}}=\left|K_2^{\mathrm{un}}/K_1^{\mathrm{un}}\right|$ 和模态角 $\psi_{\mathrm{un}}=\arctan(\rho_{\mathrm{un}})$ 如表 6.6 所示。

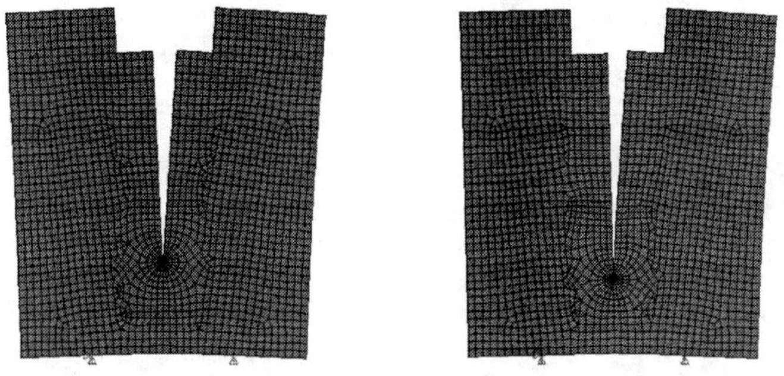

(a) 20-BP　　　　(b) 100-BP

图 6.46　极值荷载作用下的变形图

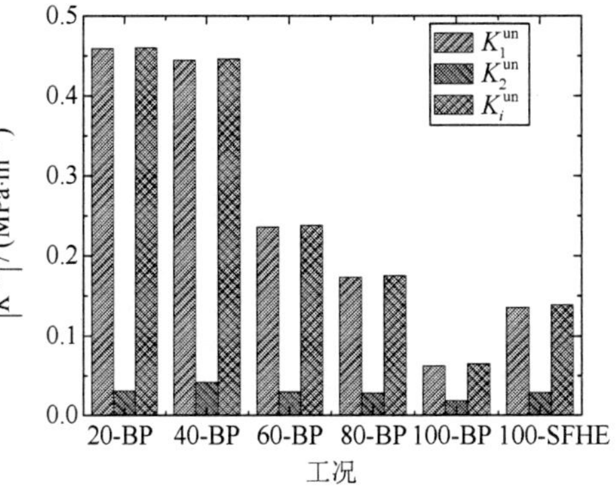

(a) 3d

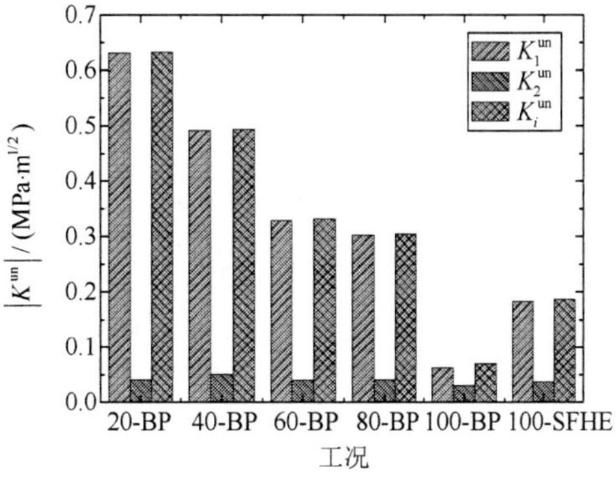

(b) 28d

图 6.47　各工况试件的界面失稳韧度

表 6.6　各工况试件失稳韧度的模态比和模态角

参数	龄期/d	20-BP	40-BP	60-BP	80-BP	100-BP	100-SFHE
ρ_{un}	3	0.067	0.094	0.127	0.163	0.293	0.213
	28	0.064	0.104	0.122	0.136	0.486	0.203
ψ_{un} / (°)	3	3.84	5.38	7.26	9.23	16.35	12.04
	28	3.69	5.92	6.97	7.75	25.93	11.46

由图 6.47 可知，各温度工况岩石-混凝土试件在极值荷载作用下的破坏模式以Ⅰ型断裂为主，界面应力强度因子的Ⅱ型分量明显小于Ⅰ型分量。各温度干热环境中试件的Ⅰ型界面失稳韧度 K_1^{un} 在 3d 和 28d 龄期均小于标准养护环境，且随着温度的升高，K_1^{un} 逐渐降低。但在 3d 龄期时 40℃干热环境下的 K_1^{un} 与标准养护环境相比下降很少，仅有 3.2%，而在 28d 龄期时降低了 22.2%。100-BP 工况的 K_1^{un} 与 20-BP 相比下降十分明显，3d 和 28d 龄期分别降低了 86.4%和 90.0%。

对比图 6.47（a）和（b）发现，20～80℃温度工况 28d 龄期的 K_1^{un} 相比 3d 龄期均有明显提高，其中 60-BP 工况 28d 龄期的 K_1^{un} 比 3d 龄期提高了 39.2%。但是，在 100℃干热环境中，3d 龄期后试件的失稳韧度已不再增长，28d 龄期的 K_1^{un} 与 3d 龄期基本相同。另外，各工况的复合失稳韧度仅略大于Ⅰ型失稳韧度，二者随温度和龄期的变化规律相同。图 6.47 还显示 3d 和 28d 龄期时 40-BP 工况的Ⅱ型失稳韧度 K_2^{un} 在各温度工况中均为最高，而 100-BP 均为最低。此外，100℃干热环境中掺加端钩型钢纤维后 K_1^{un} 和 K_2^{un} 均有所提高，且随着龄期增长改善效果更加明显，3d 和 28d 龄期时 100-SFHE 的 K_1^{un} 分别比 100-BP 提高了 1.2 倍和 1.9 倍。

由表 6.6 可知，3d 和 28d 龄期时，各温度工况岩石-混凝土界面失稳韧度的模态比均随温度的升高而增大，特别是 100-BP 工况的增幅十分明显。这表明在极值荷载作用下，随着温度的升高Ⅱ型断裂所占的比重越来越大，试件发生剪切型破坏的可能性越来越高。100-BP 工况 3d 和 28d 龄期失稳韧度的模态比分别是 20-BP 的 4.4 倍和 7.6 倍。另外，100-SFHE 工况 3d 和 28d 龄期失稳韧度的模态比与 100-BP 相比均有所下降。从表 6.6 还可看出，各温度工况失稳韧度的模态角在 3d 龄期时的变化范围为 3.84°～16.35°，在 28d 龄期时的变化范围为 3.69°～25.93°。

参 考 文 献

[1] Yamaguchi I. A laser-speckle strain gauge[J]. Journal of Physics E：Scientific Instruments，1981，14（11）：1270-1273.

[2] Peters W H，Ranson W F. Digital imaging techniques in experimental stress analysis[J]. Optical Engineering，1982，21（3）：427-431.

[3] Chu T C，Ranson W F，Sutton M A. Applications of digital-image-correlation techniques to experimental mechanics[J]. Experimental Mechanics，1985，25（3）：232-244.

[4] Choi S，Shah S P. Measurement of deformations on concrete subjected to compression using image correlation[J]. Experimental Mechanics，1997，37（3）：307-313.

[5] Corr D，Accardi M，Graham-Brady L，et al. Digital image correlation analysis of interfacial debonding properties and fracture behavior in concrete[J]. Engineering Fracture Mechanics，2007，74（1-2）：109-121.

[6] Huon V，Cousin B，Wattrisse B，et al. Investigating the thermo-mechanical behaviour of cementitious materials using image processing techniques[J]. Cement and Concrete Research，2009，39（6）：529-536.

[7] Bernstone C，Heyden A. Image analysis for monitoring of crack growth in hydropower concrete structures[J]. Measurement，2009，42（6）：878-893.

[8] Das S，Aguayo M，Sant G，et al. Fracture process zone and tensile behavior of blended binders containing limestone powder[J]. Cement and Concrete Research，2015，73：51-62.

[9] 潘兵，吴大方，夏勇. 数字图像相关方法中散斑图的质量评价研究[J]. 实验力学，2010，25（2）：120-129.

[10] Chen Z N，Quan C G，Zhu F P，et al. A method to transfer speckle patterns for digital image correlation[J]. Measurement Science and Technology，2015，26（9）：095201.

[11] 徐向阳，陈振宁，黄正，等. 大型混凝土梁全场变形测量中数字散斑场的制作和应用[J]. 东南大学学报（自然科学版），2018，48（5）：896-902.

[12] Hua T，Xie H M，Wang S，et al. Evaluation of the quality of a speckle pattern in the digital image correlation method by mean subset fluctuation[J]. Optics & Laser Technology，2011，43（1）：9-13.

[13] Chen Z N，Shao X X，Xu X Y，et al. Optimized digital speckle patterns for digital image correlation by consideration of both accuracy and efficiency[J]. Applied Optics，2018，57（4）：884-893.

[14] Dong W，Wu Z M，Zhou X M，et al. An experimental study on crack propagation at rock-concrete interface using digital image correlation technique[J]. Engineering Fracture Mechanics，2017，171：50-63.

[15] Dong W，Wu Z M，Zhou X M. Fracture mechanisms of rock-concrete interface：Experimental and numerical[J]. Journal of Engineering Mechanics，2016，142（7）：04016040.

[16] Xu S L，Reinhardt H W. Crack extension resistance and fracture properties of quasi-brittle softening materials like concrete based on the complete process of fracture[J]. International Journal of Fracture，1998，92（1）：71-99.

[17] Moës N，Dolbow J，Belytschko T. A finite element method for crack growth without remeshing[J]. International Journal for Numerical Methods in Engineering，1999，46（1）：131-150.

第 7 章　干热环境喷射混凝土黏结性能改善验证

喷射混凝土是隧道结构中与围岩的直接接触部分，它与岩石的黏结性能关系到支护结构的作用能否良好发挥。干热环境中，喷射混凝土与岩石的黏结性能将产生损失，这可能导致喷射混凝土与岩石脱黏开裂而丧失支护作用。本章基于前面的室内试验结果，通过湿喷法成型岩石-喷射混凝土大板，并采用钻芯拉拔法进行黏结强度验证试验。

7.1　喷射混凝土施工工艺

喷射混凝土的施工工艺主要包括干喷法和湿喷法，二者的主要不同之处为水完全与水泥、砂、石子等干混合料混合的时间不同，而其他新的喷射方式，如潮喷法、水泥裹砂法、双裹并列法等均源于干喷法或湿喷法。

干喷混凝土技术已经有一个多世纪的历史，该方法通常将水泥、砂、石子、粉状速凝剂等干料预先按比例拌和均匀，然后通过上料机或者人工上料方式喂入干式喷射机内，以压缩空气为动力，通过输料管将干料输送至待喷点，在喷头处加水混合后喷射到受喷面上，形成混凝土喷层。根据工程特点，水泥、砂、石子、速凝剂等干料可以运输至现场搅拌，也可在地面料场预先搅拌，然后将混合后的干料运至现场。干喷混凝土的工艺流程如图 7.1 所示。

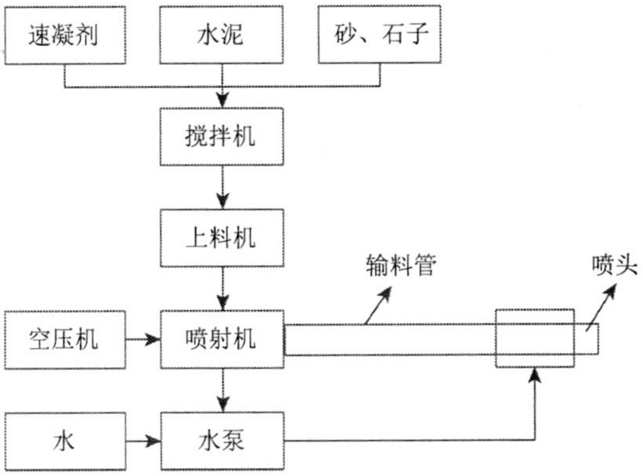

图 7.1　干喷混凝土工艺流程

干喷混凝土的施工工艺是在喷头处加入干混合料，通过控制连接喷头处的计量阀来控制水的加入量，水的控制比较灵活，可以及时根据现场条件改变干喷混凝土的稠度。对于干喷混凝土技术，由于输送管输送的是干料，水在喷头处加入，工人可根据施工需要灵活控制施工的停止及启动，基本不用考虑堵管问题。但是干喷混凝土质量在很大程度上取决于喷射工人的技术和经验，混凝土质量不稳定，匀质性差。干料在喷头处才与水接触，没有与水充分混合搅拌，施工现场粉尘浓度大、回弹率高，不仅严重威胁现场施工人员的身体健康，还造成材料的严重浪费等问题。

针对干喷混凝土施工过程中存在粉尘浓度大、回弹率高、混凝土匀质性差等问题，湿喷混凝土技术得到了快速发展。湿喷混凝土工艺是提前将砂、石子、水泥加水充分搅拌，然后利用空压机通过输送管泵送至喷嘴处，在喷嘴处加入液体速凝剂，最后高速喷射到受喷面上，形成混凝土喷层。湿喷混凝土的工艺流程如图 7.2 所示。

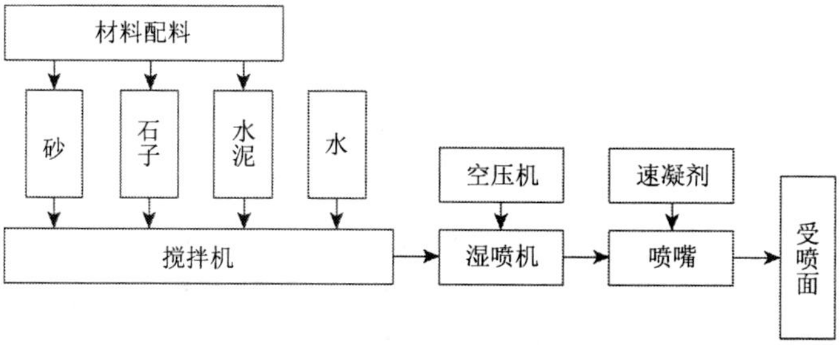

图 7.2 湿喷混凝土工艺流程

湿喷混凝土工艺由于输送的是加水搅拌后的混凝土，且在喷嘴处加入的液体速凝剂更易于与混凝土充分混合，不仅混凝土强度明显提高，硬化后的性能也相对更加均匀，混凝土性能得到了很大程度的提高。湿喷混凝土施工现场的粉尘浓度更是大大降低，改善了作业环境，同时降低了回弹率，减少了材料损耗。因此，湿喷法已成为喷射混凝土施工的主流手段，目前全球范围内 70%以上的喷射混凝土作业采用的是湿喷法施工[1]。20 世纪 80 年代初，湿喷混凝土技术开始在我国发展起来，随着技术的不断进步，湿喷混凝土工艺在我国隧道工程施工中的应用越来越广泛，本试验岩石-喷射混凝土大板的成型也采用湿喷法。

7.2 喷射混凝土黏结强度改善验证

7.2.1 湿喷混凝土成型

湿喷混凝土所用原材料性质与第 3 章相同，考虑到实际湿喷时混凝土的工作性能要求，喷射混凝土的基准配合比调整为表 7.1 所示的结果，坍落度为 200～220mm。

表 7.1　湿喷混凝土的基准配合比　（单位：kg）

水泥	砂	石	水	速凝剂
420	950	756	171	20

试验在中铁岩锋成都科技有限公司开展，试验所用岩石大板尺寸为 450mm×450mm×50mm（长×宽×高），岩石的受喷面选用荔枝面，喷射混凝土厚度约为 70mm。混凝土湿喷前将用于干热环境的岩石置于恒温干燥箱预热到 100℃，将用于标准养护环境的岩石表面进行润湿。将处理好的岩石安放在喷射区的试模中并铺设帆布用于回弹率测试，然后进行混凝土湿喷作业，如图 7.3 所示。湿喷完成后，运送到实验室分别进行干热环境和标准环境养护，如图 7.4 所示。本试验针对 100℃干热环境和标准养护环境，设置了基准配合比（BP）、单掺端钩型钢纤维（SFHE）、复掺端钩型钢纤维和专用外加剂（SFHE + SA）三种工况，每种工况成型 2 块岩石-喷射混凝土大板。

(a) 岩石大板安放　(b) 混凝土喷射

图 7.3　混凝土湿喷成型

(a) 标准养护环境　(b) 100℃干热环境

图 7.4　岩石-喷射混凝土大板养护

回弹率可表征喷射混凝土自身黏聚性及其与喷射面的黏结性，回弹量与喷射混凝土总质量的比值表示回弹率的大小。各工况喷射混凝土的回弹率如表 7.2 所示，可以看出与基准配合比工况相比，掺加端钩型钢纤维后喷射混凝土的回弹率显著降低，在此基础上复掺专用外加剂后回弹率进一步降低。与 BP 工况相比，SFHE 和 SFHE + SA 的回弹率分别降低了 38.8%和 41.7%。

表 7.2　各工况喷射混凝土的回弹率

工况	BP	SFHE	SFHE + SA
回弹率/%	13.9	8.5	8.1

7.2.2　黏结强度测定

岩石-喷射混凝土大板养护到 7d 龄期后，参考文献[2]中的钻芯拉拔法对其进行黏结强度测定。为防止偏心引起的不利影响，本试验对该方法进行了一定改进，如图 2.3 所示，通过将喷射混凝土中植入的带圆环的螺栓与锚杆拉拔仪拉杆上的挂钩形成铰接，保持在轴心方向加载，确保黏结强度测定的准确性和稳定性。

黏结强度的测定如图 7.5 所示，其具体过程为：①在岩石-喷射混凝土大板上选定取样位置，用钻芯机钻取直径为 100mm 的芯样，芯样应深入岩石与喷射混凝土的界面处，每块大板可钻取 9 个芯样；②用三角钻在每个芯样的圆心处钻孔、钻孔深度约为 5mm，直径略大于 12mm；③用空压机吹净钻孔内的灰尘，并用丙酮清洗干净，然后用吹风机吹干；④在钻孔中灌入由环氧树脂和固化剂配制的胶黏剂，然后植入一端带圆环的 M12 螺栓，螺栓事先用丙酮擦拭干净；⑤通过锚杆拉拔仪拉杆上的弯钩连接芯样中植入螺栓的圆环，利用锚杆拉拔仪进行加载，直至黏结面破坏芯样拔出，读取锚杆拉拔仪的荷载值，利用式（7.1）计算黏结强度：

$$f_s = \frac{F_{\max}}{A} \tag{7.1}$$

其中，f_s 为黏结强度；$F_{\max}$ 为破坏荷载；A 为黏结面面积。

(a) 确定芯样位置　　(b) 钻取芯样　　(c) 钻孔

(d) 清除孔内灰尘 (e) 吹干钻孔 (f) 灌入环氧树脂

(g) 植入带圆环螺栓 (h) 黏结强度测试 (i) 拔出的芯样界面

图 7.5 钻芯拉拔试验过程

7.2.3 试验结果

标准养护环境和干热环境下各工况的黏结强度测定结果用箱形图表示，如图 7.6 所示。

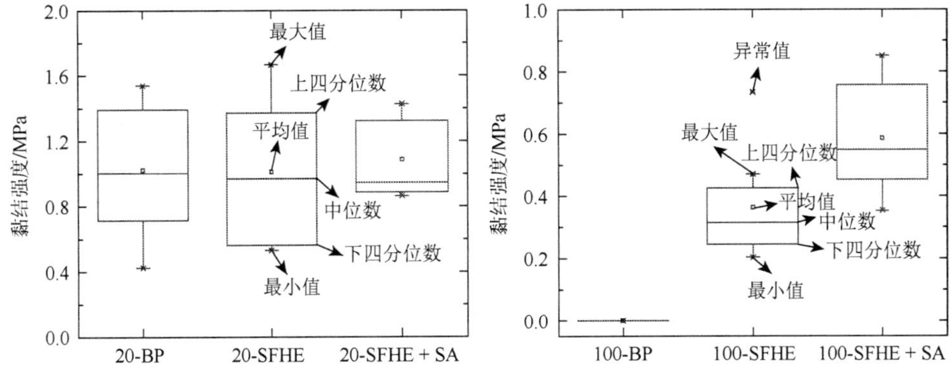

(a) 标准养护环境 (b) 100℃干热环境

图 7.6 岩石-喷射混凝土黏结强度测定结果

由图 7.6（a）可知，标准养护环境中，单掺端钩型钢纤维并不能显著提高喷射混凝土与岩石的黏结强度。同时掺加端钩型钢纤维和专用外加剂后黏结强度略有提高，与基准配合比工况相比其平均黏结强度提高了 6.3%。

根据图 7.6（b）可以看出，在 100℃干热环境下，喷射混凝土与岩石的黏结性能劣化十分严重，基准配合比工况的试件在钻孔过程中轻微扰动即导致了喷射混凝土与岩石大板的整体脱黏（图 7.7），说明该工况下喷射混凝土与岩石的黏结强度很低，保守考虑将该黏结强度记为 0。掺加端钩型钢纤维后，干热环境中喷射混凝土与岩石的黏结强度得到了显著提高。这是由于端钩型钢纤维的掺加可以使混凝土在高温下更快地达到内部温度的均匀一致，从而减少了温度梯度产生的内部应力，减少了内部损伤。同时，借助端钩型钢纤维界面上的黏着力、摩阻力、机械咬合力，阻止了原有裂缝的开展，显著改善了界面性能，提高了黏结强度。干热环境中同时掺加端钩型钢纤维和专用外加剂后，由于专用外加剂的加入引入了硫铝酸钙、高活性氧化钙和石膏，与硅酸盐水泥中的铝酸钙反应生成具有快凝、高强、微膨胀的钙矾石水化产物，促进了混凝土早龄期的水化进程，抑制了喷射混凝土的收缩变形。所以，喷射混凝土与岩石的黏结强度得到了进一步改善，与单掺端钩型钢纤维工况相比其平均黏结强度提高了 61.0%。

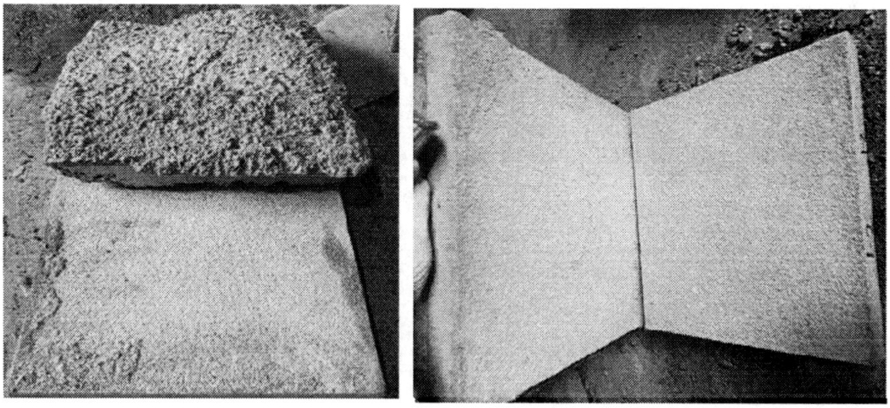

图 7.7　喷射混凝土与岩石大板整体脱黏

7.2.4　模筑法与湿喷法黏结强度的规律对比

为验证模筑混凝土代替湿喷混凝土探索干热环境中混凝土性能的合理性，试验设置了基准配合比（100-BP）和掺加端钩型钢纤维（100-SFHE）两种工况，利用 2.4 节中的试验方法浇筑岩石-混凝土试件。试件养护到 3d 和 28d 龄期后从恒温干燥箱取出，采用劈裂法进行黏结强度测试，各工况试件的平均黏结强度如图 7.8 所示。

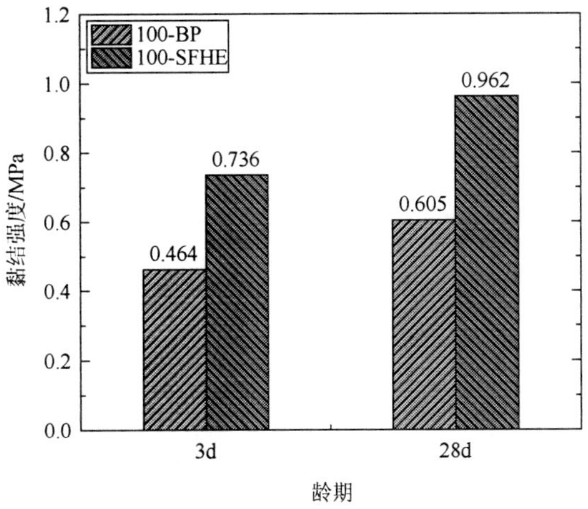

图 7.8　模筑法试件黏结强度的测定结果

图 7.8 的结果显示，100℃干热环境中端钩型钢纤维的掺加可以显著提高模筑混凝土与岩石的黏结强度，100-SFHE 工况在 3d 和 28d 龄期的黏结强度分别比 100-BP 工况提高了 58.6%和 59.0%。从图 7.8 中还可看出，龄期增长到 28d 时，100-BP 和 100-SFHE 工况的黏结强度均比 3d 龄期有所提高。另外，2.4 节中图 2.25 的结果也显示 28d 龄期时钢纤维混凝土比基准配合比混凝土的黏结强度提高了 41.8%。

以上结果表明，干热环境下端钩型钢纤维对模筑混凝土与喷射混凝土黏结强度的改善规律一致，且端钩型钢纤维对喷射混凝土的改善效果更加显著。这也从侧面验证了本书采用模筑混凝土代替湿喷混凝土探索干热环境中混凝土性能改善措施的合理性。

参考文献

[1] 邹成松. 湿喷混凝土破裂过程声发射特征及应用研究[D]. 淮南：安徽理工大学，2016.

[2] 中华人民共和国住房和城乡建设部. 喷射混凝土应用技术规程（JGJ/T 372—2016）[S]. 北京：中国建筑工业出版社，2016.